Ramatis

Esclarecimientos del Más Allá

Esclarecimientos del Más Allá

Elucidações do Além

Ramatís / Hercílio Maes (1913-1993)

Traducion: Manuel Valverde

Título del original en portugués: ***Elucidações do Além*** ediciones en castellano: Instituto Hercílio Maes:

www.institutohercíliomaes.com.br

ISBN: 978-85-94114-23-5

Ramatis

Esclarecimientos del Más Allá

Psicografiada por
Dr. Hercilio Maes

Versión española de
Manuel Valverde

Instituto
Hercílio Maes

EDITORA DO
CONHECIMENTO

Otras obras de Ramatís / Hercílio Maes

- La Vida en el Planeta Marte y los Discos Voladores
- Mensajes del Astral
- La Vida más allá de la Sepultura
- La Sobrevivencia del Espíritu
- Fisiología del Alma
- Mediumnismo
- Mediumnidad de Cura
- El Sublime Peregrino
- Esclarecimientos del Más Allá
- La Misión del Espiritismo
- Magia de Redención
- La Vida Humana y el Espíritu Inmortal
- El Evangelio a la Luz del Cosmos
- Bajo la Luz del Espiritismo
- Sembrando y Recogiendo
- Ramatís una Propuesta de Luz

Mi Homenaje Fraterno

A Edison Guiraud estudioso espiritualista, liberado de las obligaciones sectaristas, dedicó esta obra.

Hercilio Maes
Curitiba, agosto de 1964

Index

BRASIL: SU MISIÓN SOCIAL Y ESPIRITUAL BAJO LA ÉGIDA DEL ESPIRITISMO

Pregunta: ***Casi todos los mentores espirituales que hablan a los encarnados en la tierra, son unánimes en afirmar que Brasil es el país más espirita del mundo,***[1] ***y que está llamado a desempeñar, en el futuro, una elevada función moral y espiritual en medio de la humanidad. ¿Podríais citar algunos fundamentos objetivos que justifiquen tales aseveraciones?***

Ramatís: Efectivamente, a medida que el pueblo brasileño se espiritualice cada vez más, asimilando conscientemente el racionalismo del proceso reencarnacionista, es decir, la grandeza y la amplitud moral de las vidas sucesivas que transforman al hombre imperfecto de ***hoy*** en el ángel ***futuro***, Brasil recibirá mayor instrucción de lo Alto, lo cual lo habilitará para ser, no sólo el mayor portento material del mundo, sino también el más grande faro moral y espiritual de la humanidad.

Existen en la actualidad verdaderos fundamentos para tales pronósticos, pues en otros países el Espiritismo se cultiva en base a un academismo de pura experimentación científica, al cual se subordina, mientras que los brasileños, por su sentimiento fraterno de tenor espiritual, lo acogen efusivamente, abriéndole las puertas con satisfacción y alegría, de forma tal

[1] Nota del Revisor: En la asamblea de los prelados y rectores católicos que se realizó en Roma, el secretario del Consejo Episcopal Latino Americano afirmó que Brasil "es el país más espirita del mundo". (Extraído del Diario *O Globo*, de 27-9-1958).

que las razas emigradas no se retraen a la influencia reformadora de la doctrina espirita.

En Brasil, la práctica y aceptación del Espiritismo están resguardadas de los preconceptos separatistas, pues su pueblo, constituido por el heterogéneo conglomerado y de las más diversas razas, ha logrado que dichas razas se unifiquen bajo la bandera del Espiritismo, manteniendo entre sí unidad y efectos dísticos de amplitud universalista. Es que el sublime Evangelio de Jesucristo constituye, en su doctrina, el vehículo más racional para difundir sus conceptos divinos hacia todas las latitudes del mundo. Es una doctrina cimentada en los principios sanos del espiritualismo milenario y oriental; está codificada en lenguaje accesible a todos los ciudadanos de la humanidad, y es un derrotero seguro que ilumina incluso a las criaturas desprovistas de inteligencia y cultura, liberándolas de los dogmas y preconceptos religiosos de carácter sedicioso y supersticioso. Además, el Espiritismo no exige a sus adeptos que huyan del mundo profano, donde Dios también se encuentra, pues los múltiples caminos de la vida y de las colectividades, son bendecidas escuelas de educación y reajuste fraterno entre los seres.

Pregunta: ¿Posee el pueblo brasileño determinados atributos étnicos o virtudes esenciales de raza, que califiquen al Brasil de país "escogido", digno de convertirse en el de mayor envergadura social y espiritual frente a la humanidad entera?

Ramatís: Vuestra pregunta exige una digresión que puntualice algunos aspectos étnicos del pueblo brasileño, así como también, algunas consideraciones respecto de las etapas de su evolución mental, que expliquen su índole proclive a la fe y al misticismo, lo cual lo mantiene aferrado aún a diversas creencias que se subordinan, todavía, a ritos muy elementales.

El brasileño conserva en la actualidad, la misma prístina tendencia fraterna y afectiva de las tres razas que cimentaron la formación de su temperamento y constitución psicológica.

Del negro heredó la resignación, la ingenuidad y la paciencia; del salvaje, el sentido de independencia, la intrepidez y la buena fe; del portugués, la simplicidad comunicativa y alegre. Se imprimió en él, un tipo humano de sangre caliente y versátil, por la que circulan las más excepcionales virtudes, y al mismo tiempo, los pecados más extremos, si bien, en última instancia, predomina un carácter de espíritu superior. Ese acrisolamiento heterogéneo o mezcla de razas, que bien pudo derivar en un notable desmedro de la calidad de la índole propia de las razas que lo originaron, produjo, en cambio, una exaltación del psiquismo del brasileño, despertándole un excepcional sentido espiritual, que lo sintoniza fácilmente con la vida del mundo oculto.

Se consolida, así, una raza poseedora de variados valores étnicos de naturaleza espiritual benefactora, y que el Espiritismo, cada vez más fortalecido en Brasil, canaliza poco a poco, hacia los grandes desideratas de fraternidad entre todos los pueblos de la tierra.

Pregunta:Pese a su explicación, nos resulta difícil admitir que Brasil llegue a ser el mayor rector espiritual de la humanidad. ¿Podrías ofrecernos algunas convincentes referencias a hechos concretos que nos convenzan de la lógica de vuestra exposición?

Ramatís: Estáis viviendo en una época en la cual los acontecimientos se precipitan. Ha llegado el tiempo en que los nuevos hechos que surjan, habrán de encuadrarse en lo prometido por el Enviado Divino, cuando dijo: "Conoceréis la Verdad y la Verdad os liberara".

Las verdades que serán reveladas al mundo antes del fin del siglo, tendrán efectos morales, sociales y espirituales, tan revolucionarios y colosales como los que resultarán de la comprobación irrefutable de la ***pluralidad de los mundos habitados y de las existencias humanas***.

La primera, será comprobada por las comunicaciones interplanetarias, y la segunda, simultáneamente, en diversos países, donde aparecerán psicoanalistas experimentados, los que, mediante experiencias conjugadas con la metapsíquica y la parapsicología experimental, descubrirán que las vidas sucesivas o la llamada reencarnación del espíritu es una realidad absoluta y demostrable. Esta prueba decisiva muy conocida por todos vosotros, es la que se manifiesta en los llamados fenómenos del psiquismo durante exhibiciones públicas en teatros y cinematógrafos. Nos referimos al fenómeno de condicionar el "ego" o espíritu encarnado (el hombre), a una introspección psíquica, permitiendo que regrese y "viva" de nuevo, los diversos estados de su vida y edad, en un descenso vibratorio, que mediante una especie de "revelación de placas" fotográficas de su mente, o en la tela de' su memoria, le faculta para exponer y volver a "vivir", con absoluto realismo, las emociones de las escenas vividas por él durante su vida actual, inclusive hasta el nivel de los pormenores de su etapa infantil más primaria.

Los citados psicoanalistas todavía irán más allá, pues conseguirán que el individuo (el hombre) al sumergirse en ese trance introspectivo, regrese hasta el punto en que el espíritu "se encaja" en la personalidad que tuviera en otras existencias pasadas, o sea, que se conseguirá una "traslación" del espíritu idéntica a la que se obtiene en el plano astral, cuando el espíritu, por efecto de una aguda y profunda "requisición mental" consigue sumergirse en el pasado y "vivir" la personalidad de vidas anteriores.

En consecuencia, tal fenómeno traerá a la superficie ciertos hechos y detalles de otra encarnación de un mismo espíritu, cuya identificación y autenticidad, en muchos casos, será posible comprobar. Cuando este fenómeno sea comprobado y logre el apoyo de la Ciencia oficial —por tratarse de un hecho o realidad que demuestra la pluralidad de las existencias proclamadas por el Espiritismo— se convertirá, ante el consenso de la opinión mundial, en el precursor del "nuevo orden" moral y espiritual fundado por el Espiritismo. Y, como consecuencia de ese acontecimiento espectacular, que justipreciará la conciencia espiritual de la humanidad, el Brasil, por ser *el país más espirita del mundo*, será llamado a ejercer la función de líder de la nueva marcha moral y espiritual revelada al mundo por Allan Kardec, en sus obras, que constituyen la codificación de la doctrina espirita.

El brasileño es una criatura muy receptiva y sensible a la influencia de los espíritus desencarnados, puesto que es ingenuo, despreocupado, optimista y resignado y poco inclinado al rigorismo científico o al dogmatismo académico, no permite que su mente se enrede en el laberinto de las concepciones trascendentales que tanto atrofian la intuición. También es cierto que se desarmoniza fácilmente bajo el manto malhechor de los espíritus del astral inferior, pues, ya sea rico o pobre, sabio o ignorante, cuando lo vencen la desesperación, el tedio o la enfermedad, se deja esclavizar por el alcohol, por la sensualidad o el juego vicioso, con graves daños para su vida psíquica.

Pero cuando decide meditar y liberarse de sus equivocaciones, es un individuo capaz de lograr avanzadas realizaciones en el orden espiritual, pues se entrega a la práctica sincera de la caridad y acepta humildemente las enseñanzas de Jesucristo. Aunque se trate de un pecador impenitente, cuando decide emprender su rehabilitación espiritual, marcha hacia el frente sobreponiéndose a sus estigmas inferiores y venciéndolos al fin.

Son raros los países que emprenden campañas tan singulares como las realizadas en Brasil, donde ricos y pobres, adelantándose a las obligaciones de los administradores públicos, conjugan sus esfuerzos para brindar alimentos, techo, camas, vestidos y también proporcionar asistencia médica a los tuberculosos, a los que viven en villas humildes, a los huérfanos, a los niños y a los viejos desamparados, sin olvidar el ofrecer la palabra doctrinaria de esclarecimiento y resignación a los que se encuentran presos en las cárceles.

A pesar de la corrupción moral, la desarticulación social, los despilfarras administrativos y los reflejos oscuros proyectados en su mente por el dogmatismo sectarista del clero católico, el Brasil es una de las más promisorias colectividades para la realización efectiva del programa de confraternización espiritual entre los pueblos.

A despecho de sus crisis agudas de carácter social, político y económico, la nación brasileña se encamina hacia la consolidación de un padrón superior en todos los sectores de la actividad humana. Además de su futuro equilibrio financiero y económico, previsto por lo Alto, Brasil promoverá la confraternización entre todas las clases trabajadoras y la socialización de su pueblo, pero sin luchas sangrientas, que en general, provocan la masacre y la separación en el conjunto de las naciones divididas por los odios e ideologías políticas, de carácter inquisidor y sanguinario.

Ningún sistema político de vuestro mundo actual está en condiciones de corresponder, integral e ideológicamente, a las condiciones morales, al temperamento psicológico, al cosmopolitismo, a la naturaleza intuitiva y a los sentimientos fraternos y tolerantes del pueblo brasileño. Apartándose de las menudencias partidarias, tan comunes en todas las comunidades humanas, afectas a los intereses políticos egocéntricos, los gobiernos de Brasil ya se van sucediendo bajo un ritmo de paz y tolerancia afectiva, acorde con la índole y sentimientos fraternos de sus gobernados. Se van cediendo los puestos más elevados del gobierno con más comprensión y menos deseos de venganza.

Aun la "pureza" partidaria política, que en algunas naciones atraviesan los siglos bajo irreductible pragmática y selección ariana, en Brasil pierde su rigor tradicional, pues los partidos políticos brasileños se disuelven y funden, mezclando sus elementos en adhesiones o cónclaves inesperados, en los que los viejos adversarios de antes, fraternizan calurosamente para elaborar nuevos programas de trabajo. Aunque las críticas, a veces, censuren esa inestabilidad o inquietud política un poco emotiva, en muchos casos lo hacen para resguardar intereses personales o adhesiones partidarias, apenas vislumbran la oportunidad de cargos o remuneraciones públicas. Pero lo cierto es que en la esencia doctrinaria de sus agrupaciones partidarias —salvo algunos casos aislados de politiqueros refractarios a la ética de la comprensión y el decoro— siempre existe el cimiento unificador, que corresponde al temperamento fraterno y espiritualmente sensible del brasileño.

Están también desapareciendo, en Brasil, los estigmas del caudillismo sangriento de las luchas fratricidas y los ensayos de diversas tiranías, para dar paso, poco a poco, a los espíritus bondadosos y disciplinados que, al hacerse cargo de su dirección, actuarán en forma más humana. A través de sistemas pacíficos, la comunidad brasileña se encamina hacia una socialización constructiva que, lo reiteramos, se realizará sin las violencias propias de los pueblos belicosos.

La nación brasileña se ajustará, en lo social, económico y político, a los anhelos materiales y psicológicos de todos los pueblos de la tierra, porque constituye uno de los más apreciados laboratorios de experimentaciones fraternas de lo Alto. Será el suyo, un clima sin violencia, sin tiranía ni extremismos ideológicos, acorde con un plan ético-político alejado de todo dogma o imposición religiosa, pero íntimamente inspirado por el Evangelio de Jesucristo.

Pregunta: Sin embargo, algunos espiritas sensatos consideran que el pueblo brasileño no ofrece bases políticas ni condiciones sociales y morales que permitan considerarlo como el mejor laboratorio de ensayo de confraternización universal. Existen ciertos reparos a este respecto, por parte de algunos importantes brasileños, quienes opinan que, actualmente, el Brasil no va mucho más allá de ser un país que sólo se preocupa por el fútbol y el carnaval. ¿Qué nos decís?

Ramatís: A despecho de tales escepticismos, estoy autorizado para informaros que los sociólogos siderales han trazado un derrotero específico y coherente para esa importante realización fraterna, moral y social de vuestro país. Eso no quiere decir que seáis un pueblo superior o liberado de cualquier tipo de reparación kármica del pasado. Son la índole espiritual de la básica formación étnica brasileña, y su peculiar inclinación fraterna, caritativa y tolerante, las características que, unidas a su naturaleza intuitiva extraordinaria, justifican tal pronóstico. Estos fundamentales y afectivos elementos prefiguran el éxito futuro de los programas espirituales de confraternización terrena, que resultarían impracticables en un pueblo racista, avaro o materialista.

La idiosincrasia psicológica y temperamental del tipo brasileño, guarda en su interior, mucho oro en bruto, que el Espiritismo, como sublime joyero de lo Alto, ha de trabajar en el sentido de un aprovechamiento espiritual continuo. No tengáis dudas —nosotros, así como no vacilamos en afirmarlo— de que Brasil es uno de los más avanzados crisoles actuales, donde las almas proclives a seguir las normas del Evangelio de Jesucristo, pueden lograr la mayor elevación espiritual y, en consecuencia, la transformación de su patria en un símbolo perpetuo de fraternidad crística.

Por lo tanto, no es exagerado el pronóstico de conocidos espíritus desencarnados que afirma: "El Brasil está destinado a ser *el Corazón del Mundo y la Nueva Patria del Evangelio*".

EL ESPIRITISMO Y EL CARÁCTER DE SU ASISTENCIA MATERIAL Y ESPIRITUAL

Pregunta: ¿Qué diferencias existen, respecto del servicio caritativo, entre el Espiritismo en Brasil, donde hay credos que participan muy poco de dicho servicio, y el protestantismo, por ejemplo, cuyos adeptos marchan hasta las regiones más apartadas del globo, a fin de socorrer a los salvajes y a los hambrientos de pan y esclarecimiento?

Ramatís: Reconocemos que el protestantismo desarrolla en el mundo una obra de bien cuya organización merece encomios, pues su programa de paz y amor es difundido por sus adeptos hasta en las regiones más inhóspitas, llevando consuelo y ayuda positiva a los infelices seres de esas zonas distantes y sin recurso de asistencia inmediata. En esos trabajos de ayuda y caridad a enfermos y necesitados, puesto que son disciplinados y metódicos, los protestantes resultan muy eficaces. Muchos de ellos poseen almas de elevada estirpe, y renuncian alegremente a una vida fácil y placentera, para servir al hombre que, prisionero de las cadenas del raciocinio primario, no tiene conciencia de su alta jerarquía moral y espiritual en el orden de la Creación.

Sin embargo, frente al protestantismo, el programa espirita es más avanzado en su contenido doctrinario, puesto que a través de él, lo Alto tiene principal finalidad, la de esclarecer el espíritu del hombre, liberándolo conscientemente de los dolorosos ciclos de las encarnaciones terrenas, y ayudándolo a comprender y sentir el verdadero sentido para que alcance la plena conciencia de su real índole espiritual eterna. Al adquirir conciencia de su naturaleza superior, debe el hombre esforzarse por vencer los instintos animales y alcanzar rápidamente, el glorioso destino angelical, que lo liberará de las encarnaciones y lo permitirá sor feliz en todas las latitudes del universo, poniéndose al servicio de Dios y de la humanidad entera en sus diversas etapas de evolución.

Aunque el protestantismo realice un provechoso trabajo de asistencia a los desheredados de la suerte, su meta principal es la de "salvar" a las almas, mediante el cultivo de las virtudes ennoblecedoras, pero, también bajo la amenaza de que las llamas del Infierno las condenarán, debido a sus pecados, por toda la eternidad.

El hombre necesita aprender a cultivar la virtud, conscientemente, sin *amenazas ni temores*, y practicándola diariamente con los seres que lo rodean sin abandonar su vida corriente. Mientras los protestantes enseñan que para vencer los pecados del mundo, hay que *cerrar los ojos ante las tentaciones*, los espiritas sostienen que debe instruirse al hombre sobre cómo inmunizarse a las bajas incitaciones mediante el raciocinio que ilumina y plasma la conciencia. Así se vuelve el hombre capaz de enfrentar las sombras del pecado sin contagiarse y sin necesidad de huir de las mundanales luchas creadas por Dios como escuela indispensable para el alma.

El salvaje, el enfermo o el hambriento que, después de recibir el amparo del protestantismo, resuelve alejarse del mundo por temor al Infierno, no conseguirá eliminar, con esa fuga, la manifestación de los instintos que, adormecidos, volverán a explotar con mayor fuerza, no bien se presenten las circunstancias favorables, rompiendo las amarras débiles de su voluntad mal disciplinada.

Cuando son impuestas las virtudes, no tienen fuerza para resistir a la presión de los instintos inferiores. Sólo la conciencia espiritual emancipada por su propia auto evangelización está en condiciones de vencer en la tremenda batalla moral entre el hombre-espíritu y el hombre-animal.

En cualquier circunstancia de la vida, la "prohibición" estimula el deseo y tienta al espíritu a cometer su infracción, pues es propio de la naturaleza humana el preferir aquello que le da placer o ventajas inmediatas, y desinteresarse por cualquier beneficio o promesas futuras que le parezcan utópicas.

Aunque aceptemos a los credos religiosos dogmáticos en su trabajo de asistencia al prójimo, y en el servicio del Cristo a favor de los desamparados del mundo, estamos obligados a resaltar la acción del Espiritismo, ya que, además de ser un servicio de ayuda y estímulo espiritual, es una doctrina de esclarecimiento consciente. Las exhortaciones doctrinarias cuyo "paño de fondo" son las hogueras del Infierno o el paraíso del Cielo, pueden hacer aceptables las ventajas de ser bueno para recibir premios; pero de ninguna manera, dan al hombre aquel discernimiento moral y persistente que, apoyado en la meditación, considera, deduce, compara y habilita para saber cuál es el rumbo más seguro que le conviene seguir, en la trayectoria de su evolución como espíritu inmortal.

EL SACERDOCIO O APOSTOLADO CRÍSTICO Y EL AMBIENTE DEL MUNDO PROFANO

Pregunta: Según el código secular de la Iglesia Católica y la opinión de la mayor parte de sus prosélitos, el aislamiento de sus sacerdotes en los conventos o monasterios, tiene por finalidad hacer que ellos, segregándose del círculo del mundo profano, se vuelquen totalmente a las tareas espirituales en favor de la humanidad para servir mejor a las causas de Dios. Justifican esa orientación austera, alegando que Jesucristo, Buda, Francisco de Asís y otros grandes iluminados, que dejaron a la humanidad mensajes sublimes de salvación espiritual, se aislaban para no convivir con el mundo profano. ¿Qué os parece?

Ramatís: Semejante concepción proviene de un análisis muy superficial, pues si consideramos objetivamente la vida y los ejemplos de Jesucristo y de sus apóstoles, comprobaremos lo contrario; el Maestro frecuentó siempre las plazas públicas, y en medio del bullicio del mundo profano, pregonaba y ejemplificaba los mandamientos de su doctrina, ya que Él venía, según dijo, "a tratar a los enfermos (los pecadores), pues los sanos no necesitan del médico".

Lo mismo hicieren sus discípulos o apóstoles, ejerciendo su sacerdocio en contacto con el ambiente vicioso del mundo. Respecto de Buda, éste abandonó sus tesoros y placeres de la corte de Kapilavastu y jamás volvió a interesarse por esos bienes del mundo material pero frecuentaba la compañía de los hombres. Francisco de Asís fue un "revolucionario espiritual", vencedor de todos los deseos de la vida física, pero sin huir del mundo profano, donde Dios también se encuentra.

Pregunta: ***Esos innumerables conventos y órdenes monásticas que surgieron en diversas partes del mundo y que han subsistido a través de los siglos, ¿son núcleos de resistencia que defienden la causa de Dios y de Jesucristo?***

Ramatís: Analizada en profundidad, dicha concepción de la vida espiritual es producto de un egocentrismo espiritual. Es una fuga o refugio ascético dictado por el interés íntimo o privado de conquistar mejor la salvación. No es un sacrificio destinado esencialmente, a salvar a los que están del "lado de afuera", perdidos en el laberinto del mundo profano.

En los primeros siglos del cristianismo, los seguidores de Jesucristo, en vez de refugiarse en las murallas de los conventos o de las iglesias, iban al encuentro del mundo, enfrentando a pecho abierto, grandes luchas, riesgos e impedimentos de toda especie.

Iban esos verdaderos peregrinos del sacrificio, caminando día y noche dispuestos a luchar sin armas con los poderosos, sin astucia con los hipócritas y a conquistar conciencias sin darles dinero.

Ahora, justamente, el racionalismo sensato del mensaje espírita esclarece que el hombre terreno, para emanciparse en espíritu, no necesita huir del mundo profano, ni dejar de formar un hogar o abstenerse de las obligaciones y alegrías comunes de la vida. El hombre que huye de los problemas de su comunidad, cerrándose, cual caracol dentro de la caparazón de su conveniencia, no sólo pierde el entrenamiento de la experiencia de la vida integral, sino que se asemeja a la criatura egoísta, que se aleja de la lucha que pertenece y agota a todos los seres por igual, para cuidar exclusivamente de sí mismo, en busca de una ventura espiritual, que él resuelve colocar por encima de todas las cosas y de todos sus semejantes.

LAS ALMAS ENFERMAS DE LOS RESPONSABLES POR LAS GUERRAS

***Pregunta:** Respecto de las almas que desencadenan las guerras y ocasionan millones de pérdidas de vidas humanas y que crean un ambiente de odio y venganza generador de nuevas y futuras represalias. ¿Hasta qué punto son casos de "enfermedad", en el sentido que nosotros damos a este término?*

Ramatís: Todos los hijos de Dios, aun los más perversos, son dignos de la magnanimidad divina y de los caminos educativos para su redención espiritual, aunque sus actos se juzguen según la norma espiritual de que "la cosecha es acorde a la siembra". Es obvio que las condiciones, los procesos y el tiempo requerido para esa rectificación redentora, varían en relación con el volumen de los equívocos y delitos cometidos por el espíritu endeudado. Después de la muerte física, los tiranos, los creadores de guerras y los exterminadores de pueblos, enfrentan, por mucho tiempo, problemas de orden terrorífico y crucial, conforme a la extensión de sus crímenes y según la suma exacta de todos los minutos que emplearon en los actos de perversidad, vandalismo y perjuicio para la humanidad. Después de sometidos a los procesos de rectificación espiritual, mediante reencarnaciones sucesivas, que se producen a través de varios siglos, logran su mejor gradación para los caminos angélicos del futuro.

Pero, no juzguéis que los tiranos y los déspotas son los únicos culpables de las masacres, vandalismos, crueldades y saqueos practicados por sus comandantes en tiempo de guerra; la responsabilidad y la culpa se distribuyen en forma proporcional entre los responsables directos o indirectos de tales latrocinios.

Haciendo uso de la impunidad que les da la guerra, muchos soldados incendian ciudades indefensas, saquean los bienes ajenos, mutilan a los combatientes adversarios, torturan a los fugitivos, matan jóvenes, viejos, mujeres y niños, aduciendo obediencia a sus superiores. Mas la Ley del Karma, en su acción justiciera e impersonal pesa equitativamente la culpa individual de cada criatura, responsabilizándola por el estímulo belicoso, acto agresivo o contribución directa e indirecta a las guerras fratricidas.

Ningún tirano, por muy poderoso y cruel que fuera, podría por sí sólo conducir una nación a la guerra y sumir en lágrimas al mundo entero; para alcanzar sus fines bestiales, necesita del apoyo incondicional de compatriotas y subordinados.

Generalmente, ante la simple perspectiva de una guerra contra el enemigo lejano, hombres y mujeres se estremecen aprensivos; pero la posibilidad de ver a su patria en posición ventajosa frente a las naciones enemigas, despierta en casi todos, interés, codicia y deseos de venganza. Bajo el clima beligerante, hasta las almas sensibles de los artistas, filósofos o poetas, se dejan contagiar por las falsas glorias sembradas en los cementerios colectivos de los pueblos adversos, y cantan loas a la patria heráldica, incitando al pueblo a imponerse triunfalmente a todos los demás pueblos de la tierra.

La guerra es insuflada por intereses oscuros, y más allá de la oportunidad que ofrece para los saqueos, las ganancias fáciles, las embestidas deshonestas para alcanzar los puestos más elevados en la política, es también, uno de los mejores caminos para promover a los militares; los soldados sueñan con los galones de sargento; los oficiales inferiores, con alcanzar puestos de suma importancia; los jefes cifran sus esperanzas en sueldos extras y glorificaciones públicas. Algunos profesores aprovechan la situación creada, para despertar en sus alumnos, sentimientos belicosos. Los diarios, promotores de un patriotismo frenético, consumen toneladas de tinta exaltando el ánimo del pueblo para la lucha. Los sacerdotes católicos no se cansan de bendecir armas, decir oraciones y promover ceremonias religiosas en favor de la victoria de su patria, rogando a Dios que los ayude a destruir a sus odiosos "enemigos".

Los tiranos y opresores de la humanidad son "puntas de

lanza" que abren las compuertas de las pasiones colectivas; ellos no crean hombres perversos, ansiosos y sanguinarios.

La presencia de esos genios destructores, en la tierra, es un efecto moral de la atracción magnética que está en ebullición en la mente social, pues la dinámica de la atracción de los semejantes, es también una ley psíquica. La presencia y actuación de tales almas en vuestro mundo es una especie de rayo degradado por los sentimientos de codicia, poder, y orgullo patriótico resentido, que están en efervescencia en la conciencia de las masas populares.[2]

Bajo el comando de Aníbal, Alejandro o Napoleón[3] muchos de sus soldados, ante la fácil oportunidad de satisfacer sus abominables deseos y pasiones, se revelaron más perversos y sanguinarios que sus propios jefes, los cuales, sin rencor personal, veían a sus ejércitos y a las formaciones enemigas, como piezas vivas de un juego de ajedrez de vida o muerte, en el que sus subalternos practicaban, personalmente, las más condenables atrocidades.

Pero, en la balanza fiel de la Justicia Divina, la culpa colectiva de las actividades guerreras se divide proporcionalmente a cada uno de sus participantes, teniendo en cuenta las imposiciones a que el individuo está obligado delante de la ley humana y las exageraciones de las actitudes personales, que son una determinación de su libre albedrío. La deshonestidad, la violencia, la traición y el sadismo, tanto en las cuestiones morales cuanto en las materiales, son de responsabilidad personal. Ningún tirano o déspota pagará por el crimen de su soldado o subalterno que, exagerando su deber, pone fuego a la casa pacífica, mutila al prisionero herido, profana a la joven indefensa o mata a los ancianos y a las mujeres inofensivas.

Pregunta: Para comprender con más amplitud el caso de

[2] Nota del Médium: En la última guerra, se ha observado que los ciudadanos aparentemente pacíficos y honestos, cuando fueron incorporados a los ejércitos nazistas, cometieron atrocidades bárbaras, además de practicar los robos más cínicos, como saquear las bibliotecas, museos y obras de arte, de los pueblos vencidos.

[3] Nota del Médium: Leer la comunicación mediúmnica de Napoleón de fecha 13-11-1906 hecha por el famoso médium portugués, Fernando de Lacerda en la Pág. número 26 de la obra ***En el País de la Luz***, libro primero, que sirve de contribución al pensamiento de Ramatís respecto de este tema. Obra editada por la Librería de la Federación Espirita Brasileña.

las almas neuróticas de los conquistadores sangrientos, ¿podríais decirnos algo sobre Hitler, por ejemplo, que fue un tirano y déspota de nuestra época?

Ramatís: Aunque Hitler haya sido un hombre cruel y vengado, y según lo juzga la historia moderna, el ***exclusivo*** responsable de la última hecatombe guerrera, sin embargo, eso no quiere decir que deba juzgárselo como el único culpable de todos los actos abominables y bárbaros, cometidos por sus ejércitos. En verdad, él dio forma concreta y objetiva a los anhelos y sentimientos belicosos de su propio pueblo, el cual, hipnotizado por la perspectiva de dominar al mundo, cubrirse de glorias tontas y aumentar los lucros con la sangre del enemigo, lo animó y estimuló para la empresa homicida y cruel de la guerra. Aunque consideremos con justicia, que cierta parte del pueblo alemán realmente es pacifista, constructivo y adverso a la tradicional belicosidad germánica, su mayoría se hizo responsable por endiosar y colocar en la cima de su gobierno, al tipo demente, ambicioso, violento y cruel, que fue Hitler.

La imprudencia, el orgullo, la ambición y el espíritu de venganza encontró en los jóvenes, los viejos y también en las mujeres y niños alemanes, su expresión viva y natural, cuando, reunidos en las plazas públicas, se adhirieron a las ceremonias festivas y a los homenajes paganos con que apoyaban frenéticamente al ***Führer*** para que encendiera la hoguera de la guerra. Ese odio y deseo de venganza alcanzó a sus vecinos sin culpa directa en el caso, y así la furia nazista destructiva cayó sobre el adversario más próximo y débil, señalado como uno de los culpables por la humillación del pasado: el judío. Entonces, las mujeres, los viejos, les jóvenes y los niños hebreos sirvieron de causa preliminar para la futura masacre, por considerarlos enemigos de la patria, junto con todos los demás hombres que no fuesen alemanes.[4]

A pesar de haber sido Hitler estigmatizado como el Satanás

---

[4] Nota del Médium: Conviene que el lector lea el artículo "Las Expiaciones Colectivas" de Rodolfo Calliñaris, aparecido en la Revista ***Reformador*** de octubre de 1962, página 221, donde el autor aborda el pasado de los judíos, destructores de ciudades y poblaciones indefensas, según los flatos del Viejo Testamento, y las pruebas colectivas a las que más tarde se vieron sometidos, por la flagelación y fusilamientos en los campos de concentración nazista, sufriendo así, inexorablemente, su karma doloroso contraído en aquel pasado.

de la historia y el único responsable por encender la hoguera de le guerra, otras naciones, aparentemente inofensivas, también con-tribuyeron a dicha guerra, con su haz de leña cortado por el hacha de la opresión económica, la imposición ideológica o política, la competencia comercial basada en el orgullo de la raza, imponiendo su prepotencia mal disfrazada y pensando en soluciones egoístas para el futuro.

Los adversarios de Hitler apresuraron el paso para "salvar a la humanidad" pero también escribieron páginas sombrías de venganza, odio y deshonestidad, que si bien el mundo aun ignora, El Señor ya las ha marcado en el "Libro de la Vida" para el rescate venidero de sus responsables. Ambos beligerantes olvidaron el Amor pregonado por el Cristo, perpetrando crímenes odiosos, fusilamientos innecesarios y dando rienda suelta a las pasiones de la raza; cometieron pillajes y barbarismos protegidos por el simbólico pabellón de la patria; justificando sus actos innobles por un inmoral código de guerra.

Las naciones terrenas están formadas por núcleos de hombres apasionados y belicosos, cualquiera sea su raza de origen. Son pacíficas y se soportan mutuamente, mientras se sienten incapacitadas para apoderarse de los bienes del vecino, pues la cultura, la educación y los valores intelectuales que atenúan su irracionalidad, se desmoronan fácilmente ante la primera oportunidad bélica fratricida. En realidad, los pueblos pacíficos de hoy fueron los crueles conquistadores e invasores del pasado. Así, a la primera ocasión de poderío guerrero, esos pueblos aparentemente inofensivos, se transformaron nuevamente en piratas sanguinarios, sembrando la muerte y robando los despojos del prójimo, puesto que la rapiña es, todavía, rasgo fundamental del terrícola.

Además, los pueblos se mueven de acuerdo con sus intereses inmediatos; no, según los códigos de la ética cristiana. De tal manera que, siempre que se conjuguen los intereses recíprocos en un mismo juego de beneficios, los enemigos de hoy podrán ser los aliados del mañana, aunque para ello deban sacrificarse los amigos recientes. Es así como los vencedores justifican su contribución para la guerra sangrienta, escudándose tras el slogan de ser salvadores de la humanidad y protectores de la civilización en peligro, atribuyendo a los vencidos la culpa de los mayores crímenes y atrocidades, y tildándolos de "bárbaros" responsables de la hecatombe que, ocultamente, les interesa prolongar lo más posible.

En el seno mismo de un pueblo, los revolucionarios también se transforman en "libertadores", pues una vez dueños del poder legal, se deshacen de sus adversarios en los paredones de fusilamiento, donde éstos pagan con la vida, sus crímenes de corrupción. Pero muy pronto, esos mismos libertadores se transformarán en los tiranos del mañana. Entonces, como consecuencia de la ley kármica de la Justicia Espiritual, los "nuevos idealistas" que han matado a sus adversarios, rescatarán a su vez sus propias culpas contra ese mismo muro de fusilamiento que fuera escenario del sacrificio de sus antecesores. Aunque tal cosa no les suceda en el mismo período existencial, fatalmente les espera un pelotón de ejecución en alguna de sus vidas futuras. Porque así rectificarán el espíritu de venganza al tener que sufrir en carne propia el "quien a hierro mata, a hierro muere". Aprenderán entonces y nunca más despreciarán, las palabras de Jesucristo: "No os digo que perdonéis hasta siete veces, sino hasta setenta veces siete". (Cáp. XVIII, v. 15, 21 y 22 – Mateo).

Pregunta: ¿Qué situación soportan esos opresores, en el Más Allá?

Ramatís: Las almas enfermas y tiránicas, que siembran el dolor, el hambre y la orfandad mediante la agresividad guerrera, frutos de su excesiva ambición y orgullo, transitan en el Más Allá acompañadas por sus compañeros de viejas fechorías, que los insultan, persiguen, amenazan y responsabilizan por todas sus desdichas, amarguras y desesperaciones. Encadenadas a las víctimas más crueles y vengativas, azotadas por las tempestades de las regiones inferiores y sumergidas en pantanos repugnantes, sufriendo las burlas de los espíritus satánicos que las incitaron a cometer, en la tierra, aquellos genocidios deambulan sin rumbo fijo, torturadas permanentemente, hasta el día en que, con un nuevo renacimiento material, reciban la bendición de poder olvidar temporariamente, el pasado.

Alucinadas y perseguidas por la constante sobreexcitación

y angustia del remordimiento, sin posibilidad alguna de descanso y alivio, sólo les resta el recurso de encerrarse en su infierno íntimo, en el capullo de la carne terrena, para adormecer los recuerdos crueles del pasado durante la etapa sedativa de inconsciencia entre la cuna y la tumba terrena.

***Pregunta:** ¿Cómo se produce y en qué consiste la recuperación de la "salud mental" de esas almas o espíritus tiránicos y morbosos que, a su tiempo, alcanzarán como todos los hombres la ciudadanía angélica destinada por Dios para sus hijos?*

Ramatís: Las almas de los déspotas sanguinarios, víctimas de la locura, del egoísmo, de la codicia, y autores de la mortandad de millares de seres sacrificados para asegurarles el triunfo de su poderío y ambición, son como el caballo salvaje que, luego de derribar a su jinete, todavía lo ataca en el suelo. Desgraciadamente, debido a la violenta vibración de las energías maléficas que excitan el periespíritu, al reencarnar en la tierra el tirano o conquistador sanguinario, y sus perversos compañeros, nacen idiotas o anormales, pues el trauma psíquico que los aqueja desequilibra el trabajo armónico de las células físicas durante el período de gestación.[5]

Bajo la violenta y desequilibrada presión del periespíritu, se alteran las líneas de fuerzas en la composición de los genes y el ajuste de los cromosomas del cuerpo físico. Entonces el déspota surge a la luz de la vida terrena, indefenso, con cerebro y nervios alienados. Estas deficiencias lo encadenan a un destino de víctima de burlas y desprecios por parte de esa misma humanidad que tanto subestimó y perjudicó en el pasado. Así, el cuerpo del idiota refleja la condición morbosa del espíritu brutal allí encarnado, y funciona como cárcel provisoria que reprime los impulsos desordenados y peligrosos de su ocupante, tal como el freno domina al caballo fogoso y desatinado. Las pasiones violentas, tales como la crueldad, la ambición y el orgullo, que desatan las fuerzas del instinto animal selvático, imposibilitadas para actuar destructivamente, se van debilitando poco a poco,

[5] Nota del Médium: Ver el artículo "Idiota", de Emmanuel, de la página 226 de *Reformador*, de octubre de 1962, órgano de la Federación Espirita Brasileña, en donde el autor manifiesta hermosas consideraciones sobre la encamación sacrificial de los tiranos y déspotas del mundo, cuando se encuentran sumergidos en la imbecilidad.

hasta que, finalmente, ya nunca más vuelven a manifestarse con aquel anterior vigor, casi indomable. La glándula pineal —delicadísima antena del sistema neuro-psíquico, "central eléctrica" o "usina piloto" del organismo humano— funciona presionada y disminuida en su capacidad para transmitir con claridad, el mensaje racional dirigido por las neuronas, es decir, para cumplir con su papel de aparato receptor y transmisor del espíritu hacia la materia. En ese retrazo obligatorio de un cuerpo físico afectado en su metabolismo motor y nervioso, el periespíritu enfermizo recobra, gradualmente, su vibración normal, y el alma, su dominio saludable.

Reprimido en la carne su exceso perturbador, el alma se somete a la terapéutica obligatoria del reposo vibratorio, que disciplina su emotividad y reprime las fuerzas instintivas que se agitan en la intimidad periespiritual, como el caballo indócil que, atado a un pesado vehículo, termina por reducir su vigor peligroso.

Poco a poco, el alma enferma que, debido a sus impulsos animalizados, cometió crímenes, disturbios y atrocidades colectivas en el mundo de la materia, termina por corregirse de sus excesos dañinos bajo el dominio de un molde físico deformado. Se agota en inútiles tentativas por dominar, pues su sistema nervioso rígido y retardado, anula toda coordinación de sus propósitos y le impide usar su fuerza bruta y maléfica.

Las pasiones comunes a todos los déspotas y guerreros es el orgullo, la ambición, la prepotencia y la crueldad, y que fácilmente se manifiestan cuando tienen un cuerpo sano y un cerebro normal, terminan arrasadas e impedidas de cualquier acción bajo el organismo carnal atrofiado. Sus ideas y emociones peligrosas no llegan a sobrepasar el campo subjetivo, pues la falta de un sistema cerebral y nervioso, sano y sensible, les impide concretarse en forma de acción en el mundo exterior.

Sin embargo, no hay castigo deliberado para tales espíritus enfermos, sino una reparación espiritual en el sentido de ajuste a las leyes de la vida superior. El cuerpo imbecilizado subyuga sus impulsos homicidas, sofocando la eclosión violenta de sus pasiones animales; de modo que, ese cuerpo defectuoso se convierte en formas de acción en el mundo exterior.

LOS TRABAJOS MEDIÚMNICOS Y LA AMPLITUD DEL INTERCAMBIO ESPIRITUAL

Pregunta: ¿Qué nos podéis decir respecto de la conveniencia de los trabajos mediúmnicos en el seno del Espiritismo?

Ramatís: Las reuniones espiritas de intercambio espiritual prestan el valioso servicio de posibilitar el equilibrio psico-físico de ciertas personas que debido a su facultad mediúmnica de alta sensibilidad psíquica, sufren el asedio constante por parte de los espíritus desencarnados que desean comunicarse para expandir sus males o quejas, debiendo ser aclarados sobre sus dudas en la confusión en la que aún se encuentran.

Pregunta: ¿Acaso no pueden ser instruidos por los asistentes del sector donde viven, es decir, por sus guías?

Ramatís: Esos espíritus desencarnados se encuentran en la situación del individuo que, en la tierra, fuera transferido rápidamente hacia un país extranjero, cuyos hábitos, idioma y ambiente, le resultaran totalmente distintos de aquéllos del lugar donde vivió toda su vida. Pese a no ser ni sordo ni ciego, ni mudo, no puede entender a nadie ni hacerse entender por persona alguna. Necesita pues, que alguien conocedor de su idioma y costumbres lo vaya instruyendo en el proceso de adaptación al nuevo ambiente.

Pregunta: Entonces los trabajos de las sesiones espiritas deben ampliarse cada vez más, dado que es un vehículo de ayuda eficaz para los espíritus que se encuentran perturbados. ¿Es, además, buena oportunidad para desenvolver la me-

diumnidad de los asistentes o participantes que poseen esa facultad?

Ramatís: Así es. En cuanto al objetivo moral de esclarecer a los espíritus "que se encuentran perturbados", se hace oportuno recordaros que, además de vuestras sesiones espiritas programadas según días y horarios regulares, existe otra ***verdadera sesión espirita***, de gran amplitud y mérito en sus objetivos redentores, y que no debe relegarse al olvido.

La "sesión espirita" a que nos referimos, debéis iniciarla cuando os levantáis del lecho por la mañana y cerrarla por la noche, cuando os acostáis para el sueño reparador.

La misma consiste en los múltiples caminos que, durante el día, proporciona a los presidentes de vuestras sesiones habituales, a los médiums y a todos los adeptos, debiendo adoctrinar y esclarecer a algunos de los hermanos "vivos" (pues también son espíritus) que surgen en su camino, perturbados por sus deficiencias, ignorancia o fallas deprimentes de su carácter.

Aunque encontréis que el intercambio mediúmnico practicado en vuestras sesiones programadas, es un elevado trabajo dentro del Espiritismo, esos hermanos encarnados merecen tanta asistencia doctrinaria como los que se encuentran sin cuerpo físico, en el plano invisible. ¡Cuántas veces un consejo sensato y oportuno consigue cambiar el rumbo de una vida y hasta, en ciertos casos, salvar o evitar que una familia entera se precipite al abismo de una desgracia!

Además, vosotros sabéis que la asistencia directa de vuestros guías o mentores espirituales, a vuestro lado, no está limitada exclusivamente a vuestras sesiones programadas. Esas entidades se comunican con vosotros por vía inspirativa o intuición, toda las veces que, en vuestra vida social, os disponéis a ser útiles a los demás. Además de los guías que os asisten inspirándoos gestos de caridad, abnegación y sacrificio, hay entre vosotros, innumerables espíritus benefactores que desempeñan funciones equivalentes a las de los guías. ¿Quiénes son ellos? Son los que tienen la misión de padres, profesores, patrones, científicos, sabios o filósofos que os orientan en el mundo, trazando nuevos rumbos en el progreso y os proporcionan salarios para la mantención de vuestros hogares.

Aquí, médicos, dentistas, abogados o ingenieros, restablecen vuestra salud, defienden vuestros derechos y edifican las moradas protectoras. Más Allá, otros os benefician mediante su función de sacerdotes, pastores evangélicos o adoctrinadores espiritas. No hay que olvidar, tampoco, a aquellos asistentes meritorios que, sin estar clasificados en elevado nivel social, merecen el "diploma" de misioneros, pues sirven a la colectividad enfrentando tareas que los intelectuales, los sabios y los ricos no son capaces de desempeñar. Tales misioneros anónimos son los que atienden el trabajo pesado de abrir túneles, cavar minas, destapar caños, limpiar calles, y sin máscaras protectoras que debieran resguardarles los pulmones, recogen las basuras e inmundicias descompuestas que cada día depositáis para su eliminación.

¿Qué sería de vuestras vidas sin la abnegación de esos hermanos humildes que tanto en una hermosa primavera, como en un tormentoso invierno, se hallan dispuestos, como soldados vigilantes, a ocuparse de tareas que la mayoría no querría desempeñar?

Por consiguiente, en vuestro propio mundo también hay espíritus guías idénticos a los que existen de "este lado". Conjugando vuestras ideas con las de ellos, en el sentido de esclarecer y orientar a los espíritus (encarnados), que se encuentran perturbados, estaréis realizando un intercambio de asistencia moral idéntico al que se efectúa en vuestras sesiones espiritas.

Pregunta:** **Aunque concordamos con vuestras consideraciones, existe en nosotros una ansiedad irreprimible de ponernos en contacto directo con nuestros guías y protectores del plano invisible. He ahí entonces, nuestro interés por las sesiones mediúmnicas. ¿Qué nos decís?

Ramatís: Respetando vuestro anhelo, no debéis relegar a un plano secundario el deber de dispensar una asistencia activa a los espíritus "vivos" que aparecen en vuestro camino, dominados por los disturbios psíquicos que los transforman en vagabundos, alcohólicos, bohemios, prostitutas, enfermos y trastornados, que suplican vuestra ayuda. Además, en las penitenciarías os sería fácil adoctrinar al malhechor, al ladrón, al asesino, todos ellos, necesitados de orientación y ejemplos redentores. Esos desviados, distanciados del Bien, también son vuestros hermanos y necesitan que los ayudéis a integrarse a la vida humana, en vez de ser separados de la colectividad, en la cual deben educarse y aprender a respetar.

Los delincuentes, por culpables que hayan sido, no pueden quedar exceptuados de vuestra ayuda y caridad, pues vuestros guías y protectores espirituales también os toleran y aman a pesar de los desatinos y de los pecados que cometisteis en existencias anteriores, y en la que vivís actualmente.

El amor verdadero y desinteresado no requiere lugares ni horas especiales para practicarse a gusto, pues vuestro mundo, con el sufrimiento de su humanidad torturada, es un vasto campo de servicio redentor para vosotros mismos.

ASPECTOS SINGULARES DE LAS SESIONES MEDIÚMNICAS

***Pregunta:** ¿Están siempre asistidas por espíritus buenos, las sesiones espiritas que realizamos en la tierra?*

Ramatís: Indudablemente, la presencia y asistencia de los buenos espíritus en las sesiones, depende muchísimo de las intenciones y objetivos de las personas que se proponen intercambiar mensajes con el mundo invisible. También es cierto, que todas las personas viven acompañadas por las almas que son afines a tocios sus actos y pensamientos. Así, los hombres disciplinados y generosos atraen a las buenas compañías de "este lado", cuyas almas, cuando vivían en la vida física, se apartaban de las pasiones degradantes y de los vicios perniciosos. Mientras tanto, los malvados, corruptores o viciados, son focos de atracción para los espíritus gozadores, maquiavélicos y mal intencionados.

Cuando las personas se reúnen alrededor de una mesa espirita o en lugares ápropiados a cada religión, para su contacto espiritual, se definen, de antemano, quiénes serán las entidades o los compañeros espirituales que les harán compañía en los trabajos de intercambio mediúmnico, aunque ciertas religiones desconozcan este mecanismo invisible entre los ***vivos y los muertos***. En verdad, durante la sesión mediúmnica, los encarnados oyen directamente las opiniones, sugestiones y derroteros que, en general, reciban por vía de la intuición y son inspiradas a través de la mente o del corazón durante la vida cotidiana.

En consecuencia, no es la mesa ni el lugar fijado lo que fundamenta el tipo de la presencia espiritual o la comunicación con las almas desencarnadas, sino la conducta y los hábitos de sus componentes, es lo que asegura la "calidad" de los espíritus presentes.

Pregunta: ¿Es verdad que en las sesiones espiritas, las sillas que quedan vacías son ocupadas por los espíritus desencarnados?

Ramatís: En dichas sesiones, el público invisible a veces es numeroso, compareciendo especialmente, los espíritus que buscan alivio y consuelo moral para sus sufrimientos. Pero, cuando el ambiente no corresponde a los objetivos superiores, se presentan entidades turbulentas e interesadas en perturbar los trabajos.

Pregunta: La sesión espirita benefactora, destinada a la asistencia y adoctrinación de los sufrientes, ¿está realmente protegida por un equipo o "guardia de seguridad" espiritual, conforme aseveran los entendidos?

Ramatís: La sesión de buena envergadura moral es protegida contra la invasión de los espíritus revoltosos, y se prohíbe la entrada a aquellos que no fueron indicados para asistir al trabajo de la noche. En las vías de acceso al recinto donde se efectúa la reunión, los mentores distribuyen guardias que impiden el ingreso a cualquier espíritu de malas intenciones. Esa guardia está formada por los salvajes, obedientes y serviciales que, al servicio del Bien, forman cordones de aislamiento alrededor del lugar. De ese modo, las entidades de mala fe o agresivas, se apostan a la distancia, evitando así la proyección de sus malos pensamientos o fluidos magnéticos que perturbarían la armonía de la sesión.

Pregunta: ¿Por qué los adoctrinadores de esas sesiones acostumbran recomendar a los presentes que se concentren bien, a fin de fortalecer la "corriente"? ¿Qué debemos entender por esa tan divulgada "corriente"?

Ramatís: La seguridad y eficiencia de los trabajos mediúmnicos dependen esencialmente de la armonía y firmeza espiritual ele los asistentes. El hombre irradia fuerzas benefactoras o nocivas, según el grado de su carácter y conforme al tono de su mente. Cualquier debilidad en la faja vibratoria, debida al "mal pensar o sentir" de algunos, es suficiente para afectar el ambiente espiritual de la reunión. Así como hay personas cuya presencia influye benéficamente en el ambiente, hay otras que son totalmente nocivas. Eso depende del aura magnética de cada uno.

La crueldad, los instintos agresivos y la sensualidad de Nerón, Calígula, Gengis-Khan o Torquemada, deprimían los lugares donde ellos se encontraban. Por el contrario, los que se acercaban al amoroso Jesucristo, se sentían contagiados por elevadas y sublimes emociones de alegría, bondad y encantamiento espiritual.[6]

En tales condiciones, la concentración espiritista debe ser una convergencia de pensamientos lúcidos y saludables, centrados en un objetivo superior, sustentado por el optimismo, tolerancia, perdón y ternura. En las "sesiones blancas" de los esoterístas, el mentor recomienda que sus adeptos incidan sus pensamientos vigorosamente sobre motivos agradables, como ser, un paisaje encantador, una flor de exuberante color, o en la figura santificada del Maestro Jesús.

De ahí el motivo, porque el hombre evangelizado es un óptimo cooperador en los trabajos espiritas, pues su vida volcada hacia el Bien en todos sus aspectos, permite que sea una criatura en permanente sintonía con los espíritus buenos.

Pregunta: ¿Nos podéis elucidar mejor los efectos de esa "sintonía"?

Ramatís: Es evidente que si os pusierais a pensar (alrededor de la mesa espirita), en la caza, en la pesca, en atavíos de plumas y máscaras pintadas, rápidamente atraeríais junto a vosotros los espíritus sintonizados a esa faja vibratoria, o sea, los indios, salvajes, mestizos, cazadores primitivos e infantiles. Sintonizados a los temas vulgares, os ligáis rápidamente a las criaturas espirituales de la misma predilección, de la misma forma que la especulación filosófica de naturaleza superior, termina convocando los pensamientos de los sabios, filósofos o científicos elevados. La evocación de las escenas lúbricas incentiva los deseos torpes y os afinan a la misma faja vibratoria en

[6] Nota del Revisor: Ver la excelente obra ***Estudando a Mediunidade***, de Martins Peralva, Cáp. III, "Problemas Mentales", Pág. 22, edición de la Librería de la Federación Espirita Brasileña.

que viven las personas acostumbradas a esos hábitos lascivos. En estos casos, os distanciáis inmediatamente de vuestros guías espirituales, puesto que viviendo en diapasón más elevado, no pueden interferir a vuestro favor, así como el rayo del Sol, no consigue penetrar en un pote de barro.

Pregunta: La mayoría de los espiritas aseguran que los espíritus malhechores tienen un gran interés en acabar con las sesiones espiritas y mediúmnicas, para lograr debilitar la obra fecunda del Espiritismo. ¿Es verdad?

Ramatís: Los centros espiritas, pueden fallar o "mancharse" por culpa de sus adeptos "vivos", sin que haya interferencia de los "muertos", pues la vanidad, la obstinación, el amor propio, la ignorancia, el celo, la rivalidad entre los dirigentes y médiums, también anulan a los grupos descuidados. En los centros espiritas pocos celosos de la realidad espiritual, es muy común el conflicto de orden personal entre sus componentes, donde los neófitos intentan superar a los viejos, o éstos se petrifican solapadamente en sus ideas y concepciones conservadoras.

Los candidatos a médium, en general, tratan de suplantar en sus comunicaciones elocuentes, el concepto lisonjero de los veteranos instruidos en el intercambio con el Más Allá. Así, algunos de los nuevos, en su apuro de apresurar a los demás, acarrean las mayores tonterías e incongruencias para la siembra espirita, como si fueran importantes revelaciones de la vida de ultratumba, bajo el nombre de algún fallecido de alta resonancia en el mundo terreno. Esa preocupación ingenua de impresionar al público y el rebuscado palabrerío altilocuente, cosa muy común entre los médiums incipientes, a veces, da margen para que los espíritus mistificadores se aprovechen para comunicar futilidades y distorsiones doctrinarias, a fin de confundir y menospreciar la filosofía espirita.

Los médiums fascinados por los malos espíritus son siempre los últimos en reconocer su situación ridícula y las circunstancias censurables a que se exponen ante sus compañeros.

Otras veces, el centro espirita se petrifica en un clima lúgubre o severo al extremo, porque el adoctrinador o demás responsables son personas irascibles o excesivamente puritanas.

Celosas por su propia experiencia, identifican la malicia en lo más sano del humorismo y señalan el "pecado" en el menor descuido del prójimo.

Sentenciosos y pesimistas censuran todo lo bullicioso que sustenta el joven; la música moderna y estrepitosa, el fútbol y los emotivos excesos, los bailes y todo aquello que surge espontáneamente de la juventud desenfrenada. ¡En su implicancia, predisponen en el centro espirita el ambiente de restricción, preocupación y temor entre los asistentes, anulándoles todas las iniciativas y trabajos que ajustan a la doctrina a los nuevos descubrimientos y esfuerzos espiritualistas de los demás!

He ahí, por qué no es difícil para los espíritus maquiavélicos sembrar la discordia, el descontento o el fracaso en los trabajos espiritistas improductivos, donde la mesa redonda de buena voluntad es sustituida por la voluntad obstinada de los dirigentes obtusos y egoístas, adversos a cualquier movimiento que modifique su temperamento conservador. De esa forma, prestan un "ingrato servicio" a la doctrina esclarecedora de Kardec, produciendo un antifraternismo que además de cortar el progreso, hace fructificar el desánimo y aparta a los entusiastas e idealistas.

Pregunta: ¿Es verdad que ciertos espíritus desencarnados pretenden liquidar a los centros espiritas, debido a que se debilitan sus esfuerzos diabólicos?

Ramatís: Realmente, las falanges de las sombras consolidan todos sus esfuerzos para destruir las actividades benefactoras que intentan esclarecer al hombre respecto de su responsabilidad espiritual. Es obvio que la criatura terrena se esclarece a medida que se desprende de las fajas vibratorias de los espíritus viciosos, afectos a las pasiones degradantes.

No bien el hombre asume conciencia de sus actos, controlando sus emociones y pensamientos, es indudable que se libera de la condición de "instrumento vivo" de las entidades desencarnadas afectas a las torpezas y aberraciones. En consecuencia, las entidades de las sombras combaten con furia las actividades espiritistas, en la tierra, porque el Espiritismo afirma sus bases libertadoras en el Evangelio del Cristo, es decir, en el avanzado conjunto de leyes siderales de salvación del hombre encarnado. Los adeptos o creyentes en las religiones dogmáticas del mundo, en general, buscan en sus templos ortodoxos los sedativos que les afloje la musculatura espiritual. Atentos a las palabras del pastor, del sacerdote o líder evangélico, hipnotizados por los rezos y cánticos colectivos, retornan a sus hogares viviendo la sensación eufórica de que se liberan de sus males y pecados de la vida cotidiana.

Desde la época del antiguo Egipto el altar es, por tradición, el punto de convergencia y atención de los presentes a la ceremonia religiosa; allí se congregan los efluvios magnéticos indeseables. Por eso, antiguamente, los altares se construían con el mejor cedro, árbol conocido como uno de los mejores campos vegetales para conducir la electricidad, sirviendo provechosamente para el éxito de la magia religiosa de la época.

La suntuosidad, el exotismo o la disciplina exigida en las reuniones y ceremonias de las iglesias católicas, templos protestantes y casas reformistas, ayudan a los adeptos a volver a sus hogares, creyendo en la limpieza de sus pecados. No importa que otros nuevos pecados se cometan en la próxima semana, pues el refugio de sus imperfecciones y equívocos les extenderá los brazos, el domingo próximo mediante la prédica del pastor sentencioso o el sacerdote que los absuelve nuevamente.

Mientras tanto, los espiritas aprenden, al comienzo, que ninguna ceremonia, sacerdote o comportamiento religioso los salvará de los pecados cometidos; y que sólo la reforma íntima, la modificación de la conducta y el espíritu disciplinado les proporcionará un mejor futuro. Los pecados son los efectos de sus imperfecciones, crueldades e ignorancia del pasado; su redención no se hará dentro de un templo lujoso, a los pies de un sacerdote, sino, por la liberación decisiva de las pasiones y vicios humanos, es decir, destruyendo en sí mismo el terreno mórbido y pecaminoso, que lo liga a las esferas ocultas de las entidades maléficas.

Consecuentemente, el movimiento espirita es el más perseguido y odiado por los mentores de las Tinieblas porque sus adeptos no subliman sus pecados semanales bajo la agradable transformación impuesta por la palabra del sacerdote de turno.

Un centro espirita que funcione en base al Evangelio del Cristo es un reducto salvador, donde sus frecuentadores se inmunizan contra las embestidas de los planos inferiores. En ese lugar, los participantes reciben estímulos energéticos para ajustarse a la vida superior y ponerse a salvo del acecho de las Sombras. La enseñanza no se hace en base a "obligaciones religiosas", pero sí, bajo el esquema del "deber" y la "responsabilidad" personales. Mientras las religiones dogmáticas "frenan" las pasiones de sus fieles, confundiendo la solución del problema pecaminoso con un temporario apercibimiento, el Espiritismo enseña y requiere una liberación consciente, lenta y demorada, si fuera preciso, más "definitiva". La vida actual es la revelación positiva, del negativo de la existencia pasada; el sufrimiento humano es la rectificación del desvío antiangélico. No hay injusticia ni privilegio; "*a cada uno conforme a su obra*". Es una resolución personal, individual e intransferible a cualquier sacerdote o pastor.

De esa forma, la doctrina espirita es un verdadero estorbo para las intenciones maquiavélicas de los "malos espíritus" que les interesa minar las bases sanas que enseñan al hombre a liberarse de las pasiones y vicios en un esfuerzo particular y definitivo. Mientras tanto, un centro espirita sólo se "mancha" cuando los destructores del Más Allá pueden infiltrarse en su medio, a través de las pasiones e impertinencias de sus adeptos. Entonces, esas entidades pasan a explotarles la vanidad, celos y la rivalidad, como así también, el amor propio de todos hasta llevarlos a la fricción, a la separación y a la ortodoxia doctrinaria.

***Pregunta:** ¿Existe fundamento en la afirmación de que varios centros espiritas y agrupaciones espiritualistas están protegidos por los espíritus de las Tinieblas?*

***Ramatís**:* Si los espíritus de las sombras persiguen e intentan aniquilar a los centros espiritas y agrupaciones evangélicas, donde prevalece el Evangelio del Cristo, es obvio que están prestando su apoyo e incentivan todos sus esfuerzos, para que los conceptos espiritualistas puedan deformarse y ridiculizarse. De esa forma, los mentores del astral inferior recomiendan a sus tutelados, que asistan a los trabajos mediúmnicos de bajo nivel moral, donde las tonterías, lo ridículo, la vanidad y el interés mercenario, constituyen la verdadera negación del linaje iniciático del Espiritismo.

Todavía se acrecienta este aspecto a causa de muchas criaturas que adulteran las funciones de la mediumnidad, entregándose a los trabajos anímicos, sembrando ridiculeces a cuenta de un servicio mediúmnico superior. Las comunidades del astral superior no se manifiestan en los centros espiritas donde predomina la ansiedad por el fenomenismo espectacular sobre la "auto redención". Entonces se anula el espíritu de iniciativa, desvirtúese el discernimiento espiritual y aumenta el descuido para la responsabilidad espiritual del ser.[7]

Pregunta: En general, los espiritas atribuyen a los sacerdotes católicos desencarnados, la primacía de "perturbar" los centros o reuniones espiritistas. ¿Tiene fundamento lo citado?

Ramatís: No hay duda de que existe de "este lado" un gran movimiento sustentado por el Clero Romano, en el sentido de copar las actividades del Espiritismo; se trata de una iniciativa dirigida por malos sacerdotes, es decir, por aquellos que, en la tierra, vivían una vida corrompida y censurable en medio de sus propios templos. Fueron hombres que, en vez de cumplir con dignidad los propósitos asumidos con la Iglesia Católica, buscaron únicamente en el mundo, los goces y los beneficios ilícitos protegiéndose con la santidad de las vestiduras sacerdotales. Cuando estaban encarnados eran perjudiciales a la comunidad a la que pertenecían, puesto que desmentían el trabajo santificado y útil de las almas excelsas que cumplían con sus votos religiosos bajo la inspiración del Cristo. La Iglesia Católica no es responsable por esos irresponsables, que desde el Más Allá continúan manchando sus vestidos sacerdotales persiguiendo al Espiritismo, puesto que de esa misma Iglesia surgieron las figuras sublimes de un Francisco de Asís, Vicente Paul, Teresa de Jesús, Don Bosco, Antonio de Padua, el Padre Damián y otros más, que fueron un himno de belleza y amor hacia el prójimo.

Como el rótulo no modifica el vino adulterado y el hábito no

[7] Nota del Revisor: Ver la obra ***Nos Dominios da Mediunidade***, Cáp. XVII, titulado "Mediunidade Transviada", Pág. 226, donde el autor encara muy bien el aspecto de la "protección" de los espíritus de las sombras, en los trabajos espiritas de naturaleza inferior.

hace al monje, esos malos padres serían perversos, ambiciosos o inmorales, en cualquier sector de la vida humana que actuaran. De ese modo, siempre estarían trabajando de "este lado", no sólo contra el Espiritismo, sino contra cualquier institución espiritualista que se dedicara a mejorar el padrón humano con respecto a la espiritualidad.

En verdad, la clase sacerdotal, indigna del templo religioso que convivieron en la tierra, poseen en el Espacio, grandes movimientos destinados a destruir en la superficie terrena, cualquier esfuerzo espiritual de orden superior. Lo dirigen los genios malos de las tinieblas y atacan a cualquier reunión o centro espirita que le facilite el camino demoledor; se infiltran en medio de los trabajos descuidados y minan las bases sanas de las actividades constructivas, tratando de incentivar la vanidad y promover la confusión entre sus participantes. Cuando logran dirigir algún organismo mediúmnico sin conducta alguna, se destacan por las comunicaciones pomposas y por la verborragia hueca, presentándose con el nombre de hombres famosos o de criaturas santificadas.

Inescrupulosos, sarcásticos y muchas veces inteligentes, de largo entrenamiento en el campo de la astucia, consiguen introducirse entre los espiritas neófitos, que se entusiasman por el fenómeno, antes que buscar la modificación espiritual, entonces, los destruyen después de haber roto la seguridad espiritual mantenida por los protectores de lo Alto.

Pregunta: ¿En qué forma los espíritus benefactores comprueban la buena o mala "concentración" de los espiritas, en sus reuniones mediúmnicas? ¿Los pensamientos se plasman alrededor de los médiums?

Ramatís: Las personas emiten rayos de luces intensos o débiles conforme sea la naturaleza de sus pensamientos y sentimientos. Durante las pláticas de orden inferior, indeseables o agresivas, las auras de los hombres se tiñen de colores oscuros, que van desde el rojizo sanguíneo, al verde pizarra, del ceniciento oscuro, hasta el negro opresivo. Si el tema en exposición es de orden elevado, donde se conjugan los principios elevados del espíritu, entonces emanan los centelleos luminosos de sus autores y atraen junto a ellos, a las entidades que desean el contacto humano para ampliar el servicio del Cristo en toda la tierra.

En consecuencia, las personas que se reúnen alrededor de una mesa espirita con el objetivo de realizar un trabajo mediúmnico, esparcen sus luces conforme sea el carácter espiritual, porque el volumen de su luminosidad corresponde exactamente al grado de su naturaleza psíquica. La conexión de luces, que se hace por las irradiaciones de las auras de los participantes, forma un aura de fuerza o seguridad espiritual, basada en el grado y capacidad espiritual de concentración. Cuando se establece una "corriente de fuerza" impregnada de elementos vitales y magnéticos de los presentes, rápidamente se conjugan los fluidos de los espíritus desencarnados, produciendo la emanación fluídica terapéutica, que beneficia, suaviza y mitiga el sufrimiento de los espíritus sufrientes que se hallan presentes.

Es evidente, que las personas corrompidas, de mal vivir y víctimas de las pasiones indeseables, no consiguen mantener el "tonus vital" necesario para sustentar una concentración de buena estabilidad mediúmnica. En tal caso, las comunicaciones de los espíritus no se efectúan con la debida exactitud, dejando dudas y desconfianzas, ya sea por el exceso del animismo de los médiums, o por el tenor y nivel espiritual donde se efectúan.

***Pregunta:** Los médiums que trabajan en reuniones espiritas consideradas "muy buenas", ¿son atendidas o fortalecidas antes de las mismas, por sus protectores, para cumplir con un servicio útil y provechoso? ¿Hay necesidad de que sean asistidas espiritualmente en el trabajo mediúmnico?*

Ramatís: Es evidente que el médium no es una pieza viva y mecánica que debe funcionar inconscientemente durante su trabajo de intercambio con nosotros; por encima de todo, es un espíritu inmortal y señor de su bagaje, que alcanzó e incorporó en sus vidas anteriores. Tratándose de una criatura de responsabilidad personal y definida en la existencia cotidiana, también está obligado a mantener su hogar y cumplir con los deberes sociales, con relación a las demás criaturas del mundo físico. Por eso, es ayudado y examinado antes de cualquier trabajo mediúmnico, para no comprometer la tarea colectiva en el instante de mayor necesidad psíquica. En el día de su trabajo mediúmnico, las entidades benefactoras tratan de apartarlo de los ambientes nocivos, eliminarle los pensamientos groseros y aproximarlo a las personas buenas, estimulándole los sentimientos y propósitos espirituales superiores.

Cuando es un médium de buenos propósitos y objetivos elevados, los técnicos de "este lado" le asisten en su metabolismo físico y naturaleza psíquica. Su sistema nervioso recibe el control médico del Espacio para que funcione a gusto durante la comunicación mediúmnica con el plano espiritual; el sistema glandular es examinado y estimulado en la producción de las hormonas, que son capaces de compensar el desgaste de energías psico-físicas durante la tarea mediúmnica. Además, cada célula del hombre es un organismo independiente, que exige cierto combustible para funcionar a gusto; en el campo físico puede compensarse con el magnetismo, pero en el campo espiritual, sólo el Amor es el alimento selecto para las células del alma.

Pregunta: ¿El guía ejecuta su trabajo en el momento de comunicar su pensamiento? ¿Interpenetra la organización física del médium o sólo actúa sobre los centros nerviosos?

Ramatís: En general, el espíritu comunicante se sienta junto al médium, rodeándolo con el brazo izquierdo, y con el derecho le cubre el cerebro, accionándole el campo de la memoria periespiritual para lograr mayores recursos en la traducción de sus pensamientos. Hace todo lo posible por evitar las inmersiones del subconsciente del médium, puesto que su mensaje quedaría tronchado o perturbado en los momentos de mayor necesidad espiritual. Además, el espíritu comunicante trata de sintonizar en su mente, la luz irradiada de la epífisis física del médium. Trata de efectuar una combinación, lo más lúcida y homogénea posible, para que el médium logre transmitir con sus propias palabras, las ideas que extrae de su contacto periespiritual.

En el caso de la psicografía, el plexo braquial del médium es el punto accionado por el espíritu comunicante, pues cuando actúa con más libertad en ese centro nervioso, más lúcido y nítido es el mensaje espiritual psicografiado.

Pregunta: ¿Hay en las sesiones mediúmnicas muchos es-

píritus que desean comunicarse, o los médium permanecen inactivos por falta de comunicantes desencarnados?

Ramatís: El resultado de los trabajos mediúmnicos depende fundamentalmente de la cantidad y capacidad de los médium participantes, pues de "este lado" siempre existe mayor cantidad de seres para comunicarse, que la disponibilidad de los médium. En los trabajos de seriedad y debidamente protegidos, las oportunidades son distribuidas para favorecer primordialmente al bien colectivo, antes que al orden personal. Cuando hay médium en cantidad razonable, los espíritus tratan los asuntos de naturaleza particular, y si es posible, se dirigen directa y familiarmente a los presentes. Cuando existe un sólo médium en condiciones favorables para la comunicación con nuestro plano, los mentores del trabajo ordenan al comunicante que trate únicamente el tema de ***interés colectivo*** y que evite las particularidades.

Ese es el motivo del por qué las sesiones mediúmnicas de mesa, en general, no ofrecen oportunidades de comprobación personal, y por otro lado, demuestra que es de mayor interés elucidar a todos bajo un mismo padrón, guardando la ética de poder servir sin preferencias personales.

Pregunta: ¿Es verdad que beber alcohol, fumar y comer carne, perjudican el desenvolvimiento mediúmnico?

Ramatís: Lo perjudicial es el exceso, que puede atrofiar la sensibilidad del espíritu por el predominio de las actividades animales, pues ninguno es culpado por alimentarse bien, tomar el aperitivo que le excita las mucosas gástricas o distraerse saboreando un buen cigarro. Sucede que algunos médium creen que la función mediúmnica nada tiene que ver con su manera de vivir físicamente. Por eso, abusan de la carne en las mesas abundantes, se esclavizan totalmente al humo y se entontecen ingiriendo abundante bebida alcohólica. No importa si es bebida carísima o barata, el fundamento siempre es el mismo, corromper la contextura sensible del ser. Resulta casi imposible a la criatura, lograr el dominio de las facultades poco comunes, cuando permanece sumida en los vicios y pasiones atrofiantes. No puede producir resultados satisfactorios aquél que va a trabajar a la mesa espirita con el vientre excesivamente atascado de vísceras animales, tomando alcohol como si fuera un alambique vivo o exudando el fuerte y penetrante olor del cigarrillo. Sucede, que el acto de intercambiar mensajes con las entidades superiores o de ceder fluidos terapéuticos a los enfermos, es un momento único en la vida del ser, lo que merece un poco de atención, disciplina y renuncia de quien debe efectuarlo. El caso también se ajusta al concepto evangélico, que "¡no debe encenderse una vela para Dios y otra para el Diablo!".

Si no fuera por la asistencia benefactora de los espíritus encargados de disolver los fluidos que se generan con tales imprudencias, entonces tendrían poco resultado las reuniones de intercambio mediúmnico con el mundo astral. Los candidatos a médiums pretenden tener comunicaciones de tenor muy elevado y dominar las facultades de orden poco común, pero casi siempre, continúan cultivando las aberraciones de sus vidas, que en definitiva les embotan la sensibilidad psíquica.

Pregunta: ¿Es verdad, que durante las sesiones donde se tratan a los sufrientes o se adoctrinan a los espíritus perturbados, debe evitarse la presencia del público?

Ramatís: Hemos dicho que la mente es la base de todas las actividades del espíritu en la materia, la que crea, tanto los cuadros mórbidos que afligen al hombre, como las escenas agradables que despiertan el júbilo en el prójimo. Durante los trabajos de esclarecimiento a los espíritus infelices y habitantes del astral inferior, los presentes asimilan los relatos que describen los comunicantes; de esa forma, cada uno interfiere conforme a su índole, temperamento o condiciones psíquicas, optimista o pesimista. Las entidades que se encuentran viviendo momentos de aflicción, sienten agravarse su situación ante los fluidos perturbados y animalizados del médium y de las personas presentes. Todo eso desajusta el ritmo consolador que el adoctrinador trata de imponer, puesto que esas fuerzas se materializan por el orden inferior de su manifestación.

Todavía se suma, la exposición de los hechos dolorosos, que el infeliz comunicante despierta en el público indisciplinado, por cuya causa, el trabajo mediúmnico decae en su frecuencia vibratoria, se debilita en la seguridad psíquica y a su vez, facilita la interferencia de otras entidades maléficas. Considerad, que la confesión de los pecados del hombre al sacerdote, se hace en forma sigilosa, en el confesionario, a cubierto de las indiscriminaciones ajenas, en forma de una contemporización piadosa hacia los equívocos de la vida física.

Pregunta: ¿Tiene importancia la cuestión de los horarios para comenzar o terminar los trabajos mediúmnicos, al igual que las reuniones espiritas?

Ramatís: En las reuniones o trabajos mediúmnicos de los buenos centros espiritas, la asistencia de "este lado" siempre es puntual y de orden superior. En consecuencia, los espíritus que realizan el trabajo de ayuda espiritual son entidades serviciales y muy trabajadoras, cuyo tiempo es de sumo valor, en base a otros compromisos contraídos en el ambiente del plano astral.

Se encuentran afectados a tareas espirituales de mucha responsabilidad, y coordinan su tiempo en un programa de acción provechosa para los reencarnados y desencarnados. Si iniciáis vuestros trabajos mediúmnicos sin cumplir con el horario programado, es natural que estaréis desperdiciando el valioso tiempo de esos amigos de lo Alto, por hacerles esperar inútilmente y retardarle sus tareas valiosas.

Por eso, es necesario cumplir el horario programado para comenzar y terminar las sesiones, para que vuestros protectores desencarnados puedan cumplir sus tareas espirituales en sus respectivos lugares. Además, el problema de la puntualidad en el Espacio, es cosa muy seria, pues cuando más responsable es el espíritu, más severo y correcto es en sus compromisos.

Pregunta: ¿Cómo se debe proceder con las personas que cada día se presentan en los centros espiritas, rogando la oportunidad de desarrollar sus facultades mediúmnicas?

Ramatís: No todas las personas que se presentan en las reuniones espiritas para desenvolver sus facultades por consejo de terceros, son médiums o necesitan del desenvolvimiento citado. Ya hemos dicho, que muchos confunden manifestaciones fisiológicas con facultades mediúmnicas; otras veces son personas puramente enfermas, pues necesitan más de la asistencia espiritual, del medicamento, del pase y consejo, que de un asiento junto a la mesa de desarrollo espirita.

Es de poco valor el desarrollo mediúmnico en la persona que todavía no ejercitó la paciencia, no desenvolvió la bondad, ni perdonó a sus adversarios y peor todavía, si es intrigante, caprichosa y ociosa. Tal médium ha de ser un serio tropiezo para aquellos que elaboran seriamente su responsabilidad mediúmnica y desean aprovechar los momentos disponibles para su engrandecimiento espiritual. Algunas veces los candidatos a médium confunden hipersensibilidad mediúmnica con su propia irascibilidad, descontento, amor propio, resentimientos o mal genio, atribuyendo a los espíritus desencarnados la culpa de sus males espirituales.

Aquellos que se presentan en los centros o en las reuniones espiritas buscando el desarrollo mediúmnico, en primer lugar deben demostrar su grado de paciencia, tolerancia, renuncia y perseverancia en asistir a los trabajos mediúmnicos, que en ese lugar se realizan para adquirir los conocimientos enseñados, corregir su conducta moral y aficionarse a las demás enseñanzas del Espiritismo. Es natural que el médium no pueda beneficiar al prójimo si rechaza la previa limpieza interior, la lectura espiritista y el contacto benefactor que le pueden brindar los espíritus del Bien.

Los pases magnéticos, las vibraciones amorosas de los espíritus guías y las relaciones constantes con los asociados espiritistas, siempre ayudan al candidato a médium para recuperarse de las perturbaciones espirituales, y poder luego sentarse a la mesa espiritista para su desarrollo mediúmnico. Por eso conviene hacer un poco de "espera" en base al reconocimiento y afinidad con el grupo de personas que va a tener relación con el servicio de intimidad espiritual, donde sus cualidades y defectos aparecerán indefectiblemente por las condiciones hipersensibles del medio espirita. La mediumnidad es como un hilo de agua que avanza lentamente entre los escollos de la superficie del mundo, pero cada vez toma más cuerpo y se hace más útil y generoso, tanto como el esfuerzo que realiza en el ejercicio de su "desarrollo", hasta llegar al caudaloso y benefactor río.

Pregunta: ¿Cuáles son las virtudes mínimas de un buen médium y para alcanzar un buen "desarrollo" mediúmnico?

Ramatís: Innecesario es deciros que la bondad, la tolerancia y la ternura son las principales virtudes que permiten aproximar a las entidades amorosas junto al médium; sin embargo, el mandato mediúmnico exige para su buen éxito, otras cualidades que elabora y engrandece a la criatura en el servicio cristiano en favor del prójimo. El médium debe ser sigiloso, discreto y perseverante, para resguardar aquello que le transmiten en forma confidencial y que por piedad no debe divulgarse. El estudio constante de las obras espiritistas formará la base segura del discernimiento del médium, propiciando el camino para recibir mensajes de las entidades elevadas y conductores de hombres.

En cuanto al desenvolvimiento mediúmnico favorable, pide cuidados desde la alimentación hasta la higiene psíquica, porque la salud psico-física del candidato, es factor preponderante en la composición de los fluidos magnéticos y vitales que le garantizan el intercambio mediúmnico. Le conviene apartarse de los ambientes viciosos, contaminados por entidades perjudiciales, del astral inferior y evitar los excesos de alcohol y cigarrillos y alimentación carnívora. Los fluidos exudados por la carne del animal sacrificado son de naturaleza mórbida, impregnados de angustia y sufrimiento. Se mezclan con las vibraciones sensibles del espíritu del médium y le oscurecen el campo magnético del contacto periespiritual con los desencarnados de buena índole. Bajo tal condición, predomina el animismo del candidato y se facilita la acción de los espíritus burlones, que hacen todo lo posible para impedir el aumento de los caminos que liberan a la humanidad de los grilletes inferiores.

Finalmente, el hijo, hermano, esposo y ciudadano bueno, siempre ha de ser un buen médium.

RESPONSABILIDAD Y RIESGOS DE LA MEDIUMNIDAD[8]

Pregunta: ¿Son los médium personas anormales?

Ramatís: El término anormal no es apropiado, puesto que sólo se trata de un individuo poco común. Es una persona inquieta, receptiva y algo afligida, que vive anticipadamente, ciertos acontecimientos. Su hipersensibilidad periespiritual actúa con vehemencia en la fisiología del sistema nervioso y endocrino. Algunos son tranquilos y no demuestran características excepcionales por ser menos sensibles en el campo psíquico. En ese caso se encuentran los médium sonambúlicos o de efectos físicos, cuya mediumnidad es de carácter fenoménico, comprobada únicamente cuando están en trance.

Pregunta: ¿Por qué todos ellos en general, no gozan de salud, aunque cumplen con sus deberes mediúmnicos?

Ramatís: Generalmente, el médium también es un espíritu en débito con su pasado, y la facultad mediúmnica lo ayuda a redimirse rápidamente en el servicio espiritual en favor del prójimo. Su situación nos recuerda a las personas que, después de haberse arrepentido de sus errores, realizan actividades benefactoras para compensar su pasado turbulento. Entonces, además de sus obligaciones cotidianas, sacrifican su reposo habitual para cooperar en las iniciativas filantrópicas, en los movimientos fraternos, atendiendo a sus parientes pobres, a los

[8] Allan Kardec trató el tema de este capítulo con bastante claridad y sensatez en el Cáp. Denominado "Inconvenientes y peligros de la Mediumnidad", del ***Libro de los Médiums***; también Ramatís aclaró varias situaciones en su obra ***Mediumnismo***. Deseando mayores conocimientos sobre este asunto, formulamos a Ramatís otras preguntas más, siguiendo el derrotero indicado por A. Kardec.

amigos en dificultades, a los presidiarios y a los desheredados de la suerte. Bajo tal disposición, tundan instituciones de ayuda, participan en asociaciones educativas y colaboran con las sociedades de protección a los animales.

A pesar de esas actividades filantrópicas, los médiums no se liberan de los imperativos biológicos de su cuerpo tísico. Malgrado a su esfuerzo de ayuda elogiable y las actividades religiosas o caritativas, están sometidos al trabajo común y sujetos al instinto animal, como también a las tendencias ancestrales de la familia terrena.

Su facultad mediúmnica no es privilegio, ni lo exceptúa de las vicisitudes y exigencias educativas de la vida humana. La salud o la enfermedad no dependen de que el hombre sea médium o no.

El espíritu que renace en la tierra comprometido con la tarea mediúmnica, que lo ayudará a reducir la cuenta kármica por su pasado delictuoso, debe cumplir el programa que él mismo aceptó en el Espacio. De esa forma, el espíritu que en su vida anterior cuidó celosamente su cuerpo físico y vivió una existencia sana, sin vicios ni pasiones deprimentes, es natural, que será merecedor en la vida actual, de un organismo sano y de buena estirpe biológica hereditaria, que le permita gozar de muy buena salud. Pero, aquéllos que en el pasado perjudicaron su equipo carnal, masacrándolo en la turbulencia de los vicios, gastándolo en medio de los apetitos inferiores, ese tendrá un cuerpo físico, cuyas funciones orgánicas serán muy precarias.

El médium, en base a su sensibilidad psíquica enfrenta una existencia agravada por demás, respecto al hombre común, como también sufre con más facilidad los efectos de las alteraciones climatéricas. Además de su frágil salud física, sufre con más intensidad los sinsabores y preocupaciones de la vida humana, pues su psiquismo es demasiado excitable.

Pregunta: ¿Es el médium un misionero?

Ramatís: No es un misionero en la acepción exacta de la palabra. Salvo raras excepciones, el médium es un espíritu deudor comprometido con su pasado. Su facultad mediúmnica es una oportunidad de rehabilitación concedida por lo Alto para acelerar su evolución espiritual. Además de dar cumplimiento a los deberes inherentes a dicha facultad, tendrá que enfrentar las contingencias que la vida les impone a todos, pues éstos, no obedecen al plano espiritual que los secunda en los trabajos espirituales, salvo excepciones, cuando los pupilos son merecedores y reciben sugestiones apropiadas, más nunca de favor material que retrograde su evolución espiritual.

Cuando el médium se empeña en dar fiel cumplimiento a su tarea mediúmnica y enfrenta las adversidades de la vida con estoicismo y resignación, de "este lado" siempre hay un equipo de espíritus bienhechores que lo amparan y permiten que los obstáculos les sean más fáciles de vencer.

Pero, en cuanto a su función de "puente vivo" entre el sector invisible y el de vuestro mundo, es grande su responsabilidad, dado que es un encargue que él aceptó antes de reencarnar; la mediumnidad es una contribución de esclarecimiento destinada a elucidar a las conciencias, siendo, por lo tanto, un servicio a favor de la humanidad.

La función del médium se asemeja a la del cartero, aunque siendo la pieza de menor importancia por el hecho de entregar la correspondencia, no por eso, deja de tener una gran responsabilidad si no la entrega a sus destinatarios. En tales casos, cuando se rebela contra sus obligaciones o se esclaviza a los vicios y pasiones que inutilizan o perjudican su trabajo mediúmnico, entonces será víctima de los espíritus de las sombras, y que por su culpa debilita el servicio liberador del Cristo.

El médium laborioso y disciplinado, dispuesto a vencer todo tipo de obstáculos, conseguirá trasponer la barrera psicológica que se crea a su alrededor, y aunque fuera un lisiado o casi paralítico, aun así, consigue reunir alrededor de su cama, una gran cantidad de hermanos dispuestos a oír su palabra fraterna e instructiva, ligando las fajas vibratorias y sublimes de la Vida Angélica, es decir, aunque estuviera imposibilitado para dar pases y participar de los trabajos de incorporación aun así, acostumbra a dar cumplimiento a la misión que él mismo se impuso.

Pregunta: ¿El exceso de trabajo mediúmnico perjudica al médium?

Ramatís: La fatiga, sin lugar a dudas, es provocada debido a un trabajo prolongado y varía de un individuo a otro, conforme con la mayor o menor capacidad de resistencia física. El propio pensamiento depende, para su manifestación, del consumo de ciertas energías, necesarias para alcanzar el cerebro material. Por eso, el médium, en sus momentos de inspiración pura, consume cierta cantidad de energías neuro-cerebrales, porque el más sutil de los mensajes inspirados por los espíritus exige una serie de operaciones intermediarias algo fatigosas, para llegar a la conciencia física y poder manifestarse en forma de palabra hablada o escrita.

El intercambio de nuestro pensamiento, aunque os parezca simple, consume diversas sustancias energéticas de la masa encefálica, produciendo cierta desmineralización en la sangre, y reduce las cuotas vitales-magnéticas de la red nerviosa. El sistema endocrino, a su vez, moviliza las hormonas necesarias para activar las glándulas y mover las cuerdas vocales o el brazo del médium, para poder "hablar" o "escribir" aquello que le inspiramos. La más simple meditación del hombre eleva y excita su tensión psíquica, movilizando los elementos magnéticos de su maquinismo carnal. Esto sucede, aunque él no siente ninguna fatiga corporal.

El intercambio mediúmnico complejo, exige un mayor consumo de energías del hombre para obtener mayor éxito de esa operación psico-física, de elevada intensidad y bajo la dirección del mundo oculto.

La intensidad del cansancio o fatiga en el hombre, se manifiesta de acuerdo con la resistencia biológica y el control emotivo de su tensión mental.

El médium que se entrega a la actividad mediúmnica, con su mente descontrolada, aunque permanezca bajo la protección de los espíritus amigos y benefactores, tampoco podrán liberarlo de las contingencias de las leyes físicas, que le disciplinan las actividades biológicas.

Además, lo Alto no exige del ser humano la carga de un "pesado" trabajo, mayor al que realmente puede soportar. La facultad no es un caso de agotamiento intenso, sino la divina oportunidad de compensar al espíritu endeudado consigo mismo. El médium desordenado, negligente, rebelde o que se exceda en sus trabajos mediúmnicos, agrava sus equivocaciones cometidas en vidas anteriores.

***Pregunta:** ¿Es aceptable, que el médium desista de ejercer la mediumnidad, debido a la insuficiencia de sus condiciones físicas, emotivas, financieras o morales?*

Ramatís: Tales médiums demuestran que no son conscientes de su responsabilidad espiritual. En verdad, nacen comprometidos para un servicio excepcional a favor del prójimo y además de su propia redención, es una elección hecha libremente antes de reencarnar. Imprudentemente, muchos olvidan este compromiso severo y se entregan a todos los caprichos y vicios del hombre común. Atraviesan la existencia terrena en la figura de un cazador de emociones y aventuras censurables, mientras subestiman la mediumnidad que soportan a cuenta de una carga insoportable.

Aunque son portadores de mensajes poco comunes, viven aferrados a los preconceptos y convenciones tontas de la sociedad terrena, dado que transitan por el mundo material esclavizados a los órdenes inferiores. Olvidando la responsabilidad medianímica, son inconscientes de su propio destino espiritual superior. En tales condiciones, descuidan su trabajo mediúmnico desperdiciando el tiempo precioso entre las compañías censurables y los ambientes viciados. Cuales antenas vivas, de malos fluidos, terminan saturados por el desánimo, pesimismo y desconfianza, derrotados ineludiblemente ante las vicisitudes humanas.

Son médiums que transitan por su existencia en condición de elementos improductivos, agotados y desesperados. Son excesivamente gravosos para lo Alto, pues cuando atienden el más simple de los trabajos espirituales, exigen a su lado y en todo momento, la presencia de los espíritus técnicos y cooperadores, que le deben cuidar la salud inestable, apartarlos de los lugares perniciosos y guiarles las buenas acciones. En verdad, hasta para hacer el Bien, les falta el sentido y la iniciativa propia.

No bien se sienten higienizados por los buenos fluidos del Más Allá y asistidos por sus guías, vuelven a descuidar su vigilancia moral y defensa psíquica, incurriendo nuevamente en las condiciones perniciosas de antes. Por eso, el recurso más indicado por lo Alto, es apartarlos definitivamente del servicio mediúmnico activo, pues en caso contrario son víctimas de la super-excitación nerviosa, que les causaría efectos peores.

En cuanto al médium enfermo o perturbado, su cura positiva o el ejercicio mediúmnico sano, dependen mucho de los recursos sublimes de la oración, de la buena lectura espiritualista, como de la asistencia frecuente a las reuniones de carácter evangélico. Si se halla afligido y debilitado, física y psíquicamente e intentara los trabajos mediúmnicos, ha de sentirse muy agravado por causa de su excitación mediúmnica. Por eso, hay necesidad de reconfortarlo creándole el ambiente sedativo del Evangelio del Cristo. Además, debe atender su salud física absteniéndose de las bebidas alcohólicas, condimentos excitantes, y los sedativos ingeridos a granel para anestesiar al dolor más pequeño. En caso contrario, serán personas asediadas por los espíritus glotones, gozadores y obscenos, una vez que dejan la puerta abierta de su mediumnidad.[9] El indicado, debe cultivar una vida sana y correcta que le preserve el cuerpo físico de los excesos deportivos y violentos, cuyas emociones dan motivo para desperdiciar su magnetismo terapéutico.

Sin lugar a dudas, la lucha del médium para sobrevivir en el mundo físico, es más intensa y sacrificada que la existencia del hombre común, que apenas atiende a las contingencias instintivas de cuidar la prole, que es el fruto del cumplimiento de la ley del "creced y multiplicaos". Cuando el médium retorna a su vida del Más Allá, debe darse por muy satisfecho siempre que haya, desempeñado su tarea en no menos do un diez por ciento del programa que se comprometió y que fuera elaborado por sus mentores espirituales.

***Pregunta:** ¿Puede la mediumnidad causar la locura?*

Ramatís**:* Este mismo tema fue abordado por Allan Kardec con mucha precisión en su ***Libro de los Médiums. No obstante, aclaramos que ese asunto depende de ciertas circunstancias. El

[9] Nota del Revisor: Recomendamos la excelente comunicación del espíritu del Hermano X, aparecida en la Revista ***O Reformador***, de julio do 1963, página 147, titulada "Médiums Espiritas", que a su vez, es una importante advertencia para todos los médiums.

espíritu reencarnado en la tierra no puede aislarse totalmente de las contingencias inherentes al medio, puesto que el individuo en su vida de relación, está sujeto a hostilidades y emociones que llegan a afectarle el equilibrio psíquico.

Es obvio, que el ejercicio de la mediumnidad puede causar la locura al hombre, siempre que la *ejerza* insensatamente y ultrapasando el límite fijado en el programa, elaborado por su espíritu antes de su encarnación. Necesita actuar con mucha prudencia en la vida física para no confundir su responsabilidad mediúmnica con los acontecimientos naturales de la vida material. Aunque se encuentre protegido por los amigos desencarnados que le adjudicaron la tarea mediúmnica a desempeñar en la tierra, no pueden impedir, que él modifique su vida, ya sea tomando rumbos inesperados y perniciosos, como decisiones insensatas que lo lleven a la locura, por sobrepasar el límite de su seguridad espiritual.

***Pregunta:* ¿Nos podéis explicar mejor este asunto?**

***Ramatís*:** Sabéis perfectamente, que los ascendientes biológicos hereditarios de la carne, conservan en su intimidad, en estado latente, los gérmenes de taras, vicios, estigmas o enfermedades como la sífilis o la tuberculosis, inclusive los reflejos de las alienaciones mentales sufridas por la generación ancestral. En el contenido sanguíneo del hombre se encuentran los virus morbígenos de su linaje hereditario; y cuando se presentan condiciones favorables, proliferan más allá de su cuota normal o inofensiva, pudiendo herir el sistema neuro-cerebral.

Durante los estados de debilidad orgánica, muy acentuada y agravada por el bombardeo constante de las pasiones violentas, como son el odio, el celo, la rabia, la envidia, perversidad y otras emociones indisciplinadas, el hombre también desenvuelve su clima "psico-físico" negativo, que facilita el desarrollo de ciertas colectividades microbianas patogénicas que existen en su intimidad sanguínea.

La locura, propiamente dicha, no es fruto del ejercicio de la facultad mediúmnica, pero sí, una consecuencia de la predisposición mórbida del tipo orgánico del hombre. Sea médium o no, podrá enloquecer siempre que sobrepase el límite de su resistencia biológica, cualquiera que sea su causa.

Aunque sea un pintor, matemático, compositor, filósofo o líder religioso, si actúa más allá del límite de su coeficiente de resistencia psico-física, puede volverse un alienado mental. Hubo verdaderos genios que pasaron su existencia transformados en paranoicos, esquizofrénicos y hasta psicópatas furiosos. Cellini, después de grabar en el metal las imágenes dinámicas de su propia vida, apuñalaba a los transeúntes por la noche, acechándolos emboscado. Dostoiewski sufría de ataques epilépticos; Maupassant, en un exceso de locura, se cortó la garganta, muriendo poco más tarde, indiferente de todo; Nietzsche, durante diez años, ambuló por los asilos para alienados; Van Gogh se cortó las orejas en un momento de insania y las envió como presente a su amada, quitándose la vida de un tiro en el cuerpo; Schumann, notable compositor, se arrojó al río, siendo salvado por sus amigos e internado en un hospicio, donde acabó sus días. Edgard Allan Poe sucumbe derrotado por el alcohol, pues tenía visiones infernales. Todo eso sucedía sin que los nombrados fueran médiums espiritas, pero sí por ejercer actividades muy tensas y de emotividad continua, las que súper excitaban lo íntimo del alma y terminaban por afectarles el equilibrio de los órganos cerebrales. Se desordenaban por excesos de lucubraciones mentales cuando soportaban problemas complejos en el campo de la ciencia o del arte superior, pues llegaba a saturarle el espíritu. La agudeza y vivacidad que los dominaba para expresar sus emociones, terminó por destruirles la salud y perjudicó el intercambio pacífico con el mundo oculto. A pesar de todo, se demostró que el genio no se les había terminado en el alma inmortal. Esa centella divina, después de la muerte física, volvió a su equilibrio, pues los conocimientos adquiridos, con miras de un ideal superior, jamás se pierden, pues son un patrimonio del propio espíritu.

Pregunta:Además de todo cuanto explica Allan Kardec en su Libro de los Médiums ¿podríais decirnos si hay algún inconveniente para que se desarrolle la mediumnidad en los niños?

Ramatís: La mediumnidad es como una flor; debe abrirse en el momento apropiado y sin agentes externos que la provoquen. Cuando se desenvuelven prematuramente, bajo estímulos catalizadores o ejercicios medianímicos de contactos insistentes con los desencarnados, super-excita la sensibilidad psíquica de los niños, causándoles disturbios orgánicos. Además, muchos fenómenos mediúmnicos se asemejan a los acontecimientos de la fisiología humana, como la esquizofrenia, la paranoia, la histeria y ciertos complejos freudianos.

Es imprudente provocar el desenvolvimiento mediúmnico en los niños, aunque se juzgue como un médium en potencia. El organismo infantil es delicado y bastante influenciado por el dinamismo de las fuerzas biológicas, que todavía deban consolidarle la maquinaria neuro-cerebral. Las suturas, los contornos de la carne del niño para la formación de su figura humana, dependen fundamentalmente de los cambios simpáticos entre los átomos, moléculas, células y fibras, cuyo ritmo sólo se estabiliza después de la pubertad, cuando el niño se hace un hombre y la niña una mujer.

La excitación psíquica inoportuna, las impresiones mentales dramáticas, los choques emotivos o las conmociones imprevistas, tienden a alterarles la seguridad nerviosa y pueden llegar a causarles desarmonías organogénicas, cuyos reflejos perjudiciales, afectarán la estructura íntima del periespíritu, todavía parcialmente apartado del cuerpo físico.

Por eso, concordamos con Allan Kardec, cuando el Espíritu de la Verdad le responde sobre el desarrollo mediúmnico de los niños: "Los padres prudentes deben apartar a los niños de las ideas o asuntos mediúmnicos, aunque éstos divulguen las enseñanzas morales" (*Libro de los Médiums*; Cáp. XVIII, pregunta 6).

Pregunta: Sin embargo, existen niños médium, cuya facultad avanzada supera a las actividades mediúmnicas de los adultos. ¿No es verdad?

Ramatís: Dijimos, hace poco, que la mediumnidad es como la flor, pues exige el cultivo en el momento oportuno de manifestarse. También es lógico, que la niñez portadora de los fenómenos incomunes, debido a su facultad espontánea, la ejerza como un hecho apropiado a su tipo de persona, pero sin sufrir angustias o aflicciones. Así como el niño ríe, baila y canta, así también se produce el fenómeno, sin esfuerzo ni espanto, puesto que es una manifestación natural de su constitución ancestral. Es un acontecimiento que no se discute, ni requiere prevenciones, pues hasta se considera propio de la criatura humana. Muchos niños narran acontecimientos milagrosos sin demostrar espanto o recelos; aun en las visiones psíquicas, las consideran como un hecho natural de su existencia. En consecuencia, al convertirse en adultos, terminan por relacionar los fenómenos mediúmnicos que vivieron espontáneamente en la niñez, ligándolos a los postulados doctrinarios del Espiritismo, sin considerarlos adversos o frutos de posibles disturbios mentales, como suelen manifestar los ignorantes de las cosas espirituales.

Por otra parte, el intercambio mediúmnico es un servicio de grave responsabilidad espiritual, y se verifica muy poco —casi con excepciones— en el niño o la niña que gustan de los sueños románticos o los impulsos festivos, dado que esa facultad no se puede elaborar sin los compromisos propios de los adultos. Como es lógico, no se recomienda entregar la dirección de una compleja industria al niño impulsivo, ni la cocina de una gran pensión, a la niña que todavía desea jugar con sus muñecas.

CONSIDERACIONES SOBRE LAS SESIONES MEDIÚMNICAS EN EL HOGAR

Pregunta: *¿Qué nos pedéis decir de los trabajos mediúmnicos realizados en los hogares, es decir, fuera de los centros espiritas? ¿Son inconvenientes o perjudiciales esas prácticas caseras?*

Ramatís: Lo que realmente atrae a los buenos espíritus es la conducta moral y la armonía psíquica de las personas, independientemente de los lugares donde se realicen las sesiones mediúmnicas. Sin embargo, no es muy conveniente efectuar trabajos mediúmnicos en hogares familiares que resultan, en cambio, propicios para las reuniones de estudios evangélicos o doctrinarios espiritas, y para el intercambio con los espíritus benefactores y esclarecidos. Las vibraciones de la oración y los temas sublimes del Evangelio de Jesucristo son balsámicos y reconfortantes, beneficiando a los desencarnados afligidos y perturbados, que comparecen bajo el control de las entidades superiores. Respaldados por los temas evangélicos, los trabajos mediúmnicos que se realizan en los hogares, son del gusto de los espíritus buenos que contribuyen con su influencia a la armonía y entendimiento cristiano de sus moradores. Los miasmas psíquicos que penetran durante el día en el hogar, atraídos por los desentendimientos familiares, se desintegran bajo el impacto poderoso de la oración y la fuerza crística que se desprende del culto a las enseñanzas de Jesucristo.

Aunque se otorgue mayor valor al fenómeno mediúmnico, éste no siempre logra convertir a los incrédulos, pese a su gran poder de deslumbramiento, por eso, la reunión en el hogar no puede prescindir de la oración y de la lectura del Evangelio del Maestro, en cuyos postulados se basa la codificación del Espiritismo. Hasta ahora, nadie mejor que Jesucristo adoctrinó al hombre de modo tan fácil y comprensible. Sus enseñanzas de elevada filosofía espiritual, ejercían eficaz efecto terapéutico en los corazones más endurecidos. Las sesiones espiritas en el hogar doméstico, siempre que se orienten según la palabra del Sublime Amigo, resultan extraordinarios recursos de adoctrinación espiritual para los infelices espíritus perturbados, aunque no puedan "hablar" a través de médiums.

***Pregunta:** ¿Tienen las sesiones mediúmnicas realizadas en los hogares, la misma eficacia que las que se llevan a cabo en los centros espiritas oficiales?*

Ramatís: Los trabajos mediúmnicos realizados en los hogares, benefician enormemente a los desencarnados parientes de la familia donde se hacen las sesiones, ya que no hay mejor ambiente para ellos, que la morada "física que tuvieron antes de desencarnar. Pero, no siempre es conveniente promover el desarrollo de los médiums, el tratamiento de los obsesos y el intercambio con los grupos de entidades equivocadas o vengativas. Los niños, principalmente, son los más sensibles a los fluidos mórbidos, deletéreos o agresivos que los espíritus sufrientes y perturbados diseminan en el ambiente doméstico, después del intercambio mediúmnico.

Esos niños se vuelven apáticos, impertinentes o temerosos, pues su periespíritu, bastante alejado del cuerpo físico, sufre con gran violencia los impactos mórbidos del mundo astral.

Por supuesto que también los niños tienen protectores espirituales que los vigilan desde el Más Allá de día y de noche. No es conveniente, a pesar de esto, sobrecargar el trabajo de vigilancia de los guías ante la necesidad de tener que contrarrestar el efecto nocivo de los fluidos repulsivos o enfermos de los espíritus perturbados sobre el niño. Las postraciones, los aflojamientos musculares y las perturbaciones hepáticas, muy comunes en los niños, no siempre se deben a los fluidos nocivos de los encarnados. Muchas veces obedecen a la absorción del fluido pernicioso que perdura en el ambiente doméstico después de una sesión agitada y mórbida, durante la cual se comunicaron almas sufrientes, desatinadas o rebeldes. A pesar del esfuerzo abnegado de los guías por disolver a tiempo los coágulos fluídicos, que a veces permanecen a la altura del cerebelo, de la región cardíaca o de la hepato-intestinal de los niños, la índole sutil de las vibraciones de dichos guías, les impide ejercer una eficaz acción directa. Entonces recurren a la intuición, aconsejando a los encarnados que utilicen los pases u oraciones "corta-fluidos" que los entendidos conocen, principalmente las abuelitas, maestras, aun en la actualidad, en el arte de "cortar" el "mal de ojo".

Después de la sesión mediúmnica de adoctrinamiento a los espíritus sufrientes o rebeldes, los fluidos mórbidos quedan flotando en el aire por algún tiempo, hasta ser disueltos por la presencia física de la misma familia, o por la enérgica acción de los técnicos de "este lado". Tan necesario como higienizar previamente el lugar donde actuarán los espíritus superiores, lo es el hacerlo también, después de concluir el trabajo angustioso de contacto con espíritus de baja vibración, para que los fluidos y miasmas residuales no enfermen a los moradores del hogar.

Pregunta: ¿Cómo se produce esa impregnación fluídica nociva del hogar, luego de haberse realizado sesiones mediúmnicas de baja frecuencia?

Ramatís: Así como el amor, la ternura, la humildad y la pureza, emiten ondas y fluidos que embalsaman el ambiente, y alivian y curan a los individuos, el odio, la ira, el sufrimiento y la desesperación, lanzan dardos que mortifican y abaten a quienes son vulnerables en sus defensas magnéticas. Después de los trabajos evangélicos en el hogar, que crean el bienestar espiritual propicio para que se manifiesten los pensamientos más elevados sobre la base de la fe en el Cristo amoroso, el ambiente queda saturado de emanaciones balsámicas que alimentan los buenos propósitos y las ideas afines entre sus componentes. Por el contrario, después de las comunicaciones con espíritus sufrientes o rebeldes, quedan en el ambiente los residuos fluídicos de las deletéreas y mórbidas explosiones desatadas durante dicho intercambio mediúmnico.

Es bien conocida la impresión agradable que se siente al entrar en ciertos hogares, donde "algo" particularmente grato y suave parece flotar en el ambiente. Contrariamente, a veces ocurre que, pese al lujo y belleza de ciertas mansiones, amuebladas con exquisito gusto, el visitante no tarda en sentir una inexplicable opresión espiritual. En el primer caso, se trata de hogares tranquilos y afectuosos, cuyas familias viven acogidas a las enseñanzas del Cristo Jesús; en el segundo, las contiendas violentas, las amarguras, las rebeliones, el odio entre los componentes, generan los residuos y miasmas detestables que se esparcen por la atmósfera doméstica y causan tan mortificante impacto cu los visitantes.

Los hogares donde no hay verdadera armonía espiritual, son los menos adecuados para sesiones mediúmnicas de intercambio con espíritus sufrientes, puesto que resulta más difícil disolver la carnada de los fluidos mórbidos o agresivos, dispersos en el ambiente. No conviene atraer al propio hogar, a entidades malhechoras, vengativas o capciosas para su adoctrinamiento; tampoco acostumbráis, supongo, a invitar a vuestras casas a malhechores y ladrones, para decidir en el seno familiar, los planes de sus futuras fechorías.

Pregunta: Los trabajos mediúmnicos de adoctrinamiento a los espíritus perturbados, ¿deben hacerse entonces, exclusivamente en los centros espiritas?

Ramatís: Repetimos que no es aconsejable el trabajo mediúmnico con los sufrientes, en el hogar. La mayoría de las familias que hacen dicho trabajo no poseen el equilibrio evangélico y la seguridad espiritual necesarios para lograr disolver la frecuencia vibratoria mórbida de los fluidos residuales y, en consecuencia, en vez de hacer un bien, corren el riesgo de perder su mayor o menor armonía familiar.

Si un Francisco de Asís realizara sesiones espiritas en su casa, claro está que nuestras advertencias no irían dirigidas a él. Allan Kardec realizó innumerables sesiones mediúmnicas en su residencia, sin haber sufrido jamás influencias indignas, o trastornos en su equilibrada personalidad. La conducta, el sentimiento y la franqueza de las acciones de Kardec imponían respeto y temor a los verdaderos genios de las sombras; pero tales defensas morales son poco frecuentes en los miembros de las familias comunes.

Por supuesto que de nada sirve nuestra advertencia para el caso de hogares donde habitan obsesos o médium perturbados, puesto que existe un permanente desequilibrio provocado por la presencia constante de almas infelices o vengativas. Reconocemos que algunos trabajos domésticos consiguen la conversión de espíritus terriblemente enfermos; pero se trata de sesiones en las que sus miembros son asistidos de modo permanente y poderoso, desde lo Alto, por espíritus superiores que los inmunizan contra los ataques del astral inferior y el tóxico de los fluidos enfermizos.

***Pregunta:** ¿Qué nos podéis decir de los trabajos mediúmnicos realizados en hogares, en los que utilizan pases, agua fluidificada, recetas y hasta consejos, pero únicamente destinados a las familias de esos hogares?*

Ramatís: Es muy loable que la familia se reúna en su propio hogar para el intercambio mediúmnico, en lugar de hacerlo para entregarse a juegos viciosos o a las bebidas alcohólicas guardadas en el bien abastecido barcito doméstico.

Sin embargo, los médiums bien desarrollados y preparados para cumplir con determinados trabajos propuestos por lo Alto, no deben empañar su cometido prestándose a los intereses exclusivos de alguna familia determinada, que los explota como si fueran rica veta de oro. Algunos médiums imprudentes son serviciales y acuden solícitos a participar de las sesiones realizadas en la casa del famoso académico, del político prestigioso o del militar de alta graduación, agotándose en el esfuerzo por demostrar la supervivencia del alma ante una audiencia escéptica y maliciosa que lo pone a prueba con burlonas dudas.

Lamentablemente, se dejan dominar por una suerte de complejo mesiánico, y desperdician sus energías en el afán por convencer de que el espíritu es inmortal, a los amantes del mundo del César e indiferentes al reino del Cristo, restando, en cambio, su concurso, a las tareas de esclarecimiento espiritual a los hermanos más modestos. Los más empecinados enfrentan las noches lluviosas y frías, para atender a las indagaciones particulares y capciosas de los ricos curiosos, pero en noches de hermosa luna, se disculpan para no visitar la casa modesta del trabajador, o la habitación empobrecida de la analfabeta viejita. El médium que realmente se dedica a los objetivos fundamentales de la doctrina espirita no debe distinguir en la ayuda espiritual, al soldado del general, al pobre del rico, el analfabeto del sabio, la prostituta de la dama social, al delincuente del buen ciudadano. Y, cuando se entrega incondicionalmente, a las indagaciones excesivas por parte de los ricos de intelecto o hartos de satisfacciones, no tarda en transformarse en una especie de "cajita de preguntas indiscretas" de aquellos que sólo se interesan por asuntos o problemas de orden material.

El trabajo mediúmnico en el hogar puede transformarse en una etapa de progreso espiritual para la propia familia, además de un recurso doctrinario bastante eficiente para los parientes desencarnados. Mas el servicio con el Cristo exige al médium, su acción provechosa en el mundo profano, cooperando con el medicamento, el pase, el agua fluidificada y el bienestar espiritual, a la elevación de las personas que realmente buscan la paz espiritual y el conocimiento de sí mismas.

Pregunta: Conocemos algunos trabajos mediúmnicos realizados en el hogar, gracias a los cuales, los desencarnados familiares tuvieron la oportunidad de reajustarse y liberarse de sus perturbaciones en el astral, por medio del adoctrinamiento que les proporcionaron sus parientes encarnados. ¿Qué opináis?

Ramatís: Insistimos en deciros que todo trabajo mediúmnico benefactor, es un servicio loable y de elevada cooperación con las tareas que realizan los guías espirituales, a los cuales abruma su inmenso trabajo de ayuda a los perturbados espíritus del mundo astral. Pero, es necesario que los integrantes de las sesiones mediúmnicas domésticas, que pueden esclarecer, no sólo a sus parientes desencarnados, sino también a otros espíritus igualmente desorientados, no prescindan del estudio y del contacto con hermanos más experimentados, para lograr mejores resultados.

Los grupos familiares que se entregan ingenuamente a las enseñanzas corrientes y aceptan sin reparos la exclusiva orientación del guía de la casa, o del médium principal de la familia, indiferentes a los progresos del conocimiento y la experimentación más recientes de la doctrina espirita, acaban por estancarse en un intercambio mediúmnico puramente anímico y estéril. La inexperiencia doctrinaria y la falta de conocimientos acerca de la psicología humana, casi siempre terminan por esclavizar a los miembros de la sesión doméstica a la influencia absoluta del animismo incontrolable del médium principal. Entonces, la fantasía optimista sustituye a la veracidad espiritual de las comunicaciones, especialmente en lo que se refiere a los parientes desencarnados.

Pregunta: ¿Nos podéis explicar mejor dicha situación?

Ramatís: La familia terrena, además de ser fuertemente sentimentalista, todavía está apegada a preconceptos y tradiciones ancestrales. El ladrón de caballos, si pertenece a la familia del vecino antipático, siempre ha de ser un ladrón de caballos; pero si en cambio, es uno de nuestros parientes, diremos que es simplemente un aventurero, un bohemio, y hasta llegaremos a festejar como una gracia, su deshonesta acción. Así, merced a este orgullo equivocado, el vil pariente desencarnado jamás será reconocido como un ser que purga sus culpas con serias dificultades en el Más Allá. Cuando "baja" a la sesión espirita familiar, se lo hace objeto de gratas recordaciones, y se le asegura que atraviesa ligeros inconvenientes de breve duración, pues siempre ha merecido los más altos rangos del Espacio. Los defectos y vicios que lo caracterizaran en la vida carnal, desaparecen milagrosamente.

Entonces, sucede lo siguiente: aquí, el esposo desencarnado, que fue un administrador corrompido y hombre sexual, perseguidor de jóvenes, baja por la esposa médium, que en su animismo sentimentalista lo juzga amparado por los espíritus de lo Alto, afirma que en vida practicaba innumerables actos de bien, como la caridad oculta; allí, el comerciante impiadoso, egoísta y avaro, que sólo atendía el confort y la suntuosidad de la familia, pero que retenía el pago de sus asalariados o se aprovechaba de los bienes de la pobre viuda, se "incorpora", manifestando virtudes o sentimientos que no posee; acullá, el hijo perdido, viciado e indiferente a la lucha que soportaban sus progenitores terrenos, se manifiesta por el médium pariente, afirmando que su rebeldía filial, era el resultado de los malos espíritus que lo perseguían.

La familia espirita, poco preparada e ignorante de los más elementales principios de psicología, acredita ingenuamente, que la muerte del cuerpo es un saludable y milagroso baño, capaz de modificar instantáneamente a los espíritus culpables e imperfectos. Juzgan que las puertas del cielo se entreabren festivamente para sus parientes, aunque hayan sido pecadores empedernidos, puesto que había que descubrirles las virtudes ocultas e ignoradas, que sólo afloran después de desencarnados. Es muy difícil convencer a los terrícolas de que son los únicos responsables por sus actos, y de que sufrirán los efectos buenos o malos, después de la muerte. No conocemos, en el Más Allá ningún método mágico capaz de dar luz a los corazones que no supieron dinamizar el sentimiento crístico durante su contacto con el mundo material.

Dice un proverbio hindú: "El pecado del vecino es virtud en nuestra casa". Esta sentencia es aplicable a los médiums participantes de los trabajos mediúmnicos en el hogar que se dejan dominar por un falso sentimentalismo, y aminoran el pasado pecaminoso de los parientes desencarnados.

Para la familia, el resfriado de la hija es un acontecimiento de mayor importancia que la tuberculosis que devora al hijo del vecino. Lo cierto es que el fenómeno común de la muerte física no establece privilegios ni produce milagros inesperados, pues aquellos que atraviesan la vida terrena cometiendo atropellos condenables según las leyes espirituales, aunque el optimismo de los encarnados les atribuyan virtudes impropias, han de permanecer perturbados en el Más Allá, purgando las culpas por los venenos psíquicos que hayan promovido contra sí mismos.

Aunque en las sesiones espiritas familiares, los médiums descubran cualidades y dones espirituales desconocidos en sus parientes desencarnados, ello no los exime de cosechar los frutos podridos de las simientes dañinas que hayan sembrado en la existencia física. Y, nada es más abrumador y triste para los espíritus desencarnados, que oír lisonjas y sentirse agraciados con atributos santificados, cuando sienten en el alma, la amarga hiel de sus propias vilezas morales y defectos espirituales.

RECURSOS ENÉRGICOS DE LOS GUÍAS JUNTO A LOS REENCARNADOS

***Pregunta:** ¿Cuáles son los recursos más apropiados que los guías aplican a sus protegidos, para desviarlos de los vicios, pasiones y perjuicios espirituales?*

Ramatís: Los guías, muchas veces se sirven de los espíritus inferiores, permitiéndoles que perturben a sus pupilos encarnados, a fin de apartarlos con urgencia, de los caprichos o actividades perjudiciales, para su integridad espiritual. En tales casos, actúan con severidad, sin el sentimentalismo acostumbrado de los padres terrenos ante los hijos indisciplinados, entregados a los hábitos nocivos.

Son recursos drásticos, pero sensatos y prudentes, que sólo tienen por fin el impedir que sus protegidos participen en aventuras pecaminosas, actos deshonestos o pasiones perniciosas. Entonces, los mentores espirituales recurren a los fluidos agresivos y algunas veces, hasta enfermizos, de los espíritus sufrientes o primarios, a fin de retener en el lecho de sufrimiento a los tutelados imprudentes, que no prestan oídos a sus intuiciones benefactoras. Y, cuando la necesidad lo impone, se recurre hasta al accidente correctivo, como medida de urgencia para interrumpir las actividades nocivas a terceros y a sí mismos.

Aunque esas providencias drásticas de los guías os parezcan un tanto violentas o crueles, su objetivo es el de obligar a los imprudentes a apartarse de los focos del mal, evitándoles mayores perjuicios para el espíritu, comprometido ya en el pasado.

***Pregunta:** ¿Podéis aclararnos mejor este aspecto provecho-*

so de tales recursos drásticos empleados por los guías?

Ramatís: Aunque vosotros consideréis censurable la movilización de esos recursos violentos por parte de los guías espirituales, está compensado por la disciplina que imponen, y se justifican por los resultados benéficos alcanzados. ¿Vosotros limpiáis la grasosa suciedad de los vidrios de las ventanas con agua destilada? ¿No es el ácido muriático el mejor producto químico para limpiar las piedras percudidas, y el nitrato de plata, el indicado para cauterizar las heridas peligrosas? Según igual criterio, los guías echan mano de los medios enérgicos, debilitando la integridad física de sus pupilos, cuando son refractarios a las sugestiones para liberarlos de los vicios y pasiones destructivas. De ese modo, los inmovilizan a través del sufrimiento, en el lecho de dolor, a fin de desviarlos de los pecados y para que no les sucedan cosas peores.

Muchas personas frecuentan los centros espiritas para quitarse la "molestia" de los espíritus atrasados, que les anulan la libertad de accionar y poder gozar de los placeres comunes. Se quejan de las persecuciones de los invisibles o "viejos adversarios" del pasado, pero ignoran que, a veces, se trata de una providencia saludable adoptada por sus guías, para preservarlos de mayores perjuicios. Los espíritus inferiores en servicio voluntario y bajo la dirección de sus mentores, practican sus "acercamientos" aplicando fluidos opresivos o incómodos, que funcionan a modo de "freno moderador" sobre los encarnados. No es un proceso obsesivo —como podría juzgarse ligeramente— sino apenas una interferencia compulsiva sobre los hombres imprudentes, y que tiene por objetivo, reducir sus actividades nocivas.

Subyugados por la carga de los fluidos molestos de esos espíritus colaboradores, las personas dejan las aventuras extra conyugales censurables, se alejan de los juegos de naipes viciosos, y evitan los ambientes corrompidos donde domina el tóxico del alcohol. Se sienten desanimadas, febriles y buscan el lecho para descansar, completamente indispuestas o imposibilitadas para seguir los deslices de sus compañeros. Claro que no siempre el "acercamiento" es un recurso providenciado por los guías; a veces se trata de un proceso obsesivo dirigido por los espíritus de las sombras. En ambos casos, los fluidos perniciosos o agresivos desaparecen en su acción indeseable, no bien las víctimas aciertan con su "brújula espiritual" y objetivos constructivos.

Tampoco importan el prestigio, la responsabilidad o la cultura del hombre de mundo, pues tanto enferma el rico entre sábanas confortables, como el pobre que duerme entre los trapos de su cama humilde. Hasta los ángeles pueden utilizar los métodos drásticos, pero de provecho espiritual, así como los padres severos, ante el hijo rebelde que no atiende sus consejos, resuelven adoptar métodos rigurosos y eficaces. Esos recursos drásticos, aunque criticables en apariencia, muchas veces evitan que los encarnados ingresen en la senda criminal, que podría llevarlos a la cárcel, ya sea impidiéndoles las aventuras que mancharían el buen nombre y prestigio de la familia, evitándoles la unión ilícita con la mujer adúltera o apartarlos de los negocios deshonestos y de agravio contra terceros.

El saneamiento, por lo tanto, no se refiere propiamente al cuerpo transitorio, sino en particular, al espíritu eterno, es decir, al ciudadano sideral. Alcanza por igual al hombre rico, hermoso v culto, y a la criatura ignorante y cubierta de andrajos.

Pregunta: Creemos que debido a esos recursos citados, movilizados por los guías, como la enfermedad o el accidente en sentido educativo, no mejora a los indicados, aunque después sean tratados por el médico o el médium. ¿No opináis igual?

Ramatís: En ese caso, es mucho más importante y preferible que los enfermos espirituales, o viciosos, quedaran con su cuerpo afectados, dado que tales circunstancias les adormecen el espíritu para las prácticas o actividades indeseables. El sufrimiento físico puede anularse con la desencarnación, mientras que la salud espiritual arruinada puede alcanzar algunos siglos para su recuperación. No importa la fama y el poder del médico, del curandero o del médium en el caso de la enfermedad disciplinadora, puesto que ésta no desaparecerá mientras el espíritu rebelde no modifique su conducta beneficiosamente.

La enfermedad se manifiesta obstinada e insoluble, porque atiende al proceso redentor determinado por lo Alto; sólo retrocede cuando el enfermo del cuerpo se decide por una vida útil y dedicada a los principios regeneradores de la vida inmortal. Si la cura la disponen los guías, hasta parecerá fácil y en algunos casos, milagrosa —como dicen los terrenos— puesto que el enfermo recobra su salud en base a una simple copa de agua fluidificada, prescripta por cualquier médium incipiente o por la simple maceración de un puñado de hierbas, indicado por el curandero ignorante.

El pueblo, lo considerará dotado de poderes excepcionales y capaces de salvar a las personas más estropeadas. Sin embargo, y a pesar de las intervenciones, si el moribundo se salva, es por una decisión espiritual superior en favor de su recuperación.

A veces, la enfermedad brusca e implacable arroja a los hombres, fuertes y robustos al lecho del dolor, justamente, a las vísperas de perjudicar al prójimo por la aventura extra conyugal, por el negocio ilícito o la campaña política poco aconsejable por sus bases engañosas. A pesar de su inconformismo y de su abatimiento moral, están obligados a reconocer su impotencia ante el sufrimiento redentor y la ineficacia de la asistencia médica. En verdad, los valores definitivos del espíritu eterno y generalmente subestimado durante la salud corporal, terminan por aparecer bajo la causticidad de la enfermedad humillante.

Pregunta: ¿Sólo por medio del "acercamiento" de los espíritus tus atrasados, consiguen los guías apartar a sus tutelados de los vicios?

Ramatís: Os advertimos una vez más, que no pretendemos generalizar respecto de los métodos y providencias espirituales disciplinarias impuestos por los guías. Se utilizan únicamente cuando fallan todos los recursos suaves; entonces convocan a ciertos espíritus amigos y obedientes, aunque de graduación primaria, para que, con sus fluidos mortificantes actúen sobre sus negligentes pupilos encarnados.

Desgraciadamente, todavía son pocos los hombres cuya conducta espiritual elevada les permita una sintonía constante con las fajas vibratorias espirituales de la intuición pura. La inestabilidad mental y emotiva, muy común entre los encarnados terrenos, los aisla de las intuiciones saludables de sus guías; por eso, se hacen pasibles de la disciplina correctiva y drástica, capaz de anularles los impulsos pecaminosos.

Conforme reza la tradición religiosa, el hombre es inspirado a su derecha, por la voz del ángel, que le aconseja las prácticas del bien, y a su izquierda, recibe la sugestión capciosa del mal, simbolizada por la figura temible del Diablo tradicional. De un lado recibe la invitación angélica a renunciar definitivamente a las ilusiones de la carne y alcanzar las esferas resplandecientes; del otro lado, el instinto animal o Lucifer le exige sumisión total al mundo de las pasiones y a los vicios seductores, a fin de impedir la fuga del espíritu, que hace tantos milenios viene dominando.

Se establece desesperada invitación entre la "luz" y las "sombras", entre el "espíritu" y la "carne", pues en el mundo oculto del ser, la personalidad humana impone sus cadenas tiránicas, mientras el espíritu intenta su liberación definitiva. Los santos y los genios pueden explicaros todo eso, pues ellos se sintieron perturbados, agotados y desalentados en su lucha titánica, cuando intentaron la superación del espíritu sobre el deseo animal. Aunque el alma forje su conciencia de "ser" o de "existir" en el Cosmos por la disciplina y coacción educativa de la materia, paradójicamente, sólo consigue su liberación definitiva, después que fue esclava de los instintos. Y cuando es sensible a la "voz silenciosa" de su origen divino, entonces no necesita de los correctivos drásticos de lo Alto, alcanzando su felicidad por la invitación angélica.

Pregunta: Considerando que el alma humana es originaria de la esencia angélica de Dios, ¿por qué no reconoce "instantáneamente" su conciencia divina o su posición exacta y distinta en el seno del Cosmos, puesto que permanece indisoluble y ligada al Creador?[10]

Ramatís: Durante la eclosión de la luz crística que se ma-

[10] Nota del Médium: Esta pregunta fue hecha exclusivamente por Ramatís, lo que a nosotros nos parece una especie de "test" para lograr auscultar la simpatía, interés y reacción de los lectores, respecto del asunto que se está tratando, algo complejo e iniciático, el cual está ampliamente desenvuelto en la obra ***El Evangelio a la Luz del Cosmos***. En esta obra Ramatís trata de explicarnos en forma minuciosa que el Evangelio de Jesucristo sintetiza en sus leyes morales, las leyes inmutables que rigen el equilibrio y la dinámica del Cosmos en la ***más*** perfecta correlación espiritual. Nos dice >n el preámbulo, que si nosotros confiamos hasta el presente en lo "que dijo Jesucristo", también nos llegó la hora de indagar, el "por qué lo dijo".

nifiesta en la intimidad de toda criatura, es decir, en un proceso endógeno o de "adentro hacia afuera", el espíritu del hombre debe apercibirse del misterio de su origen divino, pero sin sorpresas, sin violencia y bajo el deseo de ***conocerse a sí mismo***. Debe reconocer y comprender el proceso que lo hace un "ser individuo" aparte, en el Cosmos, que no se funde con el Todo Creador, pero al cual se acerca continua y gradualmente. Sería un absurdo, que la conciencia plena del hombre le fuera revelada *como* por toque de magia, en una manifestación total e instantánea.

Si el espíritu pudiese reconocerse instantáneamente como una conciencia global o completa, marcando su verdadera posición y distinción en el seno de Dios, sin pasar por un proceso o aprendizaje espiritual gradativo, entonces los mundos planetarios que forman las escuelas educativas, jamás tendrían razón de existir. Las almas de los hombres son "entidades espirituales" vírgenes y diferenciadas en el seno de la Conciencia Cósmica, que después desenvuelven su conciencia física e individual por el cúmulo de los hechos e imágenes vividas en las existencias carnales, o en los intervalos de su permanencia en el mundo astralino. Su memoria, crece y amplía en lo infinito del tiempo y del espacio, hasta consolidar una percepción consciente del ser-individuo, que desde allí hacia adelante, se siente uno e inconfundible en el seno del propio Creador.

También es verdad, que el médium o el curandero que logre éxito, después se puede volver famoso y atraer a las multitudes inquietas, provocando la aglomeración de enfermos y mutilados.

Pregunta: Pensamos que las religiones tienen la función de incentivar el proceso angélico, o sea, apresurar la conciencia humana. ¿Es esto verdad?[11]

Ramatís: El verdadero sentido del vocablo ***religión***,[12] es el de "religación" de la criatura a su Creador. Todo esfuerzo del hombre por acercarse o asemejarse a Dios, es un acto religioso porque lo transforma y lo eleva, es decir, lo "religa" a su Creador. Religión no es solamente un culto o deber sagrado hacia la Di-

[11] Nota del Médium: Aunque aparentemente, las dos últimas preguntas no corresponden al tema central del presente libro, son de profundo interés para Ramatís, porque responden a las reacciones emotivas o intelectuales de los lectores.
[12] Religión, del verbo latino ***religare***.

vinidad, sino también, la movilización de los recursos sublimes del propio ser, que lo llevan a gozar de una mayor intimidad con su Hacedor. El espíritu del hombre se "liga" eternamente a Dios, su fuente de origen y su alimento. A pesar de esa ligazón íntima e indestructible que lo convierte en una miniatura portadora de los mismos atributos de la divinidad, existe siempre en el hombre, éste debe esforzarse continuamente por "reunirse" o "religarse" con el Padre, ampliando y divinizando su conciencia por el entendimiento integral de la vida y por el sentimiento crístico incondicional.

Religión, entonces, identifica el estado del espíritu superior del hombre, ruando trata de alcanzar la mayor aproximación con la "verdadera" naturaleza de Dios. La criatura puede ser profundamente religiosa sin formar parte de secta, credo o iglesia ortodoxa alguna, pues es muy grande la diferencia entre el estado de religiosidad que "religa" al hombre con su Creador, por la sublimación espiritual, y la simple participación en doctrinas o agrupaciones de hombres ligados solamente por el bien de la humanidad.

Y, tan fuerte y vibrante es el sentimiento de religiosidad en lo íntimo de las criaturas, que muchos pecadores se transforman y convierten al Bien o se "religan" al Creador, después de haber leído un libro conmovedor, por la intuición de su ángel de la guarda o por la ternura benefactora hacia el prójimo. En la profundidad de sus almas vibró la ansiedad de aproximarse al Padre, antes que el "miedo" al castigo o al deber sagrado de adorar a la divinidad. He ahí por qué entonces, después de largo tiempo de tedio a través de una existencia frívola y tonta, un gesto, una mirada o una invitación, los modifica totalmente.

***Pregunta:** ¿Nos podéis dar algunos ejemplos de esas transformaciones de criaturas pecadoras, convertidas súbitamente al Bien?*

***Ramatís**:* María de Mágdala se despojó de sus joyas y abandonó su palacio principesco enternecida ante la dulce mirada del sublime Jesucristo; a Pedro le bastó una simple invitación para seguir al Maestro: "Ven conmigo Pedro, y serás un pescador de hombres". Pablo de Tarso abatió su orgullo destructivo convirtiéndose al Cristianismo, al oír en su intimidad la voz tierna de Jesucristo: "Pablo, Pablo, ¿por qué me persigues?". El joven príncipe Salda Muni, consternado ante el cuadro trágico de un mendigo cubierto de llagas, abandonó sus tesoros y las glorias de la corte de Kapilavastu, para volverse el Buda, el Iluminado Instructor de Asia y salvador de los hombres.

La Chispa Divina, cuando surge en el alma humana, en un momento de gran ternura o sensibilidad espiritual, atiza el fuego renovador del espíritu y transforma un "harapo humano" en un héroe, o un tirano en un santo. No importan los siglos y los milenios que hayamos vivido en la materia en contacto con la animalidad, en el sentido de desenvolver nuestra conciencia y enriquecer nuestra memoria sideral, si en el momento oportuno, de madurez y progreso espiritual, el ángel que vive en nosotros asume definitivamente la dirección de nuestro ser.

Pregunta: Según vuestro punto de vista espiritual, ¿qué actitud nos recomendáis durante nuestra encarnación terrena, a fin de favorecer el trabajo protector de los guías?

Ramatís: El hombre se eleva o sensibiliza en espíritu conforme expurga sus pecados, abandona los vicios, domina las pasiones peligrosas y desprecia los placeres lascivos de la carne. De esa forma, se sintoniza con los planos espirituales superiores y puede recibir de los espíritus benefactores la orientación segura y provechosa, para cumplir con su destino educativo en el mundo material. Sin embargo, nunca faltan las enseñanzas espirituales adecuadas a cada pueblo terreno, pues en todas las altitudes geográficas o regiones físicas de la tierra, encarnan entidades excepcionales que se dedican heroicamente a orientar al hombre terreno para que alcance su definitiva Ventura Espiritual. Buda instruyó a los asiáticos, Mermes a los egipcios, Krishna a los hindúes, Confucio a los chinos, Pitágoras a los griegos, Zoroastro a los persas, mientras que Jesús resumió todas esas enseñanzas en su admirable Evangelio, y Allan Kardec las popularizó por la codificación espirita. En lenguaje simple y convincente, el Espiritismo expone a todos los hombres, ignorantes o sabios, los avanzados conceptos de filosofía, técnica mediúmnica y erudición espiritual, que resistieron gallardamente los cien años de sarcasmo del academismo científico y la persecución sistemática del clero celoso.

El hábito del Bien y la integración definitiva del hombre a los preconceptos evangélicos de Jesús, despiertan las fuerzas creadoras del alma y la inmunizan contra los ataques perversos y capciosos de las entidades de las tinieblas. Sólo la vida espiritual superior permite al hombre oír la voz de su guía vibrando en la intimidad de su alma, evitando los recursos drásticos y dolorosos que lo Alto, a veces, necesita movilizar para reprimir las actividades ilícitas y peligrosas.

Los credos, las religiones, los cursos iniciáticos y las doctrinas espiritualistas ayudan al hombre a distinguir la senda segura, para su ventura espiritual. Solamente la auto-realización, el vivir en sí mismos las enseñanzas evangélicas, es lo que concede el derecho para morar en los planos paradisíacos. Después de conocer el programa superior, le cabe la responsabilidad de ejecutarlo en sí mismo, en la experimentación cotidiana, para poder expurgar los residuos de la vida animal inferior que sirvieron de base a la formación de su conciencia individual.

Así, todos los momentos que el hombre vive en la superficie de los mundos planetarios deben ser aprovechados para su auto-realización superior, dado que ya conoce el programa que lo conduce a la felicidad.

Las discusiones políticas, religiosas o deportivas; las actitudes rebeldes, obstinadas o coléricas; la asistencia habitual a los antros del vicio; el anecdotario indecente, la crítica antifraterna, la ignorancia, el celo, el odio, la venganza, la hipocresía o la capciosidad, inclusive los entretenimientos tontos, son estados de espíritu y condiciones humanas que bajan el nivel espiritual del hombre y lo aíslan de la orientación segura de lo Alto.

Todo espíritu tiene el derecho de buscar el clima que le es más propicio, pero es obvio que ha de sufrir, en sí mismo, los buenos y los malos efectos del ambiente que su libre albedrío elige para vivir.

ACLARACIONES SOBRE EL PERIESPÍRITU

***Pregunta:** En obras anteriores de vuestra autoridad espiritual y de otros espíritus acreditados, se define al periespíritu, como un elemento complejo, de estructura fisiológica, sistemas y órganos idénticos a los del cuerpo físico. Allan Kardec, en cambio, en su Libro de los Espíritus, lo considera un cuerpo vaporoso. ¿Cómo debemos interpretar ambos enunciados?*[13]

Ramatís: Cuando Allan Kardec codificó el Espiritismo hace cien años, no podía hacer otra descripción del periespíritu. Los espíritus mentores así se lo habían comunicado, porque su doctrina, además de impactar a la masa común, aparecía en una época de poco conocimiento esotérico. Hoy es posible al hombre común recibir instrucciones sobre la contextura verdadera del periespíritu, porque ya está familiarizado con las energías del mundo invisible reveladas por la ciencia terrena, por ejemplo, los rayos X, ultravioleta e infrarrojo, la radiactividad, la desintegración nuclear, los fenómenos ultrasónicos, la electricidad, el magnetismo, el electrón, etc. Actualmente, no se pone en duda la posibilidad de que la materia se transforme en energía, ni la existencia de la fauna microbiana, invisible a la vista física. También se admite que muchas enfermedades provienen tanto

[13] Nota del Médium: Allan Kardec en el capítulo I, en la pregunta 93 "Periespíritu" del ***Libro de Los Espíritus*** sólo dice lo siguiente: "El espíritu está envuelto en una sustancia, aunque vaporosa para ti, muy grosera aun, para nosotros, pero suficientemente ligera empero para poderse sostener en la atmósfera y trasladarse donde quiera". También es cierto que en el capítulo "Manifestaciones de los Espíritus" del tema "El periespíritu: principio de las manifestaciones", del libro ***Obras Póstumas***, Kardec se extiende un poco más sobre el mismo asunto, mas sin dar detalles sobre la complejidad de la verdadera naturaleza del periespíritu, conforme lo describen los esoteristas, rosacruces, teósofos y yogis.

del cuerpo físico como de los desequilibrios psíquicos, que la medicina clasifica como enfermedades neurogénicas.

En su época, Allan Kardec se dirigía principalmente a los "no iniciados" en el estudio esotérico, que ignoraban los secretos del mundo oculto y de la vida espiritual: la reencarnación, la ley del Karma, las comunicaciones entre los vivos y los muertos, etc. Estas revelaciones esotéricas de la doctrina espírita, sufrían los ataques furiosos del clero católico y las burlas de los académicos ortodoxos. Kardec y los espíritus hubieran sido muy imprudentes al intentar popularizar todas las particularidades y menudencias anátomo-fisiológicas del periespíritu, asunto demasiado avanzado para una época de excesiva ignorancia. Kardec hubiera tenido que afrontar la duda agresiva de los científicos tomistas y de los adversarios religiosos dogmáticos; todo eso, hubiera hecho tambalear las raíces, todavía frágiles, del Espiritismo.

He ahí el por qué los espíritus mentores de Kardec no lo estimularon para emprender estudios más profundos, respecto de la verdadera naturaleza del periespíritu, limitándose a clasificarlo como un cuerpo fluídico, simple y vaporoso. Así satisfacía las dudas de la capacidad mental y del entendimiento espiritual primario de adeptos y profanos. Más tarde, vuelve sobre el asunto para mejor especificarlo, diciendo que es "un cuerpo fluídico, cuya sustancia es tomada del fluido universal, o fluido cósmico, que lo constituye y lo alimenta, como el aire forma y alimenta el cuerpo material del hombre. El periespíritu es más o menos etéreo, según los mundos y el grado de adelanto de los espíritus; es un órgano transmisor de todas las sensaciones", etc.[14]

Pregunta: Considerando al periespíritu como un "cuerpo vaporoso", conforme lo afirma el Libro de los Espíritus, ¿cuál es la naturaleza intrínseca del Espíritu, es decir, la entidad que dirige y gobierna al periespíritu?

Ramatís: Explica el propio Kardec, en sus obras, lo siguiente: "La Vida de los Espíritus es la espiritual, que es eterna; la corpórea es transitoria y pasajera, es un verdadero minuto en la eternidad. Por lo tanto, el Espíritu es la entidad inmortal y sin forma de hombre, mientras que el periespíritu, o sea, su cuerpo

[14] Ver el libro ***Obras Póstumas*** de Allan Kardec, Ed. Kier.

etéreo, está estructurado con los fluidos mentales y astrales que lo envuelven, dándole configuración humana". Como dice Kardec, el Espíritu es la llama, la centella o claridad etérea, especie de luz material, que se yuxtapone o conjuga al periespíritu para que éste pueda bajar y ajustarse al mundo planetario, bajo la configuración de un cuerpo físico o humano. Es evidente que si el Espíritu no tiene forma y se asemeja a una centella o llama inmortal, siendo lo real de la vida del hombre, necesita de los cuerpos o eslabones intermediarios que le permitan descender vibratoriamente hasta poder manifestarse a través del cuerpo carnal, en la tierra. Esos cuerpos intermediarios, que establecen la interligazón del mundo espiritual con la materia, están formados por la esencia o sustancia del plano físico, que el espíritu tiene que volver a reintegrar. El periespíritu que hace cien años, Kardec describió como un "cuerpo vaporoso" a fin de evitar discusiones que perjudicaran a la doctrina espirita en su comienzo, hoy ya puede estudiarse en sus verdaderos aspectos y detalles, es decir, en el proceso por el cual alcanza su estructura fisiológica u orgánica.

Sabéis que no existen distancias métricas entre el reino del Espíritu eterno y el mundo material, pues esa aparente separación es, solamente, la diferencia de los estados vibratorios de cada plano. En este mismo instante en que os dictamos estas palabras, vivís simultáneamente en el mundo espiritual, pero ligados a un organismo carnal. No es necesario recurrir a vuestra muerte carnal, para vivir en espíritu, puesto que en realidad, siempre sois Espíritu inmortal, aunque sujetos por el cuerpo intermediario, llamado periespíritu, que en aspectos transitorios existe subordinado a las limitaciones del mundo terráqueo.

Es natural que el Espíritu, a causa de su naturaleza superior y vibración sutilísima, necesita para encarnarse de los vehículos intermediarios. Así como el Sol no puede mover un vaso de barro, el Espíritu, por su naturaleza inmaterial, tampoco sería capaz de mover directamente al cuerpo físico. En resumen: Entre el Espíritu y el cuerpo carnal existe un "espacio" o "distancia vibratoria" que necesita ser llenada por los cuerpos, vehículos o eslabones confeccionados de la misma sustancia de cada plano intermediario.

Considerando que el periespíritu es el equipo o conjunto de cuerpos imponderables y reales, que llenan ese espacio vibratorio, es evidente que no puede ser un "cuerpo vaporoso".

Pregunta: ¿Podríais hablarnos con más amplitud de ese conjunto o equipo periespiritual formado por vehículos o cuerpos imponderables?

Ramatís: Atendiendo a que el objetivo de esta obra es el de particularizar los diferentes aspectos de la mediumnidad, bajo el patrocinio del Espiritismo, haremos algunas observaciones generales sobre el periespíritu, pero sin extendernos en menudencias, que es fácil encontrar explicadas en las obras de los Rosacruces, teósofos y Yoguis. Nos interesa, tan sólo, despertar la curiosidad de los espiritas estudiosos por la verdadera naturaleza físico-anatómica del periespíritu, y ayudar a los médium para que alcancen mayor éxito en sus trabajos gracias a los conocimientos necesarios sobre la vida del Espíritu Inmortal.

Gracias a la metafísica hindú, se sabe que el Universo es septenario, es decir, que todas las manifestaciones de la Vida Cósmica y planetaria responden a un mismo padrón vibratorio rector: el número ***siete***. Entre dichas manifestaciones septenarias, destacamos las siguientes: son ***siete*** los colores fundamentales del espectro solar y de los objetos y seres del mundo material; ***siete***, las principales notas de la música terrena; ***siete***, los días de la semana y de cada período lunar. Hay ***siete*** pecados capitales y ***siete*** virtudes principales; ***siete*** planetas astrológicos y ***siete*** esferas ocultas que se agrupan alrededor de la tierra; el espíritu del hombre sólo se libera después que alcanza el ***séptimo*** cielo. Fueron ***siete*** los sabios de Grecia y las maravillas del mundo; son ***siete*** los sentidos físicos de las razas humanas en su ciclo planetario de educación física; también son ***siete*** las razas madre de cada planeta (vosotros os encontráis en la quinta raza madre). Jacob, en sueños, vio a los ángeles subiendo y bajando las ***siete*** gradas de la escala evolutiva espiritual, y el Apocalipsis de Juan habla reiteradamente de ***siete*** sellos, ***siete*** ángeles, ***siete*** cielos, etc.

En diversas actividades del hombre, que indican los momentos más importantes de la vida, se observa el padrón septenario rigiendo las manifestaciones y responsabilidades; el niño es considerado inocente hasta los siete años, en cuya edad el espíritu se integra definitivamente en el cuerpo físico; la pubertad en ambos sexos llega a los catorce años, es decir, dos, veces siete, en cuya época se solidifica en el hombre el cuerpo astral de la emoción o de los deseos; la mayoría de edad o emancipación se hace a los veintiún años, o tres veces siete, cuando el hombre alcanza el dominio de su juicio, pues en tal fase posee conscientemente los atributos del cuerpo mental, pasando de allí en adelante, a razonar bajo su entera responsabilidad espiritual.

Nos enseña la Ciencia Trascendental que el doble etérico posee siete chakras o centros de fuerzas etéricas, que corresponden a las siete regiones principales del cuerpo físico y del periespíritu del hombre; el Prana[15] o Vitalidad que alimenta a esos chakras, también es una síntesis de siete colores, que particulariza a un tipo de vibración o variedad de cada zona corporal humana. El Prana está colocado entre los siete Elementos, que corresponden a las siete regiones o siete involucros del Universo o de Brahama, como dicen los orientalistas, a saber: Prana (la Vitalidad), Manas (el principio inteligente o Mente), Éter, Fuego, Aire, Agua y Tierra.[16]

He ahí el por qué las filosofías y doctrinas espiritualistas de la tierra, en su esencia, tratan la revelación cosmogónica según el orden septenario, aunque varíen las denominaciones peculiares y especulaciones filosóficas de acuerdo con la índole, el temperamento y las tradiciones de cada pueblo. Por ejemplo: los Rosacruces se refieren a siete divisiones con relación al hombre, en la siguiente forma: el mundo de Dios, el de los Espíritus Virginales, el del Espíritu Divino, el del Espíritu de la Vida, el del Pensamiento, el de los Deseos y el de la Materia. Aunque se note aparente diferencia con la enunciación hecha por el Yoga, en la intimidad espiritual ambas concuerdan, a pesar de que la última especifica su definición septenaria de la siguiente forma: Espíritu, Mente Espiritual, Intelecto, Mente Instintiva, Prana o Fuerza Vital, Cuerpo Astral y Cuerpo Físico.[17]

[15] Ver el capítulo "Algunas Nociones sobre el Prana".

[16] Nota del Revisor: El "Génesis" explica que Dios terminó el mundo en el sexto día y en el séptimo descansó. (Cáp. 2 – v.1, 2 y 3).

[17] Nota del Revisor: Para los lectores más interesados en estos asuntos, recomendamos las siguientes obras, que les proporcionarán excelentes enseñanzas sobre

Para el mejor entendimiento y facilidad en el estudio, encontramos que es mejor reducir esa enunciación septenaria, tan tradicional y familiar en Oriente, hacia una concepción mínima de cuatro divisiones: Espíritu, Periespíritu, Doble Etérico y Cuerpo Físico. De este modo, el Periespíritu es, para el Espiritismo, el equipo que abarca en su conjunto, la mente espiritual, el intelecto, la mente instintiva, el Prana y el cuerpo astral de la especificación Yoga, en correspondencia también, con el mundo del Espíritu Virginal, del Espíritu Divino, del Espíritu de la Vida, del Pensamiento y de los Deseos, de los Rosacruces.[18]

Esos cuerpos o elementos intermediarios de la actividad espiritual, agrupados forman un solo conjunto, denominado periespíritu, el cual se sitúa en los planos intermediarios y sirve de eslabón al Espíritu para su contacto con la materia. Es el puente de ligazón entre el reino espiritual y el mundo físico, sin necesidad de detallarlo con especificaciones y subdivisiones, que lo destaquen como el cuerpo mental, vital, espiritual o astral, tan al gusto de los orientales. Para los espiritas es suficiente agrupar esas "subdivisiones" y "vehículos" intermediarios, en un sólo cuerpo o equipo, que se denomina definitivamente "*periespíritu*".

El periespíritu no es, por lo tanto, un "cuerpo vaporoso", conforme lo dice Kardec, sino un equipo complejo, que es capaz de atender a las más variadas actividades y deseos del espíritu inmortal. Considerando que la doctrina espirita es un movimiento de naturaleza popular, destinado a los no iniciados en las particularidades del mundo oculto, lo Alto entonces aconseja que sea resumido el estudio del periespíritu, tanto como fuera posible, evitando la saturación mental que perturba a los adeptos y médiums aun inmaduros en tal asunto. Por eso, preferimos especificar ese estudio de la siguiente forma: Espíritu, la centella o Luz Inmortal sin forma; el Periespíritu, que abarca el cuerpo mental que sirve para pensar, el cuerpo astral, que manifiesta la emoción o los deseos, como también los sentamientos; el Doble

---

los fundamentos principales del Espíritu Inmortal: *Catorce Lecciones de Filosofía Yoga*, *Curso Adelantado de Filosofía Yoga*, *Raja Yoga* y *Gnani Yoga*, del Yogi Ramacharaka. Ver, además: *Karma Yoga* de Vivekananda.

[18] Ver el cuadro demostrativo de los "Siete Mundos" de la obra *Mensaje del Astral* de Ramatís, principalmente la subdivisión de la región etérica del Mundo Físico. En la obra del mismo autor espiritual titulada *La Sobrevivencia del Espíritu*, ver el capítulo "Nociones sobre el Periespíritu y sus delicadas Funciones".

Etérico, con el sistema de "chakras" o centros de fuerzas etéricas (que es lo mismo, cuerpo transitorio de éter físico, situado entre el periespíritu y el cuerpo físico, el que se disuelve después de la muerte del hombre); y finalmente, el Cuerpo Físico, como la última pieza que liga al Espíritu Inmortal al mundo material.

El simple hecho de que el periespíritu abarque el cuerpo mental que es la fuente del pensamiento y el cuerpo astral, que expresa los deseos, sentimientos y emociones humanas, lo revela como un instrumento inconfundible y de asombrosa complejidad, y no como un "cuerpo vaporoso" citado en la codificación kardecista por fuerza de la época. Realmente, es el puente vivo para que el Espíritu alcance la materia y exponga sus ideas y deseos. En el Universo no existen fantasías ni milagros, todo obedece a un proceso de la Ciencia Cósmica regido por leyes inmutables que controlan el perfeccionamiento de las cosas y de los seres. Es obvio, que, la operación de "pensar", "desear" o "sentir" del espíritu, exige que el periespíritu posea sistemas, órganos y mecanismos adecuados, que hacen imposible una contextura vaporosa semejante al humo.

Es sabido que los estados emotivos del hombre, producen en su cuerpo determinadas reacciones psico-fisiológicas que interfieren en el sistema nervioso, cerebro-espinal, endocrino, linfático, sanguíneo, óseo, muscular además de otros fenómenos específicos. Por lo expuesto, mucho más importante que el cuerpo físico es la estructura anatómica fisiológica del periespíritu, que es su matriz original y organismo *preexistente* al nacimiento y a la muerte física.

***Pregunta:** ¿Por qué los adoctrinadores y líderes espiritas no explican a sus adeptos la realidad del periespíritu? En general, se limitan a citar los conceptos de Kardec. ¿A qué se debe esto?*

Ramatís: Evidentemente es una cuestión de simpatía o culpa de la excesiva ortodoxia dominante en el seno de la doctrina espirita, pues el propio Kardec fue muy claro cuando dijo que "el Espiritismo incorporará en su doctrina, todo aquello que primero pasara por el tamiz de la razón y resistiera a la investigación científica, y que fuera útil y beneficioso para el hombre".

No existe inconveniente alguno para que los espiritas estudien más allá de la línea kardecista, buscando nuevos valores sobre el acervo espiritual, que inclusive sirvió a otros movimientos y doctrinas tradicionales como el Rosacruz, la Teosofía, el Esoterismo y el Yoga.

Además, las nociones, aspectos y estudios que os parecen inéditos sobre la anatomía y fisiología del periespíritu, no es ninguna novedad, puesto que es una materia conocida hace muchos siglos por todas las escuelas iniciáticas del mundo. Es de sentido común, que los avanzados conocimientos sobre la inmortalidad del alma, siempre partieron de Oriente, principalmente de la India. Por lo tanto, sería ridículo que el espiritualista occidental desprecie el acervo benefactor de esa fuente de Sabiduría Espiritual.

Los Vedas, hace 4000 años[19] enseñaban detalladamente el cuerpo mental, el cuerpo astral y el doble etérico con el sistema de "chakras", mientras que Hermes Trismegisto, el iniciado del Egipto, lo hacía a la luz de los templos de Rá.

Le cupo a Kardec, popularizar en el presente siglo, cierta parte, la menos profunda de esos conocimientos espirituales, para que el ciudadano terreno, todavía desinteresado de su propia vida espiritual, se interesara por su ventura e inmortalidad.

Si el Espiritismo significa la puerta abierta para la revelación espiritual, corresponde al discípulo penetrar en el Templo y descubrir los misterios de su propia inmortalidad, como también conocer la Fuente donde los espíritus entresacaron sus conceptos para la codificación espirita. El adepto que permanece obstinadamente sujeto a la ortodoxia de la tradición kardecista, desinteresándose de los conocimientos milenarios de la vida inmortal del espíritu, demuestra que no ha comprendido al Espiritismo, puesto que es una doctrina esencialmente amplia y evolutiva y no un conjunto de postulados en discusión, sobre lo que Allan Kardec dijo o no dijo.

Pregunta: Entonces, debemos comenzar las indagaciones

[19] Nota del Revisor: Ver los ***Himnos de los Rig-Veda***, el ***Baghavad Gita*** y el ***Dhammapada***, el poema "Ramayana", donde el lector menos versado puede comprobar, que a través del simbolismo se disfrazan los conocimientos iniciáticos más importantes del Espíritu, abarcando la interligazón del cuerpo mental, el cuerpo astral y el doble etérico, con su sistema de chakras.

por el antiguo y tradicional curso de los Templos iniciáticos del pasado, a fin de compenetrarnos de la doctrina de enseñanzas superiores, de donde Kardec y otros espíritus guías extrajeron sus bases fundamentales para el Espiritismo. ¿No es verdad?

Ramatís: Ya hemos dicho reiteradas veces, que la vida dinámica del hombre del siglo XX, lo obliga a "iniciarse" a la luz del día, en el mismo ambiente social al que pertenece, y desde que se levanta a la mañana, hasta que vuelve a acostarse para dormir y reponer sus fuerzas. El Maestro moderno, ya no usa barba y pelos largos, como los antiguos patriarcas, pues caería en el ridículo. Dice cierto proverbio hindú: "El Maestro aparece no bien el discípulo está preparado". En la actualidad, se comprueba si el discípulo ha alcanzado ese estado de preparación mediante un test moderno que comprueba su ecuanimidad, dulzura, tolerancia y amor al prójimo, cuando el policía, por ejemplo, lo insulta ante alguna trasgresión a las leyes del tránsito; cuando un egoísta le quita su sitio en la fila del ómnibus; cuando el mal negociante lo estafa; cuando un borracho le lanza palabras obscenas; en fin, frente a todos aquellos inconvenientes de la vida cotidiana que desequilibran la paz interior de su espíritu.

De esta manera, el discípulo de esta época se gradúa poco a poco mediante la experiencia de la vida corriente, sin necesidad de los rituales, compromisos y juramentos obligatorios en los templos iniciáticos del pasado.

Después de tantas peripecias de la vida terrena, en enfrenta-miento constante con las vicisitudes e injusticias de un mundo en primaria efervescencia, abatido y masacrado por las pruebas severas del sentimiento en constante purificación, el hombre es examinado en base al padrón del Evangelio de Jesús, a fin de comprobar la medida de su adelanto en esa iniciación espiritual que viene efectuando a lo largo de cada encarnación. Antiguamente, los discípulos se instruían en los rituales de los templos iniciáticos, para después vivir en contacto con el mundo, cual atletas dispuestos a conquistar el triunfo sobre sí mismos, en el campeonato de la existencia humana, hoy, inmerso en la vida profana, enfrenta problemas que lo van purificando, y su espíritu va ascendiendo merced a las relaciones comunes con sus compañeros de trayectoria física.

***Pregunta:** ¿Es verdad que los antiguos Maestros de la tradición iniciática no censuran la revelación que Allan Kardec nos ha dado, de los misterios del Ocultismo?*

Ramatís: Allan Kardec fue uno de los más avanzados maestros de iniciación esotérica del pasado, bastante familiarizado con el ambiente de los templos egipcios, caldeos e hindúes. Innumerables iniciados, que desenvolvieron sus energías psíquicas y despertaron sus poderes espirituales en los antiguos templos iniciáticos, han encarnado actualmente en la tierra, y cooperan valiosamente en la siembra espirita. Poco a poco van revelando los conocimientos ocultos, que Allan Kardec tuvo que velar en su época por falta de clima psicológico, adecuado y favorable. Esos iniciados, con la ayuda de la ciencia profana, extirpan gradualmente, los aspectos dramáticos, sensibleros y especulativos, que no condicen con el espíritu científico, lógico y concreto de los postulados espiritas, cada vez más evolucionados.

El Espiritismo simplificó las enseñanzas complejas de Oriente, acerca de la reencarnación, la Ley del Karma, etc., exponiéndolas en forma fácil y precisa, sin las sutilezas iniciáticas, los simbolismos complejos y las grafías sibilinas del sánscrito, que respondían a la inmadura capacidad mental de los adeptos de aquellas remotas épocas.

Los espiritas demasiado ortodoxos no deben temer que se produzca ningún tipo de confusión doctrinaria en el seno del Espiritismo, por el solo hecho de examinar las enseñanzas y conocimientos de otros movimientos espiritualistas. Además la revelación del verdadero mecanismo de la vida inmortal del Espíritu, no se hará de un modo instantáneo y milagroso. Se producirá a través del estudio, la investigación y la búsqueda constante por parte de los discípulos liberados pertenecientes a cualquier secta. La actitud cómoda del espirita que deliberadamente ignora cualquier asunto que no se relacione con su doctrina es, en general, fruto del prejuicio mental, más que del temor a la confusión doctrinaria. La confusión no es propia de las cosas que investigamos, sino de nosotros mismos. El hombre realmente confuso tiene miedo de conocer otros movimientos esotéricos, cuyos principios doctrinarios, en verdad se apoyan en fundamentos similares a los del Espiritismo. Tales recelos crean un estancamiento mental que algunos discípulos no podrán vencer hasta otra existencia.

La tierra es una escuela de educación espiritual primaria, que libera a sus alumnos, después que aprobaron todas sus materias existentes. Los espiritas saben que no hay privilegios preferenciales en la senda de la evolución espiritual; por eso, cuando el discípulo despierta a la realidad de la vida inmortal, se halla delante de un problema capital de su existencia, porque al mismo tiempo entra en conflicto con su conciencia, con los instintos primarios del animal y con la súplica del ángel, que lo incita a la lucha para ganar el Paraíso. Es el momento crucial, que los hindúes llaman el "filo de la navaja", porque realmente, se encuentra angustiado e indeciso entre el "cielo y el infierno", pues tiene que desintegrar la personalidad del "hombre viejo" dando lugar y nacimiento al "hombre nuevo" de orden angélico enunciado por Pablo de Tarso."[20]

Después que el hombre cierra su iniciación espiritual en la tierra, es decir, una vez aprendido todo el alfabeto de las materias primarias que llenan su corazón y desenvuelven su intelecto, es promovido al curso de las enseñanzas planetarias.[21] Los alumnos reprobados en el curso primario terreno, no ingresan al curso inmediato superior, sin antes haber asimilado integralmente las enseñanzas de menor envergadura.

Pregunta: ***¿Quiere decir que si reformamos las leyes de la tierra, los alumnos también alcanzarán mejor graduación?***

Ramatís: Querer reformar el estado de la tierra, sin antes haber cristianizado al hombre, su habitante, es como intentar enderezar la sombra de una vara torcida, puesto que la lógica dice que primero debemos enderezar la vara. El ambiente moral y social de la tierra, es la proyección colectiva o la medida espiritual de cada uno de sus ciudadanos en el "curso primario". Así, no bien los alumnos completen el curso de alfabetización espi-

[20] Nota del Revisor: Dice un proverbio hindú: "Difícil es andar sobre el filo de una navaja"; y arduo, dicen los sabios, es el camino de la Salvación. Para el lector estudioso recomendamos la novela ***El Filo de la Navaja*** de W. Somerset Maugham, donde aparecen expuestas en estilo claro y poético, innumerables enseñanzas y admirables actitudes del discípulo oriental.

[21] Ver ***La vida en el Planeta Marte***, de Ramatís, Cáp. 1, "Aspectos Marcianos". Comparada con la existencia terrena, agotadora y frenética, la vida en Marte resulta un verdadero "Curso Planetario Superior".

ritual y merezcan la transferencia hacia otros planetas de mejor graduación sideral, una nueva pléyade de "analfabetos" bajan del mundo invisible, para sustituir a los que fueron promovidos.

Las modificaciones fundamentales en él ambiente de la tierra dependen esencialmente de mejorar el padrón espiritual de sus habitantes, pues los alumnos analfabetos no se mostrarán más inteligentes porque les cambien el ambiente físico de su planeta. La simple providencia de vestir un salvaje con frac y camisa almidonada, no lo acredita como huésped adecuado de un hermoso hotel.

Los espíritus se alfabetizan participando del drama evolutivo del viejo escenario terrestre, en donde la vida es el más importante acontecimiento; pero en verdad, las escenas y los hechos se repiten, como sucedió hace muchos siglos, bajo otros vestidos y costumbres, dado que las lecciones son siempre semejantes. Es exactamente lo que sucede en las escuelas de orden primario, donde a despecho de mejoras en los ambientes, la iluminación, la higiene y los métodos pedagógicos, los alumnos siempre tienen que comenzar por el a-b-c.

Desgraciadamente, ya está muy limitado el plazo para los alumnos terrenos reprobados en la actualidad, es decir, los necesitados de una "segunda época", pues lo Alto decretó la promoción de los participantes terrenos para la escuela secundaria, restando a los rebeldes, prejuiciosos y atrasados, el recurso de transferirlos a otra escuela primaria, tal vez en condiciones educativas más primarias.[22]

Sin embargo, el Espiritismo colaborará muchísimo para esclarecer al terrícola en esta "hora profética", popularizando las enseñanzas ocultas de otros movimientos espiritualistas, pues la codificación espirita, en verdad, todavía no está concluida.

Pregunta: Las enseñanzas espiritualistas de los pueblos egipcios, caldeo, esenio, hindú y otros más, se hallan en la actualidad al alcance de todos los hombres, debido a que el actual progreso científico permite conocer o aprender el aspecto esotérico de las religiones en forma clara y sin necesidad de la simbología exterior de los mismos. ¿No es verdad?

[22] Ver *Mensaje del Astral* de Ramatís, capítulo XI, "Los que emigrarán hacia otro planeta inferior", que aclara muy bien este asunto.

Ramatís: Bajo la responsabilidad de los espíritus superiores, la literatura espirita tiene el principal objetivo de conducir rápidamente al terrícola, hacia el estado angélico. Los términos y definiciones ocultistas, muy familiares para los orientales, resultan exóticas para el occidental, demasiado apegado a las pruebas empíricas.

Bajo la inspiración de lo Alto, el Espiritismo ya está actualizando las enseñanzas milenarias de Oriente, como también las comprueba a la luz de los hallazgos en los laboratorios científicos, exponiendo a la comprensión del hombre común, aquello que antiguamente solamente era conocido por los antiguos iniciados a los misterios de los templos.[23] Las enseñanzas de la Vida Espiritual cuando son demasiado complejas o avanzadas, escapan a la mente común y perturban al hombre inmaduro, pudiendo volverse un exagerado místico, o un ateo irreductible.

Pregunta: Muchos hombres de cultura y varios científicos de renombre universal han divulgado el Espiritismo en forma apropiada y convincente, sin importarles las críticas adversas. ¿Concuerda este trabajo benéfico con los objetivos doctrinarios y las aclaraciones técnicas de la codificación espírita?

Ramatís: Es un elevado trabajo, verdadera contribución doctrinaria al propósito de impedir los excesos de la imaginación y las prácticas supersticiosas en el seno del Espiritismo, mereciendo todo el apoyo y atención de lo Alto. Esos hombres renacieron en la tierra con la finalidad elevada de cooperar en la obra de Allan Kardec, para liberarla de las supersticiones, los misticismos tontos y las prácticas mediúmnicas perniciosas,

[23] Nota del Revisor: Ramatís tiene razón, pues la literatura espirita y mediúmnica está ampliando su panorama doctrinario por contacto e investigación de otros movimientos espiritualistas, más sin comentar sus fundamentos morales. En otras oportunidades hemos mencionado diversas obras, donde se elucidan a través de los mensajes del Más Allá, los temas importantes que en la actualidad le toca develar al espiritista. En la obra ***Entre a Terra e o Céu***, págs. 126 a 129, ***André Luiz***, a través de Chico Xavier, trata el asunto milenario de los "chakras" o centros de fuerza del doble etérico, explicando los mismos según los términos hindúes (el chakra coronario, por ejemplo, es designado en lengua hindú, ***loto de mil pétalos***). También expone extensamente la fisiología del periespíritu según la enseñanza oriental, mientras que Emmanuel, en el Cáp. "Periespíritu" de su obra ***Roteiro***, dice: "El periespíritu es un cuerpo no neblinoso y de organización viva, donde deben conjugarse las células materiales". Ver las obras ***Evoluçao Entre Dois Mundos***, de André Luiz, en los capítulos "Cuerpo Espiritual" y "Metabolismo del Cuerpo y del Alma"; los capítulos IV, V, X, XI y XV de la obra ***Mecanismo de la Mediumnidad***; el capítulo "Mentalismo", de la obra ***Falando á Terra*** de Miguel Couto. Todas éstas han sido editadas por la F. E. B.

haciéndolo un movimiento austero y capaz de impresionar a la ciencia profana.

En servicio digno y provechoso que prestaron al Espiritismo hombres talentosos como Gabriel Delanne, Aksakoff, León Denis, William Croockes, Myers, Oliver Lodge, Stainton Moses, Du Prel y en Brasil, Guillón, Cairbar Shutel, Sayao, Bitencourt Sampaio.

Gracias a tales hombres, inteligentes y valerosos, el Espiritismo pulverizó las arremetidas capciosas del clero fanático y se impuso respetuosamente, sobreponiéndose a los sarcasmos académicos de los intelectuales envanecidos, Bezerra de Menezes, Cirne, Inacio Bitencourt y otros, que aun están vivos y empeñados en la divulgación sana y provechosa de la doctrina espirita.

Kardec organizó el alma del Espiritismo y sus discípulos trabajadores cuidaron de la estructura anátomo-fisiológica de su cuerpo doctrinario y de las relaciones con el mundo profano. Han comprobado el Espiritismo por los experimentos objetivos de la Ciencia, aclarándolo a la luz de la Filosofía y de la Psicología humana, sin que sus adversarios tengan la posibilidad de contestar o refutar a la lógica de sus afirmaciones sobre la vida inmortal.

Pregunta: ¿Podríais darnos argumentos convincentes sobre la existencia del periespíritu?

Ramatís: Sin el periespíritu no existiría el hombre o individuo, porque el Espíritu, la llama inmortal del ser es, en verdad, la esencia del propio Dios, que forma el paño de fondo de la conciencia humana. Jesucristo fue muy claro cuando dijo: "Yo y mi Padre somos uno", "Vosotros sois dioses", "El Reino de Dios está en el hombre"; y también es claro el Génesis cuando afirma: "El hombre fue hecho a imagen de Dios".

Pregunta: ¿Podéis darnos algunas nociones sobre el periespíritu, que está formado, según decís, por cuerpos imponderables, como el mental y el astral, pero que no pierden su unidad fundamental?

Ramatís: El periespíritu, integrado por diversos elementos, es un sólo equipo o instrumento intermediario representativo de la voluntad, del pensamiento y de los deseos del Espíritu en su manifestación en el cuerpo físico. Hemos dicho, que entre el periespíritu y el cuerpo carnal se encuentra el doble etérico como puente que relaciona las manifestaciones del mundo espiritual y las acciones del mundo físico, en un servicio recíproco de alta precisión. Además, el cuerpo físico también es una sola unidad compuesta, sin embargo, de varios sistemas como por ejemplo, el sanguíneo, el nervioso, el linfático, el óseo, el endocrino, el muscular, etc., que aunque distintos entre sí, forman un todo homogéneo.

De manera similar, el agua, sin cambiar su integridad fundamental, puede presentarse en varios aspectos, como ser, caliente, perfumada, dulce, magnetizada o coloreada.

Finalmente, cerrando este capítulo, insistimos en recordaros que el periespíritu es el *cuerpo inmortal* del hombre, mientras que el doble etérico no tiene la misma propiedad, pues se disuelve en la intimidad de la tierra después de la muerte del cuerpo material, dada su naturaleza de ***intermediario provisorio***.[24]

[24] Nota del Revisor: En las noches calurosas del verano, el doble etérico, al descomponerse el cadáver, se desprende de éste y asciende a la superficie de la tumba, llamado popularmente fuego fatuo.

ELUCIDACIONES SOBRE LA ORACIÓN

Pregunta: *¿Qué valor asignáis a la oración o ruego invocando a lo Alto?*

Ramatís: La oración dinamiza los anhelos sublimes, que existen en estado latente en la intimidad del Espíritu inmortal. El hombre, como futuro ángel, cuando se dedica a la oración, se ejercita y entra en contacto con los espíritus de jerarquía angélica. Todas las oraciones puras y fervorosas reciben de lo Alto la respuesta benefactora, la sugestión segura y las energías psíquicas que sustentan al mismo cuerpo carnal.[25]

Es uno de los recursos eficientes, que eleva y organiza la armonía "cosmo-psíquica" del hombre, pues sosiega las manifestaciones animales instintivas, aparta los pensamientos opresivos, disipa la melancolía, suaviza la angustia y alivia el sufrimiento del alma. Aunque el hombre no se perciba de los efectos positivos y benignos que recibe por medio de la oración, sin embargo, re-tempera sus fuerzas espirituales y toma valor para enfrentar con optimismo las vicisitudes y sufrimientos, propios de la existencia terrena, puesto que moviliza el potencial creador de la Vida, aproximándose al ideal de la Angelitud.

Pregunta: ¿Cómo debemos interpretar el proceso que pone en movimiento las energías íntimas del Espíritu, en el momento de la oración?

---

[25] Nota del Revisor: "Cada oración es como una emisión de fuerza caracterizada por determinado potencial de frecuencia. Estamos rodeados por inteligencias capaces de sintonizar nuestras preces, a la manera de las estaciones radiofónicas". Del capítulo "Em Torno da Prece", de la obra ***Entre a Terra e o Céu***, de André Luiz a Chico C. Xavier.

Ramatís: Imaginad a la oración como si fuera un detonador psíquico capaz de mover las excelsas energías que duermen en la esencia del alma humana, o como la llave del conmutador que da paso, cambia o modifica las corrientes de vuestras instalaciones eléctricas. El provecho que de esas fuerzas sublimes obtenga el hombre, por el impulso catalizador de la oración, depende de su grado espiritual y de sus intenciones. Al liberar el espíritu sus energías, en el momento de la oración, mejora su frecuencia vibratoria espiritual, higieniza la mente, expulsa los malos pensamientos y genera mayor cuota de luz interior.

Esto explica que algunos santos se purifiquen exclusivamente por el ejercicio de la oración, mientras que otros sólo puedan lograrlo por vía del sufrimiento. En ambos casos, la purificación es el fruto de la dinamización de las fuerzas espirituales, latentes en la intimidad del ser, aunque varíe el proceso empleado. En el primero es un procedimiento espontáneo catalizado por la oración; en el segundo, el resultado del ejercicio del dolor. Por consiguiente, el hombre también se purifica por el hábito constante de los buenos pensamientos, pues éstos mantienen en el campo vibratorio de su mente, un estado espiritual tan benéfico, como el que se produce en los momentos sedativos de la oración.

Si la persona descuida ese acto, es decir, deja de "orar y vigilar", entonces el dolor se encarga de activar las reacciones morales necesarias, para que más tarde se libere perentoriamente de la opresión del mundo animal. Ninguna ayuda es tan saludable y eficiente para mantener el equilibrio moral del espíritu, como el hábito de la oración, pues de esa forma, la persona confiada, serena y amorosa se religa con Dios.

***Pregunta:** ¿Es la oración también un recurso de defensa del cuerpo físico?*

Ramatís: La oración, si bien es una actitud de sublimación espiritual, no puede librar al hombre de las agresiones y hostilidades de los malhechores de vuestro mundo. Innumerables personas, de vida santificada, fueron muertas cuando oraban fervorosamente. Pablo fue decapitado cuando oraba; los mártires del Cristianismo soportaron la masacre colectiva, ante las fieras arrojadas por los romanos, mientras se Inter ligaban por la fuerza emotiva de las preces y los cánticos excelsos de renuncia a la vida humana. Jesucristo, el Divino Amigo, mientras los verdugos le perforaban las carnes con las espinas y los clavos del martirio, elevaba una sublime oración de amor al Padre; Giordano Bruno, Juan Huss, Esteban, Juana de Arco y otros, a pesar de sus ruegos fervorosos a Dios, no pudieron librarse de las llamas que les quemaban las carnes en el suplicio de las hogueras.

Aunque la oración sea un admirable proceso de dinamización de las fuerzas angélicas del espíritu inmortal, no puede inmunizar al hombre, contra los efectos ofensivos y destructivos de las leyes que rigen al mundo material. Ni el mismo Jesucristo violentó tal principio, pues dejó bien aclarado que no vino al mundo tierra a perturbar las leyes comunes. Además, si eso fuera posible, el ser humano se dedicaría a la oración con el interés de proteger su cuerpo físico. Sin embargo, desde la cuna cuida y se protege contra las intemperies y demás factores físicos, puesto que tuvo que renacer por determinación kármica. Le cabe sobrevivir en la carne la mayor cuota de tiempo posible, para poder mejorar su conciencia espiritual, debiendo, por lo tanto, velar por la salud del cuerpo físico.

La oración cataliza las reservas espirituales del hombre y lo inmunizan contra la interferencia de los malos espíritus y de los pensamientos dañinos. La armonía espiritual adquirida por las preces, proporciona al cuerpo carnal, mejores condiciones de equilibrio nervioso y fisiológico.

Pregunta: Conforme cuenta la historia del interior de la República, los bandidos y guerrilleros tenían el "cuerpo cerrado", gracias a las "simpatías", rezos y oraciones misteriosas que ellos practicaban, las que, además de protegerlos contra sus enemigos, los alertaban para no caer en manos de la justicia terrena. ¿Qué nos podéis decir al respecto?

Ramatís: Tales acontecimientos son el resultado de la convocación de las energías subvertidas del mundo astral inferior. Es una maquinación de los espíritus satánicos, que operan a través de sus hechiceros y brujos, a favor de sus afines, proporcionándoles la inmunización denominada "cuerpo cerrado", es decir, rodeándolos con un fuerte circuito de magnetismo inferior. Es el acto de movilizar las cargas astralinas agresivas, centrándolas en un campo denso y magnético, como una verdadera cortina de fluidos animalizados, alrededor de los protegidos. Para alcanzar éxito en tales cometidos, los magos de las sombras utilizan talismanes, símbolos, recursos hipnóticos, sustancias olorosas o prendas de uso personal. Tales cosas se someten a la baja frecuencia vibratoria según la ley de atracción mutua de los semejantes[26] a través de exorcismos, liturgias diabólicas y rituales primitivos, para crear una atmósfera fluídica aislante o refractaria, alrededor de sus adeptos y pupilos.

Así como la lente bajo el Sol concentra los rayos y forma un foco luminoso, calorífero y de gran potencia; esos magos negros hacen convergir las fuerzas primitivas o maléficas hacia los objetos, cosas y seres visados por la magia negra. A pesar de que pueden inmovilizar energías inferiores para la protección de sus adeptos en la materia, en otro sentido, les invierten los polos magnéticos; y, en vez de promover el tradicional "cuerpo cerrado", acentúan los desafectos, hechizan a personas, atendiendo a las solicitudes movidas por venganza y siembran en las víctimas, enfermedades y perturbaciones. Esa misma carga de fluidos inferiores que le proveen los amigos de las tinieblas, también la utilizan con fines maléficos contra aquellos que les son antipáticos.

Estos procesos de magia, que hasta hace muy poco se consideraban como supersticiones, hechizos y leyendas, ahora son estudiados y experimentados en los laboratorios científicos, donde se ha podido comprobar que los increíbles fenómenos "sobrenaturales", repudiados en el pasado por la ciencia, hoy se pueden explicar satisfactoriamente sin violentar los padrones científicos del equilibrio planetario. La bomba atómica demostró la veracidad de las historietas infantiles, donde genios y

[26] Nota del Revisor: "Talismanes y altares, vestidos, símbolos e imágenes, vasos y perfumes, no dejan de ser más que pertrechos destinados a incrementar la emisión de ondas mentales, en uno u otro sentido, atrayendo fuerzas del mismo tipo de las empleadas por el operador en tal o cual ceremonia mágica o religiosa, y de las que liberan los adeptos, acordes con determinados fines". Fragmento extraído de la obra ***Mecanismos da Mediunidade***, Cap. XXV, "Oração", de la autoridad de André Luiz por Chico C. Xavier y Waldo Viera, Ed. Librería de la F. E. B.

hadas desencadenaban fuerzas capaces de destruir ciudades enteras. Las ondas electromagnéticas emitidas por las corrientes de agua subterránea, las vetas de plomo, cobre y demás metales, hoy son científicamente detectadas por la radiestesia; las ondas ultracortas cerebrales confirman la realidad incontrovertible de la transmisión telepática; el estudio de la radiactividad revela la existencia de las emisiones etéricas de las auras de las cosas y de los seres, afirma la realidad de los tradicionales "registros akáshicos", tan mencionados en las obras ocultistas de Oriente, y comprueba la psicometría, conocida por los monjes y yoguis de la antigua India.

El rayo Láser, el radar, el control magnético remoto, las ondas hertzianas, la desintegración atómica, la macrofotografía electrónica en base a la luminosidad irradiada por tejidos, metales y animales; la materia transformándose en energía y viceversa, son descubrimientos que la ciencia de hoy domina sin lugar a equivocaciones. Sin embargo, esos fenómenos, hubieran resultado absurdos en tiempos de vuestros bisabuelos. Así como ya existen trajes confeccionados con derivados del vidrio para protección contra las balas, así también el hombre podrá asegurarse en el futuro, un "cuerpo cerrada" o campo magnético defensivo contra las arremetidas y malas intenciones ajenas. Además, tal como lo anticipa la obra de Wells,[27] no tardará en aparecer la vestimenta electrónica que hará invisible al hombre, cuando así lo quiera, para huir de sus enemigos.

Todo esto que la ciencia va descubriendo y que aprenderá en el futuro, a utilizar, gracias al control absoluto de las fuerzas ocultas, la mente poderosa y bien entrenada de los magos de antaño ya conocía y manejaba mediante un esfuerzo poco común, que le permitía actuar en el campo de las energías electro-biológicas atendiendo a la ley de la mutua atracción de los semejantes. Sin embargo, el tan legendario y comentado "cuerpo cerrado", era una conquista sólo alcanzable para los "afiliados" de las tinieblas, y generalmente proporcionado a quienes tenían ciertas facultades mediúmnicas de exteriorización ectoplásmica, capaces de activar un campo fluídico magnético denso y aislante.

[27] Se trata de la obra de H. G. Wells, ***El Hombre Invisible***, que más tarde fuera llevada a la pantalla cinematográfica, con Claude Rains como protagonista.

En base a la ley que afirma que "la siembra es libre y la cosecha obligatoria" los delincuentes favorecidos por las Sombras con el "cuerpo cerrado", que les garantiza sus actividades delictivas, no pueden, después de su desencarnación, librarse de sus protectores diabólicos, que pasan a utilizarlos como instrumentos vivos en la tarea repulsiva de las obsesiones y los vampirismos contra los encarnados. Esto demuestra la veracidad de la creencia popular acerca de "la posible venta del alma al Diablo", pues toda persona que es apadrinada en la materia por los espíritus malignos, después está obligada a desempeñar funciones maléficas.

Naturalmente, la oración, como sublime expresión de catalizador angélico, no sirve para obtener una cobertura o "cuerpo cerrado". La claridad sublime que se forma alrededor del hombre durante el éxtasis de la oración, y la emoción de su espíritu invocando el Amor de Dios, no logran condensar los fluidos inferiores, para fines execrables. Por lo tanto, la oración es una vibración de energías excelsas para el servicio del Bien y del Amor; la protección del "cuerpo cerrado" es la condensación de fuerzas hostiles y primitivas del astral inferior, que sirve de escudo para la acción de los malhechores.

Pregunta: Conforme a vuestras manifestaciones, quedamos completamente convencidos de que, cuanto más pura y sublime es la oración, menos capaz de defender el cuerpo físico se vuelve, si bien resulta de enorme eficacia para el espíritu. ¿No es verdad?

Ramatís: Durante la oración sincera y fervorosa, el espíritu se libera con mucha facilidad del cuerpo físico, dado que vive, en ese momento, una especie de "fuga vibratoria", que inclusive, le hace sentir algo de su verdadera vida más allá de la materia. En ese instante de pausa espiritual, el organismo carnal palpita únicamente bajo la dirección de la vida animal. Además, el hombre que reza experimenta el concepto moderno de la ciencia que dice: "la materia es un conjunto de energías condensadas, o concentradas", la cual se libera y retorna a su fuente primitiva después de la desintegración de los objetos o de la muerte del cuerpo físico. Por lo tanto, es obvio que la oración, como proceso dinamizador, beneficia el campo de las energías mental y astral del ser, permitiendo al espíritu mayor libertad de acción.

Aunque la oración no proporcione absoluta protección al cuerpo carnal contra lo inhóspito del medio donde se manifiesta, por lo menos, dinamiza sus energías insuflando nuevos estímulos de vitalidad espiritual en la organización humana. La frecuencia vibratoria superior conseguida por el recurso de la oración en las energías del cuerpo físico, también asegura mejores relaciones y más armonía en el metabolismo atómico de las comunidades celulares. De todo esto, resultan condiciones favorables para la actividad y equilibrio del sistema nervioso y endocrino, como principales responsables por la estabilidad orgánica de la salud del hombre.

Se comprende fácilmente que, el no tener preocupaciones graves o circunstancias dolorosas, alivia a la mente y afloja o relaja el sistema nervioso. Por eso, la oración es un excelente recurso terapéutico del hombre, porque su dinámica libera al espíritu de las contingencias materiales, proporcionando momentos de paz y agradable alivio corporal. El ser no sólo se reanima en espíritu, sino que establece mejores condiciones para la actividad fisiológica corporal en esa vivencia angélica. De esa forma, indirectamente, la oración también es útil al cuerpo físico porque le concentra valiosas fuerzas espirituales y lo defiende contra las vibraciones inferiores, proyectadas por otras mentes mal intencionadas. La oración es una especie de centinela vigilante contra las influencias espirituales nocivas, porque la naturaleza del hombre no se afecta ante los estímulos ajenos de orden pecaminoso, pues la oración aquieta los impulsos inferiores y evita las explosiones de odio, celos y orgullo.

El psiquismo trastornado produce cargas emotivas y dañinas, porque siembra choques destructivos en la contextura delicada de las células nerviosas, y la consecuente perturbación del organismo físico. En cada órgano del cuerpo humano repercute la carga "psico-dinámica" que fuera emitida por la mente, pues acelera, retarda y hasta paraliza las funciones orgánicas, puesto que actúa en perfecta sintonía con la fuerza del impacto mental favorable o desfavorable. La armonía magnético-vital que asegura la salud corporal, depende principalmente, de su estado espiritual. Cada hombre vive, alimenta e incorpora en sí mismo, el bagaje de sus emociones psíquicas.

La oración sincera y pura funciona siempre, como un excelente disociador de las "formas pensamientos" indeseables, adheridas al halo mental del hombre, pues es un poderoso instrumento que purifica la mente intoxicada y desoprime el sistema cerebro espinal.

El odio, la rabia, el celo, el orgullo, la envidia, la avaricia, la codicia o la crueldad, son estados negativos del espíritu que producen "formas pensamientos" enfermizas, causando alteración en el sistema endocrino, contrae la vesícula y el duodeno, atrofia el colon intestinal por los espasmos indisciplinados y produce la congestión hepática, debido a la sobrecarga cardíaca o retarda-miento circulatorio sanguíneo.

La oración armoniza el campo mental y magnético del hombre, acelera el poder defensivo de las bacterias, activa los procesos inmunológicos y vitaliza a los agentes defensivos contra brotes epidémicos, como desahoga el curso de las hormonas, responsables por la constitución celular. Los médicos del futuro, después que hayan alcanzado profundidad sobre el estudio del complejo problema de las enfermedades del presente siglo, tendrán que aceptar la oración como un recurso de suma eficiencia positiva, para ayudar a la conservación psico-física del hombre. El enfermo que ora afligido, la fuerza y la sublimidad de la oración le cicatrizan con más rapidez, sus heridas, como acelera su convalecencia y se defiende contra la infección, después de las intervenciones quirúrgicas.

Durante la oración los enfermos sujetos al lecho suavizan sus amarguras, soportan con estoicismo los sufrimientos redentores y hasta llegan a olvidar las reminiscencias trágicas o dramáticas del pasado, sobreponiéndose tranquilos, a las cosas del mundo transitorio. Considerando que el cuerpo carnal es la prolongación del conjunto mental, astral y etérico del periespíritu inmortal, es evidente, que las células cansadas se revitalizan con facilidad bajo el influjo de las energías espirituales convocadas por las preces.

***Pregunta:** ¿Qué nos podéis decir respecto de la oración* *usada en los trabajos mediúmnicos como recurso defensivo?*

Ramatís: La oración es un recurso eficiente para alcanzar efectividad en los trabajos mediúmnicos, una vez que esa relación entre los "vivos" y los "muertos" se produce generalmente, por el contacto periespiritual de los desencarnados con el periespíritu del médium. Si el intercambio mediúmnico se efectúa particularmente por el ajuste oculto y energético del periespíritu de ambos comunicantes, es obvio, que el resultado a obtener depende muchísimo de la calidad de los fluidos y del magnetismo que fueran movilizados en el ambiente de los trabajos espiritas.

Ese proceso, es negativo en las relaciones mediúmnicas entre los espíritus de baja categoría espiritual y los hombres corrompidos, que se sintonizan mentalmente a un campo magnético de fuerzas inferiores. El intercambio efectivo y sano, exige que el ambiente esté exceptuado de fluidos mortificantes y perniciosos; y la oración es un poderoso agente profiláctico para la defensa vibratoria. También es lógico, que durante el intercambio mediúmnico con el Más Allá, los guías y mentores espirituales no están obligados a sustentar en el ambiente de trabajo, un padrón fluídico superior, cuando sus componentes permanecen dominados por impulsos censurables, que alteran la armonía del conjunto.

Pregunta: ¿Cuándo la oración resulta insuficiente, negativa y hasta inconveniente?

Ramatís: Insistimos en deciros que la oración, por su naturaleza excelsa e imponderable, es una súplica religiosa o rogativa dulce, sobrepasando los intereses egoístas del ser. Vivifica el alma y exalta el Bien; siendo muy censurable que algunos hombres equivocados, convoquen las fuerzas mentales para atender a sus objetivos mercenarios, egocéntricos y hasta vengativos. La oración es negativa cuando no se utiliza para el bien del espíritu inmortal o en beneficio del prójimo. Por esa causa, las citadas no son preces, sino "invocaciones satánicas dado que se invierte el sentido de su evocación, pues algunos sacerdotes imprudentes llegan a bendecir cañones, cruceros, submarinos, destructores y todo tipo de armas mortíferas, destinadas a masacrar supuestos enemigos de guerra. Tampoco correspondía aplicar el carácter excelso y redentor de la oración, cuando la inquisición quemaba las víctimas indefensas en nombre de Dios, puesto que *esos* infelices ministros, con la acción desarrollada, contribuían a burlar la verdadera Ley del Amor.

Jamás la Sabiduría Divina admitiría esos cambios en la oración —ya que es una fuerza mediadora para el estímulo de la Vida— para amparar crueldades tan malhechoras y diabólicas, aunque sean ejecutadas en nombre de la religión oficial. Dios no patrocina la"industria de la Muerte", puesto que ella contradice la ley normal de la evolución y"la libertad espiritual. El no tiene enemigos: todos son hijos suyos y dignos del mismo Amor.

Tampoco es conveniente la oración como ruego interesado para mejorar los negocios, evitar deberes cotidianos, satisfacer pasiones ilícitas, vengarse del adversario o alcanzar fortunas fácilmente con negociados inescrupulosos. La oración desahoga a la persona en las horas cruciales y perturbadoras, renovándole el ánimo a través de la energía superior, consolándole el alma con seguridad, rapidez y liberación redentora, ante los sufrimientos de la carne. Jesús, Francisco de Asís, Don Bosco, Teresita de Jesús, Vicente de Paul, y otras criaturas de elevado porte espiritual, que sobreponían la Vida Eterna a la transitoriedad del mundo material, volaban en alas de las preces hasta las esferas angélicas y comulgaban felices con el reino celestial del Señor.

***Pregunta:** Creemos que las palabras pronunciadas durante la oración son de poca importancia y eficacia. ¿Es esto cierto?*

Ramatís: Las palabras también se configuran en la mente humana durante la oración, porque les cabe la función de expresar las ideas o los variados estados del espíritu del hombre, aunque sus labios no las pronuncien. La oración sin palabras "pensadas" o "pronunciadas", sería el verdadero estado del espíritu en ***samadhi*** muy tradicional en los hindúes.[28] El hombre sólo puede orar cuando parte de un motivo o de una idea que asocia a otras ideas, más o menos sublimes, hasta llegar a establecer en sí mismo un ritmo psíquico, gradualmente ascendente.

[28] Nota del Revisor: ***Samadhi*** es un estado de espíritu de pura abstracción, peculiar de las almas santificadas. En Occidente se denomina ***éxtasis*** de los santos.

En consecuencia, el impulso inicial de la oración exige a vuestra mente la proyección de una palabra correspondiente a la emoción, ansiedad o al sentimiento que experimentáis en aquel momento, hasta configurarlo en vuestra conciencia. Para orar siempre exige un motivo, un eslabón o punto de partida, para luego desatarse en la mente humana, ya sea pidiendo a Dios para restablecer al espíritu convaleciente, o la súplica para menguar el sufrimiento del alma de algún fallecido. Cuando las preces se robustecen en la intimidad del alma, las palabras también afloran con facilidad y magnéticamente impresionan, correspondiendo a las figuras, a las ideas o a los estados del espíritu que la evoca en el momento. Aunque la oración sea dirigida a Jesús, a un santo católico o guía espirita, el hombre cuando ora, tiene que partir de algo conocido o ideado en su mente.

La oración pronunciada maquinalmente, el recitativo displicente o los ruegos fastidiosos, resultan inocuos, porque les falta en la médula de las palabras, el sentimiento, espiritual que hace vibrar al alma con la intimidad divina. Y las oraciones dramáticas, compungidas o exaltadas, también se anulan cuando se exteriorizan, pues los recursos vulgares del mundo material y transitorio, no tienen la fuerza grandiosa de sublimar al Espíritu Eterno. El estado mental en el acto de orar, es similar al de la liberación espiritual, donde la personalidad humana cede paso en favor de la individualidad eterna.

A veces, el sacerdote católico, el pastor protestante o el adoctrinador espirita oran haciendo expresivos gestos de súplica, pero más preocupados de influenciar a la opinión pública, que actualizar su comunión espiritual con Dios. Mientras tanto, un hombre simple, analfabeto y desprovisto de los recursos de la oratoria, pero humilde y confiado en Dios, puede obtener con toda facilidad los favores sublimes de lo Alto, en su lenguaje profano y sencillo, porque se trata de un ruego sincero, puro y sin interés personal.[29]

[29] Nota del Médium: Estas palabras de Ramatís nos hacen recordar un cuento algo cómico; unos sacerdotes católicos, pastores protestantes, médiums espiritas y adeptos esotéricos estaban cierta vez imposibilitados para realizar una fiesta campestre de confraternización, a causa de la lluvia inclemente, que no paraba nunca. Entonces los sacerdotes católicos, compenetrados y compungidos, hicieron un conmovedor pedido a Dios para que terminara la lluvia, pero no obtuvieron resultado alguno. Enseguida los pastores protestantes también rogaron, sin alcanzar éxito alguno. Finalmente, los espiritas esotéricos recitaron enternecidas preces. Con todo, y

***Pregunta:** ¿Qué nos podéis decir respecto de las preces colectivas en las iglesias católicas, en los templos protestantes y en las casas espiritas?*

Ramatís: Insistimos en deciros que la importancia y sublimidad de la oración dependen fundamentalmente del grado espiritual, de las intenciones, de la renuncia y de los sentimientos de aquellos que oran. Las preces colectivas de gloria al Creador, que los fieles y religiosos pronuncian comúnmente en las iglesias católicas, en los templos protestantes o en las asociaciones espiritas, atraen a los buenos espíritus que también se asocian a la belleza de las voces humanas, comulgando e incentivando las vibraciones armoniosas de los ruegos de gratitud al Creador. Durante los cultos religiosos de excelsa espiritualidad, el magnetismo de sus participantes se sublima en radiaciones hasta la bóveda del templo, para luego descender en forma de lluvia de pétalos diamantinos, a manera de bálsamo divino.[30]

En tales momentos, los fluidos benéficos calman las angustias, las reminiscencias dolorosas y revitalizan el alma, poniéndola en contacto con las vibraciones de las esferas celestiales.

***Pregunta:** En consecuencia, ¿también los cánticos religiosos son una especie de súplica u oración colectiva?*

Ramatís: Efectivamente, puesto que es una exaltación a la obra de Dios, donde ruegan por los beneficios para la humanidad o por la mejoría de los mismos peticionantes. Además, los "coros" interpretativos de la música sacra, de canciones y poemas, que destacan los bienes del espíritu por encima de los intereses del mundo, influyen sobre el temperamento emotivo de los oyentes, pues aquietan las pasiones violentas y agresivas, despiertan sentimientos y emociones de beatitud, que yacen en estado latente en lo íntimo del alma. Igual que la oración sublime, los cánticos religiosos y los coros de elevada espiritualidad,

a pesar del lenguaje rebuscado que emplearon, la lluvia continuaba cayendo. Entonces, el campesino que los hospedaba, pesaroso por la desilusión de los huéspedes, se levantó y acercándose a la ventana, miró al cielo seriamente y exclamó en tono de reproche: ¡Y Padrecito mío! ¿Ud. se halla de mal humor? ¿No ve que si no para la lluvia, sus propuestos no pueden hacer la fiesta? Para espanto general de todos, la lluvia cesó casi repentinamente.

[30] Nota del Revisor: Aconsejamos la lectura de las páginas números 121 y 122 del capítulo IX, "Perseguidores Invisibles", de la obra ***Liberación*** de André Luiz donde el autor espiritual elucida el acto religioso de la misa y destaca el valor sublime de la oración.

aquietan los malos impulsos de las personas y calman las emociones de amargura.

Pregunta: ***Pero no todos los coros que entonan himnos, y peticiones cantadas, influyen en forma benigna en el alma de los oyentes. ¿No es verdad?***

Ramatís: Hay que distinguir, naturalmente, los cánticos y coros que bajo la misma técnica y expresión, despiertan sentimientos y objetivos que exaltan el instinto animal e inferior.

De modo alguno se podrán considerar como una "oración colectiva" los gritos encolerizados de los guerreros, las exclamaciones de venganza o furor, instigado por la música agresiva y excitante de los himnos belicosos. Esos son cánticos de vanagloria, de orgullo y venganza, que a pesar de ser motivos patrióticos, separan y avivan el odio entre los hombres, contrastando negativamente con el sentido pacífico de la oración, que es un mensaje de Amor y Vida Eterna.

Los cánticos religiosos de gloria a Dios; los poemas sinfónicos que resaltan la belleza de la vida y las virtudes de los hombres; los himnos que incentivan el deber cívico y las actividades creadoras de la juventud, como mensajes de estímulo superior, elevan el corazón y el alma de los oyentes a favor de los trabajos auspiciosos sobre la faz de la tierra. También sirven de consuelo y aliento en determinados momentos de la existencia, los conjuntos de voces humanas entonando melodías sublimes, avivando en el alma la gloria de la vida inmortal.[31]

Pregunta: ***¿Qué nos podéis decir de los grupos corales o conjuntos musicales que ejecutan melodías populares o piezas folklóricas? A pesar 'del carácter profano de sus ejecuciones, ¿podrían manifestar algo del sentido sublime de la oración?***

Ramatís: La oración, en su expresión innata, es un proceso que permite al hombre manifestar sus mejores pensamientos y sentimientos al Creador. Por consecuencia, todos los actos,

[31] Nota del Revisor: El oyente de sensibilidad musical, pero selecta, llega a gozar de un estado de gracia espiritual con el mundo angélico, cuando al final de la "Novena Sinfonía" de Beethoven, las voces humanas, en magnífico coro, se unen a la armonía de la instrumentación orquestal. En ese admirable fusión sinfónica de voces humanas e instrumentos musicales, que traduce un divino poema de exaltación al Creador, los sonidos, desviándose en matices sublimes, y los acordes, en geniales "fugas vibratorias", evocan, realmente, la vida del alma en las regiones paradisíacas.

tareas o preocupaciones humanas, religiosas o profanas, que resaltan la obra divina, enaltecen los bienes del Espíritu y la conducta moral superior, que también puede considerarse como bendecidos ensayos de oración.

La oración condiciona al espíritu humano para la meditación hacia los bienes superiores, por eso, induce al alma a las reflexiones saludables. No se presta a servir ni exaltar los valores materiales del cuerpo humano o para agitar las convicciones supersticiosas de los fanáticos, que acostumbran a orar a gritos y desordenadamente.

La música popular, cuando despierta a través de su ritmo, los nobles deseos del alma, también es una especie de oración.

Además, en el género de la música clásica, existen innumerables piezas y composiciones basadas en temas religiosos o tradiciones litúrgicas, que son ejecutadas en ambientes profanos, y que sin embargo no pierden el sentido simbólico de la oración sonora. Aun en las óperas trágicas, impregnadas de violencia humana, aparecen melodías y partes corales que son verdaderos "oasis" en medio del resto, opresivo y estridente.[32]

Las composiciones de bajo tenor musical, que invocan los instintos inferiores del alma, en vez de liberarlos de las emociones tóxicas, son cánticos degradados, que por ley de sintonía psíquica, avivan y exaltan en los oyentes, los estímulos perniciosos de las pasiones y vicios censurables.

Pregunta: Explican algunos videntes que, en el transcurso de las oraciones elevadas con fines altruistas, se forman halos y destellos luminosos, parecidos a signos en colores, bastante fascinantes, que flotan sobre las cabezas de los que están orando. ¿Es verdad?

Ramatís: En cualquier circunstancia, que los hombres se reúnan para la oración individual o colectiva, impregnada de ele vados sentimientos, sus vibraciones trazan en el espacio símbolos, figuras y completas alegorías, en perfecta sintonía con la cualidad espiritual e intenciones de sus autores. Es esencia ele-

[32] Nota del Revisor: Entre las piezas admirables por su esencia elevada y su vuelo espiritual, podemos destacar el "Regina Coeli" de la ópera ***Cavallería Rusticana***; la "Casta Diva", aria de profunda sensibilidad de la ópera ***Norma***; los coros de Bach; las piezas de Händel; las misas de Haydn; el "Ave María" de Schubert y el de Gounod y, superior a todas, "La Novena Sinfonía de Beethoven".

mental, una extraña manifestación semi inteligente que rodea y penetra a los seres y cosas, vivifica la materia mental y astralina, modela los aspectos, las formas y los colores, conforme a las vibraciones emitidas por el pensamiento humano.

Mientras el grado espiritual del ser determina la luminosidad de las aureolas humanas, de la calidad de los pensamientos, dependen el color y la forma simbólica de expresión. Muchas veces, cuando el hombre piensa fijamente en algún lugar distante, donde quisiera manifestarse al momento, puede proyectar una forma de "copia-pensamiento" de su propia figura humana; y si fuera identificado por los videntes, se juzgaría como si fuera su verdadero espíritu. Mientras tanto, si piensa en cosas, objetos o seres, sus pensamientos modelan la forma de lo pensado, tan nítido e identificable como precisa sea la idea forjada por el pensador. Y así, las "formas-pensamiento", con sus colores peculiares y contornos exóticos, influyen en otros seres afines y también atraen otras imágenes semejantes, reforzando la naturaleza mental de aquello que fue pensado. Por eso, en vuestro mundo, se dan de vez en cuando, ciertas invenciones, teorías, obras literarias, poesías y composiciones, que aparecen simultáneamente, reveladas por más de un individuo. Este fenómeno es el resultado de la reciprocidad mental entre aquellos que sustentan ideas semejantes. Tiene, pues, real fundamento, la sentencia que dice "las ideas andan por el aire".

La formación de imágenes y símbolos alrededor del halo mental del hombre, impregnados de colores y radiaciones luminosas, que surgen a medida que piensa o se entrega a la oración, depende de la naturaleza de sus pensamientos y emociones. Los pensamientos y sentimientos nobles generan colores translúcidos, claros y limpios, que vibran bajo haces de luz refulgente; por el contrario, las formaciones mentales negativas se manifiestan oscuras, deformadas y sucias, en un aspecto aceitoso, cuyos colores son deprimentes y desagradables. Conforme con la naturaleza cromática del mundo astral, el odio y la maldad, por ejemplo, se manifiestan en colores negros y espesos, mientras que el amor y la bondad expresan su cualidad en tonos rosados, liláceos, hermosos e inmaculados. Los pensamientos emitidos por el fanatismo religioso, hechizo o devoción egoísta, se proyectan en un color azul oscuro desagradable; los sentimientos religiosos elevados, altruistas y de devoción pura, imprímense en un esplendoroso azul celeste, balsámico y sedativo para el alma.[33]

Los buenos videntes, al examinar los colores y las radiaciones que se proyectan de la aureola de la mente humana, pueden valorar las cualidades del espíritu y las intenciones de sus autores.

Pero, insistimos en que es justamente en el momento de la oración cuando la exaltación íntima permite que el ser ubique su origen, que es Dios, dado que todo se clarifica alrededor de sus pensamientos, se hermosea y da lugar a imágenes deslumbrantes, las que irradian esplendores de luz, del más encantador colorido.

---

[33] Invitamos al lector a leer en castellano ***La Vida en el Mundo Espiritual***, Cáp. III, "La Oración Colectiva", de André Luiz, donde el autor describe hacia el final de la obra, la oración colectiva por parte de los miembros principales de la colonia, cuyas vibraciones excelsas terminan por configurar un hermoso corazón azul con estrías doradas, en correspondencia con las vibraciones de paz y de alegría expandiéndose en hermoso himno. Obra editada por Kier, S. A. en el año 1966.

ANÁLISIS DE LA PSICOMETRÍA

Pregunta: ¿La psicometría es una facultad mediúmnica?

Ramatís: Sin duda, dado que exige un mediador o intermediario como las demás facultades. Pero, no es una facultad común; es más rara, pues requiere una sensibilidad psíquica muy desarrollada para dar resultado.

Pregunta: ¿Qué es específicamente, la facultad psicométrica?

Ramatís: Es la facultad que tienen algunas personas de poder leer psíquicamente, al tomar contacto con objetos o cosas, las impresiones o imágenes que su aura etérica capta; por vibración, de aquellos acontecimientos que dichos objetos o cosas presenciaron, por así decirlo. En cada objeto que usamos se graba la imantación de nuestros fluidos en su doble etérico, lo que permitirá, más tarde, al psicómetra entrenado describir los hechos de nuestra vida transcurridos durante el período en que poseímos dicho objeto. La psicometría consiste en leer el aura de los seres y de las cosas por intermedio de personas dotadas de una especial sensibilidad, es decir, hipersensitivas.

Pregunta: ¿Intervienen los espíritus en dichos fenómenos; colaboran con el psicómetra?

Ramatís: Siempre que haya una utilidad o interés en el caso, los espíritus desencarnados pueden ayudar al médium psicómetra a "ver" o "sentir" los hechos registrados en el aura etérica de las personas, a fin de advertirlas u orientarlas con sugestiones beneficiosas.

Pregunta: ¿Podéis darnos detalles más concretos sobre la psicometría?

Ramatís: Alrededor de cada objeto, animal, planta u hombre, existe un ***aura*** invisible y receptiva, que capta, registra o fotografía, si así lo queréis, en su "placa" etérica, todas las imágenes o vibraciones que suceden en su "presencia".

Análogamente, podemos decir que, así como grabáis las vibraciones sonoras en la cera de carnauba para confeccionar los discos fonográficos, el éter cósmico graba o registra todos los hechos circundantes. La más sutil vibración de un gesto o un pensamiento; la caída de una hoja seca; la violencia del huracán, permanecen eternamente fijadas en la textura delicada del éter, en un tipo de onda vibratoria que podríamos denominar de "campo refractor". Sonidos, olores, imágenes y demás frecuencias vibratorias, son fenómenos que en el futuro, cuando vuestra ciencia se encuentre conjugada con la "fe que mueve montañas", podrán ser captados por aparatos indestructibles, superiores a los actuales. Los científicos, en el futuro, conseguirán captar las ondas sonoras registradas en el ***éter***, volviéndolas audibles, lo que proporcionará un fascinante estudio, pues podrán investigar el pasado, cuando el hombre terreno usufructuaba la grata alegría de oír cánticos, ruidos, melodías y la multiplicidad de sonidos que vibraban en el aura del orbe. La frase evangélica que dice "no cae un solo cabello de vuestra cabeza, sin que Dios no lo sepa", encierra una gran verdad psicométrica.

Cuando vuestra ciencia disponga de la facultad de la visión etérica, entonces, en base a los innumerables elementos materiales de las distintas épocas remotas y que todavía existen, esparcidos por todas las latitudes del orbe, será posible trazar y constatar la verdadera y auténtica historia de los hechos y acontecimientos ocurridos en vuestro mundo, que la tradición secular registró, pero totalmente adulterada. Y, como resultado de tales revelaciones, la Humanidad conocerá, sin equívocos, ciertos hechos que se hallan sepultados en las noches de los tiempos.

Pregunta: Desearíamos que nos explicarais cómo ejerce su facultad el psicómetra.

Ramatís: El psicómetra, concéntrase profundamente en el "aura" del objeto o cosa material que pretende auscultar, y poco a poco va captando los efluvios psíquicos de la frecuencia vibratoria que lo envuelve; entonces comienza a sentir, en su periespíritu, la serie de imágenes que en orden decreciente, le van señalando los hechos en orden inverso. Suponiendo que un competente psicómetra, tome un anillo o joya, que haya pertenecido a una persona de la corte de Luis XV, somete el espectro áurico de la joya a un análisis de investigación vibratoria, entonces comienza a percibir todos los acontecimientos que se desarrollaron alrededor del referido objeto, o para mejor definición, de todos los hechos que el anillo "asistió" desde que la persona comenzó a usarlo. Pero, los hechos aparecerán en orden inverso, es decir, desde el presente hacia el pasado.

En la llamada literatura ocultista, encontraréis suficientes comprobaciones de hechos verídicos y revelados por la psicometría. A veces es suficiente un fragmento de papel, paño, metal o un pedazo de piedra, que permaneció en los alrededores de las ceremonias públicas, de una batalla o hechos sin gran importancia; más el psicómetra bien desarrollado, relata los acontecimientos "asistidos" por el objeto.

***Pregunta:** ¿Qué recursos son los que más ayudan al psicómetra, para el mejor éxito de su trabajo?*

Ramatís: Los principales elementos para el psicómetra, son los siguientes: habituarse a la meditación; dominar totalmente las sensaciones personales para tener un buen control mental. Debe aprender a aislarse del mundo externo físico, en una especie de "auto hipnotización" para volverse un núcleo receptivo, captador de las vibraciones psíquicas. Necesita sumergirse en una suave pasividad de auscultación espiritual, para que las imágenes lleguen a través de su sensibilidad psíquica, y le despierten el ajuste exacto del raciocinio identificador. Comúnmente, antes de que el psicómetra "vea imágenes" en la tela imponderable, su mente se prepara en base a las ideas que le crean el estado mental de sintonía necesaria, para perfeccionar la receptividad de los acontecimientos, que han de manifestarse, clara y perfectamente. En ciertos casos, es una especie de "voz interior" que parece anunciar con antecedencia, los detalles más importantes que serán proyectados o revelados por el objeto en análisis. El psicómetra debe ser un hombre de alma bastante cristianizada, pues cuando más alcance el afinamiento psíquico de su periespíritu, también ha de volverse más lúcido y sensible para auscultar el Éter-Cósmico.

***Pregunta:** ¿Acaso no debería considerarse al psicómetra como un médium profético o de premonición?*

Ramatís: Es indudable que la finalidad esencial de todas las facultades psíquicas es la misma: alcanzar el Alma del Cosmos. La clasificación de los variados tipos de mediumnidad, establecidos por el hombre, no le invalida el origen de la fuente única, que es Dios. De ahí, la semejanza que entre sí, guardan las facultades mediúmnicas, así como la psicometría, podría confundirse con la videncia, la auditiva con la de premonición intuitiva, porque todas se manifiestan en el mismo tono psíquico, aunque se distingan perfectamente en su aplicación, sin que se pueda demarcar la frontera donde termina una y comienza la otra. El vidente "ve" mentalmente o astralmente a los espíritus desencarnados cuando entran en sintonía con su receptividad mediúmnica, mientras que el médium "oyente", escucha en las mismas condiciones y el médium de premonición "presente", transmite los avisos o advertencias sobre cosas futuras.

El psicómetra "lee" los hechos y las impresiones existentes en el aura de los objetos, de las cosas y de los seres que examina, así como puede auscultar el pasado, rever los acontecimientos y los elementos que los produjeron. Es capaz de relacionarse telepáticamente, con el psiquismo del dueño del objeto que investiga, porque todas las cosas se ligan etéricamente en el seno de la Creación; además, no sólo recepciona las impresiones, las influencias, los sentimientos y las vibraciones psíquicas contenidas en el eterismo del mismo, sino, que alcanza la fuente que produjo los acontecimientos.

Esa facultad, además de rara es bastante avanzada, y a medida que aumenta la faja o campo vibratorio de auscultación psíquica, el psicómetra tanto se sumerge en el pasado, como se libera espiritualmente del tiempo y del espacio pudiendo prever el futuro con impresionante seguridad. Así, cuando arrojamos un cohete en la noche oscura, podamos prever con toda seguridad, que dentro de pocos instantes, *aparecerá* una gran luminosidad en el cielo; por lo tanto el psicómetra percibe ciertos hechos que sucederán en el futuro, puesto que se ha interligado a los objetos o cosas que son psicometradas.

El psicómetra revee en el aura de aquello que examina, los acontecimientos grabados, así como siente y lee las impresiones dejadas por sus dueños, pudiendo tener conocimiento de ciertos hechos que le pasaron. Saben los reencarnacionistas, que el alma trae impresa en su periespíritu el programa kármico de su futuro, puesto que deberá someterse a las experiencias, que le avivarán ciertas cualidades embrionarias y que le rectificarán ciertas aristas espirituales. De ese modo, el buen psicómetra consigue profetizar secuencias futuras, referentes a los acontecimientos que quedaron reflejados en el aura etérica de los objetos, como son los sentimientos o temperamentos particulares. El objeto o cosa investigada, expone el pasado al psicómetra y lo relaciona con la subconsciencia de su antiguo dueño, se encuentre encarnado o desencarnado, porque no hay rupturas ni discontinuidad entre los fenómenos psíquicos ocurridos, en forma independiente del tiempo y del espacio.

***Pregunta:** Si pudiésemos confrontar el fenómeno de la psicometría con cualquier descubrimiento científico moderno, ya sea en el campo de las fuerzas físicas, o magnéticas de nuestro mundo, ¿con cuál de ellas se podría comparar?*

Ramatís: No creemos que pueda haber analogía en ese sentido, pues el fenómeno psicométrico se manifiesta en un plano de dimensiones completamente distinto del ambiente material. Sin embargo, tratándose de una facultad muy parecida a un "detector", porque transforma las impresiones etéricas en signos comprensibles para el entendimiento del psicómetra, revelando la presencia de los acontecimientos ocultos, se encuentra más cerca del concepto electrónico moderno, en las últimas' conquistas del "radar". Además, ese es el camino más rápido, para que los futuros científicos construyan aparatos que han de transformar las impresiones y ondas sonoras, grabadas en el

Éter Cósmico o conocido como "Akasa" de la escuela oriental, en fenómenos perceptibles a los sentidos físicos del hombre.

Pregunta: Suponiendo que un objeto haya pertenecido a varios dueños y que, por coincidencia, haya sido influenciado por importantes acontecimientos de la vida de cada uno de sus poseedores, ¿surgirán al mismo tiempo, todas las impresiones grabadas en su aura etérica, durante el examen psicométrico?

Ramatís: En tal circunstancia, el psicómetra se sintonizará espontáneamente con los hechos y con los dueños del objeto, que han dejado impresos sus fluidos vitales, vivos, de la misma forma que se recepcionan las ondas hertzianas, puesto que depende de la capacidad de la emisora. Durante el proceso de la psicometría, predomina el grado de simpatía o relación afectiva del psicómetra con el tipo de los acontecimientos más importantes grabados en el aura etérica de los objetos y seres, lo que en lenguaje técnico, se llama "recurso selectivo".

Pregunta: En el caso del examen psicométrico de, por ejemplo, una joya, que hubiera pertenecido durante muchos años a determinada persona, ¿podría el psicómetra llegar a determinar las existencias pasadas de la misma, antes de poseer dicha joya?

Ramatís: ¿Qué hace la persona cuando recuerda sus existencias pasadas? Transforma en conocimientos actuales aquello que en .su memoria etérica vive en forma de signos, impresiones o influencias, es decir, efectúa un examen "auto-psicométrico". Recordar el pasado es "sustentar" o "detener" los hechos etéricos grabados en el periespíritu, transformándolos en imágenes reconocidas por el cerebro físico y comprensible, debido a la comparación con los fenómenos actuales. Se revelan tanto más vividamente, cuanto mayor sea la sensibilidad psicométrica y la transparencia periespiritual del ser. Por eso, el psicómetra muy sensible recuerda con mucha facilidad sus vidas anteriores, pues el fenómeno que vive a través de los hechos e impresiones que recoge de los objetos ajenos, lo puede vivir en sí mismo, por la auscultación de aquello que se grabó en su aura etérica.

Pregunta: Hemos leído en cierta obra, que los objetos pueden ejercer influencia en las personas que se apegan a ellos. ¿Es verdad o es superstición?

Ramatís: Poco a poco el terrícola irá comprobando que detrás de muchas supersticiones del pasado se esconden las más irrebatibles verdades. Es obvio que los objetos y las cosas del mundo físico son núcleos de energías concentradas, pero sin conciencia formada y sin posibilidades de ejercer dominio sobre los seres vivos. En verdad, son las personas la que se dejan influir por las cosas del mundo exterior, dado que abdican su voluntad, esclavizándose a. los caprichos tontos y obsesivos para poseerlos, terminando por imantarse imprudentemente a los elementos que son el blanco de su adoración fanática.

En innumerables habitaciones terrenas ambulan espíritus recién desencarnados, bastante debilitados por el sufrimiento y apegados celosamente a los objetos que poseían en la materia. Como están encariñados, no hacen ningún esfuerzo por apartarse de la rica biblioteca, la que adoraban egocéntricamente, como así también de la colección de sellos raros fruto de muchos años de trabajo infatigable, de las joyas valiosas o de la vivienda lujosa, que habían edificado para el "descanso" de la vejez, interrumpida por la muerte cruel. Existen seres desencarnados totalmente apegados a la pipa lujosa, en que fumaban, a la discoteca de su predilección, a la medalla rara, al trofeo ganado por ser un excelente deportista del famoso juego del "tiro" a la paloma, a la reliquia que pertenecía a cierto personaje histórico o al anillo de brillantes heredado del bisabuelo.

Son almas qué atraviesan la existencia humana sufriendo grandes sustos y angustias cada vez que, por descuido, olvidan dónde dejaron la joya o el objeto que tanto los seduce. Giran constantemente alrededor de aquello que los esclaviza; narran las historias con detalles sorprendentes y les asoma el placer al rostro ante la posesión de las cosas raras, exóticas o codiciadas por otros. Algunos, empeñan toda su fortuna y malgastan su precioso tiempo en cosas tontas y grotescas, viviendo una existencia totalmente ligada a motivos y hechos que se relacionan con su manía.

Innecesario es deciros, que esas personas, fácilmente dominadas por la fijación mental de los objetos del mundo material y transitorio, enseguida de su desencarnación se dejan arrastrar irremediablemente hacia esas cosas que adoraban. Sus protectores no consiguen apartarlos de las minucias de la tierra, a las que se imantan y derraman lágrimas de dolor y sollozos de desesperación. Algunas veces, demoran bastantes años e interfieren en medio de la familia terrena, interponiéndose en las discusiones domésticas, como si aun vivieran en el cuerpo físico. Otras veces, se angustian, gritan y hasta discuten, creando odio entre los parientes, porque éstos resolvieron deshacerse de los objetos o bienes que todavía los ligan a la vida material.

Pregunta: ¿Cómo se imantan esas personas a los objetos materiales?

Ramatís: Se imantan demasiado por sus propias impresiones y sentimientos egoístas a las cosas que poseen en la vida terrena; y, después de muertos, sufren la cruel atadura que ellos se impusieron, al no poderse apartar de su influencia psicométrica. La mente se cristaliza de tal forma a esos objetos, que termina generando un fuerte e indestructible lazo de fascinación sobre el periespíritu. Entre el objeto y la mente fascinada se produce un verdadero circuito magnético, impidiendo a los espíritus desencarnados pensar libremente en otra cosa o movilizar nuevas energías, para pensar en otros menesteres. La libertad será tan pronta como sea la sensibilidad periespiritual adquirida por el ser, o si no, por la volatización natural de la sustancia mental-magnética, que se debilita por falta de sustentación.

Los fluidos constantemente proyectados por nosotros sobre los objetos, ya sea por deseos de poseerlos, por atracción, por encanto o por miedo a perderlos, originan cierto estado obsesivo. Muchas veces nos distanciamos de los mismos, pero dejamos apresada nuestra mente en el aura etérica del objeto. Así se crean los estados agudos de incertidumbre, deseos, posesión, etc., que terminan bajo la exclamación ridícula, que preferirían cortarse una pierna o un brazo, antes que perder tal o cual objeto querido por su alma.

Y, reflexionando sobre ese proceso de imantación de la mente humana a los objetos materiales, por la influencia de los seres que aman tales cosas, mejor entonces, es entender ciertos conceptos del querido Maestro Jesús. Por eso, reconocemos que el Divino amigo, además de ser un Instructor Espiritual de la Tierra, es un avanzado Psicólogo y genial Científico Sideral, que resumía en sus enseñanzas las leyes inmutables, que rigen al macro y microcosmos. Detrás de esas máximas sublimes, que para muchas personas, sólo es un misticismo lacrimoso, se ocultan las advertencias de un indiscutible "electronismo evangélico", tal como se verifica cuando Jesús advertía y aconsejaba: "No acumuléis tesoros en la tierra, donde la herrumbre y los gusanos los comen, y donde los ladrones los desentierran y roban" (Mateo, Cáp. VI, vs. 19) o aquel que dice: "No poseáis oro ni plata, ni dinero en vuestras fajas" (Mateo, Cáp. X, vs. 9 al 15).

Aunque en aquella época el pueblo todavía ignoraba los descubrimientos modernos y la comprobación de innumerables fuerzas ocultas que actúan sobre los seres vivos, Jesús ya resaltaba el valor de los bienes espirituales, y a su vez advertía sobre los peligros de la fascinación de las personas por los tesoros perecibles del mundo material.

El Divino Científico, todavía no podía explicar a los hombres inmaduros, que las posesiones fanáticas, incrementadas con sentimientos egocéntricos, terminaban por *imantar* a su dueño, aun después de su muerte física, les hacían sufrir terribles aflicciones y les impedían su ascenso espiritual. La advertencia de Jesús a pesar de ser una época tan lejana, dejaba entrever, que los objetos fascinan y ejercen influencia esclavizadora en los seres avaros e imprudentes, debido a su ceguera espiritual. El Maestro, nos legó una lección admirable y oculta, cuando dijo, que es muy peligrosa la posesión del oro, la plata o los bienes del mundo, cuando no estamos capacitados para enfrentar su indeseable, poder de imantación.

Pregunta: Según ese concepto evangélico, deberíamos abdicar al parecer, de las cosas y objetos del mundo material. ¿No volveríamos a situarnos en el mismo nivel de la vida salvaje, al desechar absolutamente las actuales formas de la civilización?

Ramatís: Jesús nos advirtió claramente sobre el peligro de poseer inadecuadamente los objetos del mundo material, pero no se refirió al peligro que encierra el ser "poseído" u "obsesionado" por aquello que el hombre retiene avara o fanáticamente. El Maestro no- bajó a la tierra para defender la tesis de la pobreza absoluta. Apenas advirtió sobre los perjuicios que causa la riqueza a los espíritus imprudentes y codiciosos. Destacó profundamente, que es mil veces preferible ser pobres, pero liberados de la esclavitud de los objetos del mundo, a poseer una riqueza que nos transforma en infelices esclavos del mundo. Yerran irremediablemente aquellos que juzgan, que la pobreza es un elevado índice de "mejoría espiritual". Si pudiéramos consultar al Creador al respecto, no habría dudas, que nos recomendaría que nos sirviéramos de *aquello* que fuese lo *mejor* y más agradable para nuestras vidas.

Cuando desde lo Alto se emite alguna censura contra la riqueza, no se hace para que nos volvamos paupérrimos, si queremos alcanzar la ventura espiritual. Dios no nos censura por vestirnos de seda, alimentarnos en platos de porcelana, que bebamos en vasos de cristal, residamos en casas confortables o nos transportemos en vehículos lujosos; lo que Él recomienda, por intermedio de sus propuestos siderales, es que todas las criaturas también puedan usufructuar tales beneficios.

No es meritorio que un hombre vista con trapos, se alimente con las manos sucias o se deje crecer los pelos y la barba, para identificarse con los objetivos de la vida espiritual. Quien deliberadamente es pobre y sucio, vale menos que el rico, afeitado y limpio, que emplea en sus fábricas u oficinas a otras personas que se visten, alimentan y proporcionan el confort en el hogar de sus respectivas familias. No es el desprecio por la riqueza del mundo lo que caracteriza al espíritu superior, dado que éste se manifiesta por la aplicación beneficiosa y en el servicio útil prestado al prójimo, que se halla en peor situación económica. Si Dios determinase cualquier prevención sobre la riqueza y proclamara que el padrón angélico sería la pobreza franciscana, sin lugar a dudas, que no habría favorecido al hombre, para que dejara la caverna "prehistórica" y perdiera los pelos en contacto con la civilización. Muchas personas que golpean de puerta en puerta pregonando la pobreza como símbolo celestial de su religión, lo hacen porque la vida presente no los apadrinó y todavía no sintieron el sabor hipnótico de la riqueza. Cuando en el futuro las condiciones los favorezcan, entonces conseguirán armonizar hábilmente la posesión de la fortuna con su devoción a Dios.

ANÁLISIS DE LA RADIESTESIA

***Pregunta:** ¿Qué nos podéis decir sobre la Radiestesia?*

Ramatís: Es la facultad del individuo que sondea a través de las ondas electromagnéticas, las vetas de agua, mantos minerales, influencias magnéticas, lugares beneficiosos para las plantaciones o que efectúa diagnósticos sobre las enfermedades y también indica los medicamentos apropiados. Esos descubrimientos y diagnosis se hacen con la ayuda de una varita de mimbre, péndulos de metal o madera, los cuales captan las ondas electromagnéticas emitidas por los objetos, napas de agua o zonas auríferas.

***Pregunta:** ¿La Radiestesia también se considera como una facultad mediúmnica?*

Ramatís: Toda capacidad humana que permite al hombre sentir o ver los fenómenos ocultos a los sentidos físicos, también debe considerarse una facultad mediúmnica. Y, el radiestesista, es el individuo con la sensibilidad psíquica de poder captar las ondas electromagnéticas que emanan de los seres vivos y de los variados reinos de la naturaleza, es un médium, dado que se interpone cual puente vivo entre el mundo astral y el físico. Aunque no sea espirita, igual es un médium, puesto que el mediumnismo es totalmente ajeno al Espiritismo.

***Pregunta:** ¿Cuál es la diferencia entre el psicómetra y el radiestesista?*

Ramatís: El psicómetra y el radiestesista tienen bastante afinidad entre sí, dado que ambos poseen facultades receptivas y muy semejantes, respecto a su técnica de investigación. El primero puede "ver" psíquicamente en el aura de los seres y de los objetos las escenas remotas que sucedieron en su *presencia*, algunos psicómetras muy avanzados, llegan a sentir, durante la visión psicométrica la temperatura, los olotes, como también oyen la música o los sonidos que remotamente vibraron alrededor de los objetos que examinan. El radiestesista, en vez de ser un "lector" del aura etérica, es un captador de las ondas electromagnéticas emitidas por los objetos y seres vivos.

Realmente, las presiente o percibe sirviéndose de la varita de mimbre o por la oscilación de los péndulos hechos de madera, metal o ebonita. Es un interceptor de las ondas electromagnéticas que emiten los objetos, alimentos, minerales, medicamentos, napas de agua en el subsuelo, animales, hombres y las sustancias mórbidas que pueden servir de elementos, para obtener sorprendentes diagnósticos. Conforme sean las oscilaciones, el giro negativo, positivo o la inmovilidad de esos péndulos, que accionan a través del magnetismo, el radiestesista comprueba y determina las condiciones favorables o desfavorables de los objetos o personas que examina.

El psicómetra, mediante su visión psíquica, observa en el éter, "akasa" de los orientales, las vibraciones, las imágenes ideoplásticas interiores o los reflejos de los fenómenos vividos ante los objetos o cosas, en cuyo doble etérico se imprimieron. Y, conforme os hemos dicho, los hechos acontecidos junto al aura etérica que el psicómetra examina, se van manifestando en orden inverso, o en sentido regresivo, pues los acontecimientos recientes se superponen a los más viejos. El radiestesista alcanza el mismo éxito, pero captando las radiaciones electromagnéticas en forma de efluvios negativos o positivos.

***Pregunta:** ¿Nos podéis decir si el éxito del radiestesista depende de los tipos de metales o minerales con que son fabricados los péndulos? ¿La sensibilidad de los mismos, depende de la sustancia empleada?*

Ramatís: La radiestesia es inherente al hombre y no se subordina específicamente a los tipos y cualidades de las varitas o péndulos de metal, madera o ebonita empleado. Esos objetos, en sus movimientos, sirven apenas para transmitir a los sentidos psicofísicos del hombre, el fenómeno que se está manifestando en el mundo oculto de las energías primarias y los señala, conforme sea la sensibilidad electromagnética del radiestesista. Cuanto más vivas e intensas son las oscilaciones de los péndulos, o la curvatura de las varitas, tanto mejor avala el radiestesista la intensidad, volumen o radiactividad de aquello que examina.

Todos los cuerpos que existen en la naturaleza desprenden emanaciones, llamadas corpúsculos imponderables, tales como el radium. Esas emanaciones fluídicas e infinitesimales pasan desapercibidas para los seres humanos, pues no tienen un dispositivo u órgano especial para captarlas en forma de ondas electromagnéticas, que es la forma como ellas se manifiestan al desprenderse de los materiales y seres vivos. Cuando el radiestesista actúa por medio de la varita o del péndulo, se asemeja a un aparato receptor de radio, pues su brazo funciona como una antena. El péndulo o la varita representan el detector que transmite y amplía los movimientos espontáneos producidos por las emanaciones, ondas radiantes o magnéticas que exudan los cuerpos.

Su principal papel es revelarlo y después ampliar a los sentidos físicos las vibraciones imponderables que interceptan o captan, pero de forma alguna, esos objetos de sondaje y prospección radiestésica, crean la facultad en el hombre, la que de por sí es congénita. No hay dudas, que operando con péndulos de material neutro al máximo, con varas vegetales cortadas en el cuarto creciente, se obtienen mejores resultados en la investigación, porque son más sensibles a las ondas electromagnéticas. En el caso de los péndulos confeccionados con material sumamente neutro, permite mayor afluencia de magnetismo, el que se desliza en un circuito cerrado por el periespíritu del radiestesista, mientras que las varas cortadas en el cuarto creciente, es decir, en la mejor fase de la savia, quedan muy sensibles, porque están sobrecargadas de magnetismo y electricidad vegetal.

***Pregunta:** ¿Existe algún metal o mineral que sea el más apropiado para el ejercicio de la radiestesia, aunque sabemos* *que la mediumnidad es ajena al material empleado para la prospección?*

Ramatís: El péndulo de cuarzo es uno de los elementos más apropiados y favorables para el sondaje radiestésico, puesto que es un material neutro y de reducida interferencia en el campo electrónico de los cuerpos en examen, disminuyendo el porcentaje de los desvíos electromagnéticos. Como el hecho de la radiestesia es inherente al agente que hace la prospección, con el transcurso del tiempo y un apropiado entrenamiento experimental en las investigaciones y estudios, el radiestesista bueno, inclusive podrá dispensar de los péndulos y varitas receptivas para captar las ondas emitidas por los objetos.

Gracias a la sensibilidad psíquica, que se va superando por la continua auscultación radiestésica, el médium termina sintiendo el fenómeno psíquicamente en su periespíritu, pues lo sondea en la intimidad de su ser, mucho antes de acusarlo por el movimiento del péndulo o varita. Están aquéllos que, ni bien se aproximan a los objetos en examen, sienten en la punta de sus dedos la dirección positiva o negativa de las ondas, como los efectos de otras causas o la estática que les permite identificar las vibraciones neutras. Otros, de avanzada auscultación magnética y mucho más sensibles, sienten en su todo psíquico las perturbaciones orgánicas de las personas, apenas les tocan sus manos.

La facultad radiestésica, conforme dijéramos, es concerniente al individuo y no a los objetos de prospección, por cuyo motivo puede ser correctamente desarrollada y altamente sensibilizada, ya sea a través de las experimentaciones, o por el estudio, pues así se confirma el sentido valioso que posee la percepción oculta del hombre.

Pregunta: ¿Por qué el radiestesista como el psicómetra alcanzan el mismo resultado en sus verificaciones, aunque con diferentes tipos de mediumnidad?

Ramatís: Conforme ya hemos dicho, los objetos, las sustancias, los cabellos, los órganos de los seres vivos, las cartas, las ropas, el agua corriente o estacionada, los mantos radiactivos o minerales del subsuelo, son portadores de vigorosos fluidos, peculiares a su naturaleza, pero también captan o acumulan en el campo etérico de sus auras, las emanaciones fluídicas del medio en que actúan o participan.

El mineral, el vegetal y los seres vivos están formados simultáneamente por átomos etéricos y físicos, que se interpenetran en continua sucesión de fuerzas, atrayéndose e influenciando la manifestación de la vida en ambos planos; el etérico y el material. Los átomos etéricos forman el doble etérico, como fiel e inmutable registro de todo lo que sucede a su alrededor o en su intimidad. Justamente, ese doble etérico es el que ausculta el radiestesista por el péndulo en su campo vibratorio, identificándole el tenor vibratorio positivo o negativo, mientras que el psicómetra lo lee en forma regresiva, es decir, de adelante hacia atrás.

Según esta ley sideral, todos los acontecimientos sucedidos en vuestro planeta, también se fijaron definitivamente en su campo etérico o "akasa" de la terminología hindú, aunque en forma imperfecta pueden ser leídos en su aura por los psicómetras muy avanzados o sondeados por los radiestesistas. Este fenómeno aunque se manifiesta en otro plano vibratorio, tiene semejanza con la grabación de los sonidos en vuestros discos o cintas magnéticas de los grabadores, que más tarde permiten su reproducción fiel. Lo mismo sucede con las películas fotográficas puesto que es posible tomar el paisaje local y después, bajo procesos de revelado con productos químicos, se presenta objetivamente la fiel imagen de lo tomado.

Si el hombre puede grabar la música y la voz en la sustancia material, que es bastante más grosera e imperfecta que el éter y el fluido astral, ese fenómeno es más viable y lógico, por medio del psicómetra y el radiestesista puesto que auscultan directamente en las matrices etéricas. Semejantes a transformadores vivos, transmiten por los sentidos extrasensorios, las imágenes e impresiones encontradas. La diferencia fundamental se encuentra, en que el psicómetra y el radiestesista sondean en el éter de los objetos, y de los seres, las imágenes y vibraciones de los acontecimientos allí registrados, mientras que los discos fonográficos son reproducciones de la materia y para la materia.

Pregunta: Hemos observado que tanto el radiestesista como el psicómetra, aunque operan en forma diferente, coinciden en encontrar objetos perdidos e identificar los acontecimientos sucedidos en el pasado. ¿Qué nos decís al respecto?

Ramatís: Existe cierta semejanza en los procesos sensibles de la psicometría y de la radiestesia respecto a sus métodos de investigación, porque ambos se efectúan en la intimidad de la materia, es decir, en el campo energético de su éter planetario y totalmente interpenetrado por el fluido astralino, el cual, la mente humana influencia con suma facilidad. El radiestesista ausculta el fenómeno oculto en los cuerpos, a través de la captación de las ondas electromagnéticas irradiadas por el magnetismo, que fluye por los intersticios de la sustancia y de los seres, mientras que el psicómetra examina el cuerpo áurico para "ver" o "sentir" la revivencia de los acontecimientos allí grabados.

Aunque el sondaje radiestésico sea diferente de la lectura psíquica efectuada por el psicómetra, en ambos casos la investigación se efectúa directamente a través del mundo etéreo-astral y en el campo magnético de los seres y de las cosas. El psicómetra consigue ver etéricamente, llaves, agujas, monedas y demás objetos a través de cajas herméticamente cerradas, y el radiestesista puede obtener el mismo resultado examinando las oscilaciones positivas o negativas que el péndulo le señala en respuesta a las indagaciones mentales efectuadas con respecto a la naturaleza de lo que investiga. El primero "ve" psíquicamente los objetos por las radiaciones etéricas que ultrapasan el límite material de la caja; pero el radiestesista también los reconoce, en su tipo y forma, por las ondas electromagnéticas que vibran por el péndulo o por la varita de prospección.

Pregunta: ¿Hace mucho tiempo que se conoce la radiestesia?

Ramatís: El primer éxito logrado por la radiestesia, de que se tenga conocimiento fue el de Moisés —que poseía facultades mediúmnicas poco comunes— durante el éxodo de los hebreos del Egipto, cuando buscó agua en el desierto para su pueblo sediento. Conforme dice el Viejo Testamento, tomó su vara y sondeó la roca, logrando encontrar la veta de agua, tal como lo refiere el Éxodo, Cáp. 17, vs. 5 y 6: "Y dijo Moisés; adelántate al pueblo, y toma contigo a los ancianos de Israel y lleva en tu mano la vara con que heriste el río, y anda. Mira que yo estaré allí delante de ti sobre la piedra de Horeb; y herirás la piedra, y saldrá de ella agua, para que beba el pueblo. Hízolo así Moisés delante de los ancianos de Israel."

En verdad, Moisés salió con los ancianos en busca de agua, munido de su vara, puesto que era un hábil radiestesista; pues por su intuición muy sensibilizada presintió el agua en las proximidades de la roca, auscultándole las emanaciones radiestésicas. Partida la roca y cavado el suelo, salió el agua deseada y los hebreos apagaron su sed ardiente. Este hecho, explicable por las leyes terrenas, Moisés lo transformó en un acontecimiento milagroso, diciendo que el Señor le avisó el lugar en que se hallaba el agua. Aumentó así su fama, mediante la aplicación de sus facultades mediúmnicas.

En ese caso, el de Moisés, no fue la varita en sí, lo que comprobó que existía la veta de agua, dado que se identificó exclusivamente por su facultad radiestésica, gracias a su sensibilidad psíquica de poder sondear los efluvios electromagnéticos que se irradiaban en ese lugar. La facultad radiestésica, por lo tanto, existía en Moisés y no en la vara, la que, en sus manos, reveló a sus sentidos físicos la fuente del líquido, curvándose hacia el suelo.

LA MEDIUMNIDAD EN LOS FENÓMENOS FÍSICOS

Pregunta: ***¿Qué nos podéis decir sobre la mediumnidad de fenómenos físicos?***

Ramatís: El médium de efectos físicos es el intermediario en los fenómenos audibles, de sensación y también visibles a los sentidos humanos, por ejemplo la materialización, la voz directa, la tiptología,[34] la levitación, la escritura directa, el eco de los

[34] Nota del Revisor: Es corriente entre la mayoría de los espíritus, el pensar que la tiptología (fenómeno de las mesas giratorias), es un procedimiento mediúmnico, de bajo tenor, donde actúan espíritus inferiores. Ramatís en su obra ***Mediumnismo,*** edición en castellano, Kier S. A., refiriéndose al caso citado, advierte que, cualquiera sea la especialidad de las sesiones espiritas, su éxito depende de la armonía, moral y elevada dedicación que se aporten al trabajo con los espíritus, y no el método adoptado para recibir las comunicaciones. Por consiguiente, a través de la tiptología se pueden recibir comunicaciones serias y establecer el intercambio mental entre los espíritus desencarnados y los terrícolas. Las comunicaciones de los espíritus mediante golpes y ruidos extraños comenzaron a despertar la atención del mundo entero desde el año 1848, cuando en la aldea de Hydesville (América del Norte) en la residencia de la familia Fox, sucedieron tales fenómenos, los que más tarde fueron elucidados por Allan Kardec. Es natural que los trabajos espiritas mediante las mesas giratorias, sean bastante restringidos debido al tiempo que se tarda en identificar las letras equivalentes a los golpes convencionales. Sin embargo, como prueba de autenticidad y mérito de lo que es posible conseguir por la tiptología, voy a relatar un hecho que por ser inédito y singular, merece quedar archivado en esta obra. En el mes de febrero de 1910 me embarqué en Lisboa en un vapor que me trajo a Belén, capital del Estado de Para, donde llegué después de diez días de viaje. En esa época, asolaba a dicha ciudad la epidemia de la fiebre amarilla causando muchísimas víctimas entre las colonias extranjeras de emigrantes. Dos amigos que habían sido compañeros de viaje, murieron súbitamente en el término de una semana. Entonces, se apoderó de mí un miedo terrible de ser atacado y morir sin tener cerca a ninguna persona de mi familia. Atormentado por esa amargura, decidí telegrafiar a mi esposa para que embarcase hacia Belén en un vapor que saldría siete días después. Fui a la agencia telegráfica Western (cable submarino) a pasar el telegrama urgente, que llegaría en el mismo día. Pero, al llegar a la agencia se me informó que, debido a un defecto en el cable submarino, estaba suspendido el servicio telegráfico y que se ignoraba cuándo sería restablecido. Se apoderó de mí un tremendo desánimo; pero entonces recordé que en la casa de mi amigo Humberto C. Branco, en Lisboa, se realiza todos los martes, una sesión espirita, mediante una

ruidos, los golpes raros dados en las paredes, en los muebles y en el aire. Es una mediumnidad, que también permite a los desencarnados, fabricar moldes de parafina, realizar fenómenos luminosos, transportes, materializaciones o desmaterialización de los objetos. Utilizan para ese fin, el fluido ectoplásmico que extraen del médium en trance cataléptico, o también en vigilia, siendo una facultad poco común en algunos sensitivos de este género.

En general, los espíritus precisan coaligar al ectoplasma del médium los fluidos que obtienen de los asistentes al trabajo mediúmnico, adicionándole elementos desconocidos por el hombre. Para activar tales fenómenos y predisponer a los presentes a la fenomenología del médium de fenómenos físicos, se utilizan algunos discos de música suave, placentera y conocida por todos, pues ayudará a armonizar la vibración mental del ambiente y favorecer la fenomenología dirigida de "este lado".

simple mesa de tres patas, la que daba golpes convencionales conjugados al alfabeto. Era una reunión un tanto jocosa y movida por la curiosidad, pues sus participantes eran ignorantes en materia doctrinaria del Espiritismo. Entonces pensé: "Tal vez pueda mandar por el espíritu de mi padre un aviso a mi amigo, para que diga a mi esposa que me encuentro enfermo, y que se embarque en el próximo vapor que salga de Lisboa." Decidí, entonces, comprar una mesa de tres patas, y a la noche, un colega de pieza y yo, hicimos la tentativa. Nos sentamos junto a la mesa tomados de la mano e iniciamos la sesión, invocando al espíritu de mi padre. De inmediato, la mesa se levantó dando un golpe, como señal de su presencia. Después continuamos escuchando los golpes, los que anotados y traducidos al abecedario, decían así: "En el día de mañana, cuando se reúnan en Lisboa en casa de vuestro amigo, estaré presente y comunicaré lo siguiente: 'Vuestro amigo, el hermano Fuzeira, se encuentra enfermo y pide que le avisen a su esposa para que embarque hacia Belén, sin falta en el vapor Ambrose, que sale el domingo'". Agradecí con lágrimas y me sentí más aliviado... poco después cerramos la sesión. Al día siguiente, tanto mi amigo como yo, ya más calmos comentamos lo sucedido en la reunión y terminamos por reírnos ruidosamente de nosotros mismos, por admitir la posibilidad de un hecho de esa naturaleza. Y mi amigo, en tono irónico agregó: "Si ese hecho fuera posible, entonces fundaría una agencia de comunicaciones intercontinentales, que nos daría mucho dinero y que causaría mucho asombro en todo el mundo". Transcurridos quince días, fue anunciada la llegada del vapor Ambrose. En aquel tiempo era hábito, cuando llegaba el vapor de Europa, concentrarse en el puerto cantidades de personas, la mayoría curiosos, entre los cuales nos encontrábamos mi colega y yo. El vapor se aproximó para amarrar y en ese instante, las personas que se encontraban a nuestro alrededor, miraban asombrados a una señora que, agitando un pañuelo, les quería llamar la atención. Todos los presentes se miraban entre sí, pues querían saber a quién se dirigía; al final, yo también miré; y bajo una emoción indescriptible comprobé que *era mi esposa*. Una vez en tierra, me entregó una carta de mi amigo de Lisboa, que decía: "Amigo Fuzeira. En la última sesión de las mesas parlantes, en mi casa, se presentó un espíritu, *diciendo que era tu padre*, y nos dijo lo siguiente: Tu amigo Fuzeira se encuentra enfermo, y pide *que le avise a su esposa, para que embarque sin falta hacia Belén, en el vapor Ambrose, que sale el domingo*. Si es verdad o no, Dios sólo lo sabe. Más ella ahí va. Humberto C. Branco". El hecho relatado es asombroso y destruye absolutamente, todas las dudas al respecto, dado que los mal llamados "muertos", están más vivos, que los llamados "vivos" en la tierra.

Los trabajos de efecto físico producido por los desencarnados, a través de los médiums especializados, casi siempre requieren al comienzo, el concurso de los espíritus de orden más primitivo, de fuerte vitalidad astralina, tales como los salvajes del Brasil, los pieles rojas de la América del Norte y los nativos de otros países, cuyo periespíritu es un verdadero fermento de energías telúricas y sirven con éxito para la conexión íntima con los "elementales", o las fuerzas vivas que impregnan la vida oculta de los reinos mineral, vegetal y animal. Con esa providencia, resulta una combinación perfecta de energías magnéticas oriundas del mundo oculto, que ayudan a la frecuencia vibratoria de los fenómenos, así se efectúa con más propiedad la comprobación por parte de los encarnados. Las energías primarias del magnetismo del orbe reciben el toque sabio de las fuerzas que descienden de los planos elevados, que las transforman en el "revelador" de la voluntad y de la acción de los espíritus desencarnados sobre la materia.

Aunque los trabajos de fenómenos físicos requieran la ayuda de las energías primarias, para alcanzar su éxito inicial, después del ajuste técnico y espiritual entre los equipos de trabajadores encarnados y desencarnados, se perfecciona la realización del fenómeno; pudiendo entonces, dispensarse de las energías elementales, así como también de la música profana de las primeras reuniones, pudiendo sustituirse por la música sacra, que induce mucho mejor a los presentes, para las emociones de elevada espiritualidad.

Pregunta: Hemos participado a ciertos trabajos de fenómenos físicos donde el espíritu materializado nos permitió auscultarle el corazón, el que, para nuestra sorpresa, latía en forma perceptible, y además le escuchábamos su respiración, propia de los vivos de nuestro plano de vida. Algunos de los presentes se sorprendieron al comprobar en los desencarnados una fisiología semejante a la del organismo carnal. ¿Qué nos podéis decir?

Ramatís: Por medio de las enseñanzas de innumerables espíritus desencarnados y también por nuestras obras anteriores, hemos explicado que el periespíritu es una organización fisiológica etéreo astral, pero más avanzada y compleja que vuestro cuerpo. Aunque funcione en un plano vibratorio imponderable a vuestros sentidos físicos, posee todas las contrapartes etéricas de los órganos carnales. Esas contrapartes etéricas del periespíritu, poco a poco se van atrofiando debido al poco uso, ocasionado por el progreso espiritual del alma, la que se va ajustando a planos cada vez más sutiles.

El periespíritu, aunque se haya desligado del cuerpo físico y de sus exigencias, presenta una fisiología etéreo astral que se parece al viejo claustro de carne. Durante las sesiones de fenómenos físicos, el ectoplasma aportado por el médium en trance cataléptico o en vigilia, actúa con eficacia entre los planos material y del mundo etérico, incorporándose a la fisiología del periespíritu a través de avanzados procesos de técnica y de la química trascendental. Cuando por voluntad del espíritu comunicante, circula por su vestimenta periespiritual, entonces se produce la materialización, que es dado observar por la vista y la palpación de los encarnados. Pero, si el espíritu prefiere efectuar una acumulación de fluidos ectoplásmicos en uno de sus órganos, sea el hígado, el pulmón o el corazón, entonces, ese órgano se hace palpable al examen de los sentidos físicos y presenta todas las reacciones y el ritmo idéntico a los del cuerpo carnal.

En el caso de vuestra pregunta, el espíritu materializó preferentemente su corazón etéreo astral, destacándose de los demás órganos, el que reveló correctamente sus movimientos de diástole y sístole cardíaca, gracias a la cuota de ectoplasma del médium y de la parte extraída a los asistentes. No existe discrepancia o anormalidad por el hecho de que los encarnados palpen u oigan las pulsaciones de los órganos de los espíritus materializados, pues su involucro periespiritual es anatómica y fisiológicamente idéntico a sus contrapartes del organismo físico. La diferencia está en que esos órganos palpitan en otra frecuencia vibratoria más sutil y cumplen la función adecuada al plano en que se manifiestan.

Pregunta: ¿Qué nos podéis decir sobre el ectoplasma?

Ramatís: El ectoplasma es la parte de la célula que se encuentra entre la membrana y el núcleo, o la porción periférica del citoplasma, conforme lo explica la ciencia académica. Entre los espiritas se conoce generalmente como un plasma de origen psíquico, exudado preferentemente por el médium de efectos físicos y por otras personas similares. Cuando los espíritus desencarnados pueden disponer del mismo en bastante cantidad, lo utilizan para la manifestación de los fenómenos mediúmnicos, como ser levitación, ruidos, materializaciones, voz directa, moldes de parafina, composición de flores, etc.; además pueden combinarlo con otras sustancias extraídas de las reservas ocultas de la Naturaleza.

El ectoplsma se presenta para nuestra vista espiritual, como una masa de gelatina pegajosa, o sustancia albuminoide, muy blanca y semilíquida, que se exuda por los poros del médium, pero en mayor porción por la boca, la nariz, los oídos, por las puntas de los dedos y aun por el tórax. Los extensos cordones ectoplásmicos que se forman por los orificios serpentean en movimientos ondulatorios. No es una sustancia que podamos romper o manosear a gusto; sin la participación del médium, los que en trance total, se ligan mentalmente a esa prolongación viva, inquieta e influenciable hasta por los asistentes.

Los trabajos de efectos físicos requieren un cuidadoso tratamiento por parte de los espíritus, pues el ectoplasma del médium es un elemento fácil de contaminarse con los miasmas y ciertos tóxicos que invaden el ambiente, debido a la imprudencia y desatención de algunos de los asistentes a esos trabajos. Es una sustancia delicadísima que, en realidad, se encuentra entre el periespíritu y el cuerpo físico. Aunque sea algo deforme, está dotada de fuerte vitalidad, por cuyo motivo sirve de intermediario para interligar los planos; astralino y físico.

Es una materia viva del mismo médium, que por su expresa voluntad, admite la intromisión de los espíritus amigos y benefactores, cuando la usan para fines provechosos. Cuando se trata de personas indisciplinadas, los espíritus inferiores y malévolos suelen posesionarse de esa energía, causando perturbaciones en los trabajos de efectos físicos y aun fuera de los ambientes mediúmnicos.

***Pregunta:** Algunas veces citasteis cierta participación en esos trabajos, de técnicos y espíritus auxiliares. ¿Hay, realmente, necesidad de que contribuyan esos espíritus especializados?*

***Ramatís**:* La fenomenología mediúmnica no depende solamente del médium que aporta el ectoplasma o de los asistentes que donan los fluidos aprovechables para el trabajo, sino de la eficacia y del conocimiento del equipo de espíritus que actúan de "éste lado". Son hábiles en el trato con la química trascendental, pues actúan sobre las sustancias etéreo astrales, las que luego han de ser combinadas con el ectoplasma del médium. Se subdividen en sus funciones delicadas conforme a la aptitud individual, participando activamente de la fenomenología mediúmnica condicionada al plano físico. Disciplinados, seguros y conscientes de su responsabilidad, desempeñan sus tareas con eficacia superior a los encarnados.

Hay un director o supervisor responsable de todas las operaciones medianímicas; después le sigue el jefe en química, que examina el tipo de ectoplasma disponible del médium, en afinidad con ciertas sustancias del plano astral; sus ayudantes estudian e higienizan los fluidos de los asistentes, destinados a la mezcla con otros ingredientes que apresuran la fenomenología física. Del grupo de trabajo también forma parte un coordinador, cuya tarea es la de enseñar a los espíritus comunicantes a "hablar" a los asistentes, para lo cual da instrucciones precisas sobre el manejo de las cuerdas vocales de los médiums a través de la condensación del ectoplasma, o mover la máscara con el aparato de fonación, estructurado con sustancia etéreo astral. Otros cooperadores orientan a los comunicantes para que se ajusten a su debido tiempo, al círculo de operaciones afectado por el ectoplasma del médium, donde deberán mover las "trompetas" que ligan al tubo astral para la ampliación de las voces, como también fabrican las "varas" o medios que sirven para levitar los trabajos, producir los ruidos y golpes en los muebles.

Finalmente, y tratándose de un trabajo de reducción vibratoria y vulnerable a la acción de las entidades malhechoras o irresponsables, se prepara la denominada "tropa de choque" o equipo de defensa dirigido por un hábil y experimentado espíritu, el que se encarga de proteger el área donde se efectúan los fenómenos entre los dos planos de vida. Además del equipo que trabaja en la manifestación de los fenómenos físicos, es necesario no olvidar el elemento que sirve de ligazón entre los encarnados y los desencarnados, una especie de centinela encargada de avisar a los técnicos siderales, cuando se va a realizar una sesión, para que se tomen todas las providencias sobre la higiene del ambiente, protección fluídica, ionización y recursos preventivos contra las emanaciones tóxicas de los asistentes viciosos.

***Pregunta:** ¿Es verdad que ciertos espíritus no se pueden comunicar por encontrarse en esferas inaccesibles al contacto terreno?*

Ramatís: En el mundo astral, algunas entidades alcanzan el estado de transición del espíritu hacia el plano mental, que la tradición oriental esotérica denomina "segunda muerte". Cuando el espíritu abandona el cuerpo astral, que es el vehículo revelador de la emoción e ingresa en el plano mental, entonces pasa a vivir instantáneamente aquello que piensa y no lo que siente. En realidad, es lo que se concibe por "segunda muerte"; pero, muchos espíritus abnegados la postergan por bastante tiempo para no perder el contacto con sus tutelados de la tierra.

Después de la pérdida del cuerpo astral, les resulta dificilísimo volver a reconstruirlo a tiempo para atender cualquier materialización o manifestación de voz directa en los trabajos de efectos físicos. Tampoco compensa el consumo de energías "mento-astral" para esos casos, ni la colaboración agotadora de las entidades técnicas para efectuar una fugaz exposición a los encarnados. Por eso, no siempre se halla presente en los trabajos la entidad evocada o que se presume ha de hablar, porque puede faltarle el eslabón intermediario del cuerpo astral, ya desintegrado y solamente sintetizado en el átomo *simiente* muy conocido por los ocultistas.

El espíritu, en esas condiciones, transmite su mensaje a los seres que actúan en la esfera más baja de la suya, es decir, en el plano debajo de su morada, los que a su vez, la retransmiten a los encarnados. Por eso, en cada equipo de trabajadores desencarnados, en el astral, existe siempre un elemento mediador responsable por la transmisión de los recados, de aquellos que no pueden manifestarse directamente en la materia.

Pregunta: ¿Podríamos considerar como una superstición, cuando los espíritus nos aconsejan que no crucemos las piernas, en esos trabajos de efectos físicos?

Ramatís: Las leyes que gobiernan el magnetismo humano, son mucho más sensibles que las que rigen la manifestación de la electricidad. En consecuencia, si el cuerpo humano es un organismo gobernado por leyes magnéticas que dirigen las polaridades positivas y negativas, responsables por el equilibrio "psico-físico" del ser, sin duda que el hombre debe someterse a determinadas exigencias, que le parecerán superstición, pero que se relacionan con los fenómenos extraterrenos. Durante el trabajo mediúmnico de efectos físicos se exige el máximo de expansión magnética y fluídica de los presentes, para que se efectúe con éxito la ligazón del mundo etéreo astral con el mundo material.

Aquellos que cruzan las piernas o las manos en el transcurso del trabajo, se aíslan, resultando un "circuito magnético cerrado" pasando a ser puntos neutros que perturban la influencia y el ritmo de los fenómenos. El ectoplasma fluye a través de los poros del ser pero en obediencia a la ley de fuga electromagnética, convergiendo hacia un punto de atracción positivo, que en la fenomenología mediúmnica se llama "círculo imantado" donde cooperan los espíritus técnicos responsables por la ejecución del trabajo. Los cabellos, los pies y las manos de los presentes funcionan a manera de "puentes" por donde se desliza el fluido ectoplásmico, y siempre que se crucen de pies o manos, son negativos para la armonía del conjunto.

Pregunta: También se dice que los médium pierden peso cuando ceden el ectoplasma para los fenómenos mediúmnicos. ¿Es verdad?

Ramatís: Conviene que reflexionéis que, si la laringe y las cuerdas vocales materializadas con el ectoplasma del médium se pueden tocar y reconocer en sus piezas anatómicas, eso prueba que están revestidas de materia concreta de vuestro orbe, la cual, repetimos, fue extraída del médium. El médium y los asistentes "dan" algo de sí; ofrecen los fluidos para que las providencias tomadas en el astral se concreten en dirección al mundo físico. Tanto el médium como los asistentes pierden peso durante los trabajos de fenomenología física, porque su materia sólida se transforma en fluidos que fluctúan en el ambiente volviéndose inmunes a la ley de la gravedad. Ni bien se cierra o termina el trabajo, el ectoplasma y demás fluidos dispersos retornan inmediatamente a su fuente de origen para volver a transformarse en elementos orgánicos, causa por la cual, todos vuelven a recuperar su peso anterior".

***Pregunta**: ¿Nos podéis explicar por qué en algunas noches, los trabajos mediúmnicos de efectos físicos resultan imperfectos, mientras en otras, todo sale perfectamente bien? ¿A qué se debe que, en esas noches raras, las voces salgan débiles y las manifestaciones, bastante confusas?*

Ramatís: Únicamente desencarnando podríais valorar las innumerables dificultades que se presentan, para obtener buenos resultados en ese género de trabajo mediúmnico. El buen resultado y la identificación indiscutible de las entidades comunicantes, exigen la armonización de las energías y factores totalmente homogéneos, que no siempre obedecen a la dirección de las entidades desencarnadas. El médium, principal e indispensable pieza para efectuar los trabajos de efectos físicos, raramente es la criatura capaz de cumplir con integridad su obligación espiritual. Siendo hombre y un ser independiente, viviendo en el mundo físico a su modo, y que muchas veces, hasta la conducta y los sentimientos son opuestos a la exigencia del intercambio con el más allá, resulta una verdadera barrera con la cual las entidades técnicas deben realizar un trabajo heroico.

Existen médiums de todos los tipos; los hay glotones, demasiado afectos a comer carne, momentos antes del trabajo fenoménico, siendo sus vientres verdaderos cementerios de animales sacrificados, otros toman alcohol en cantidad, deprimiendo el sistema nervioso e hiriendo la sensibilidad del ectoplasma. El mediador que olvida el compromiso contraído en el Espacio y que frecuenta lugares viciados, o se une a malas compañías, termina rodeado de entidades malévolas, que intentan por todos los medios aislarlo de su trabajo útil.

Los espíritus amigos y bondadosos hacen todo lo posible para subsanar esos inconvenientes y protegerlos de la infiltración subversiva del astral inferior, durante la manifestación mediúmnica. Le higienizan el aura, ionizan el ambiente de trabajo y proyectan rayos terapéuticos a fin de eliminar las bacterias y evitar el contagio nocivo. Los rodean de extremos cuidados y lo intuyen para que se pongan en condiciones favorables para el trabajo de la noche. Sin embargo, existen otros factores que no favorecen al médium, por ejemplo; aquí se encuentra el médium disciplinado, frugal y adverso al alcohol, pero es prejuicioso y prepotente; el otro, tiene conducta esmerada, pero es sumamente desconfiado, retardando su progreso mediúmnico por el miedo a mistificar; acullá el sensitivo es atento, hábil y laborioso, pero negocia con su facultad espiritual.

Cuando los espíritus guías de los trabajos fenoménicos consiguen los mediadores razonables y bien intencionados, se agotan para satisfacer a los asistentes ávidos de fenómeno, pero casi siempre, son los principales causantes de los fracasos; se encuentran entre ellos, los alcohólatras que intoxican el ambiente; los glotones, cuyo estómago es un verdadero sarcófago de vísceras en descomposición; los sexuales, cuya mente se mantiene firme en la aventura excitante conseguida pocas horas antes. Fuera de esos adversarios de los procesos a efectuarse en la fenomenología mediúmnica, se agregan los sarcásticos, que después castigan a quienes le sirvieron; los desconfiados, los cazadores de "pruebas", los egoístas que intentan monopolizar la sesión; los curiosos, siempre buscando novedades; los negadores, que aun ante el fenómeno palpable e indiscutible, traen en la "punta de la lengua" la explicación científica terrena; los capciosos que invierten el sentido de todo cuanto observan: los "fiscales" gratuitos, que buscan las mistificaciones en las oscilaciones mediúmnicas; los intelectuales, que exigen lo máximo en las descripciones mínimas. Finalmente, debemos contar, también, con los decepcionados que, a pesar de toda su buena fe, no "vieron" ni "hablaron" con el pariente querido recién desencarnado, o los interesados que esperan de los "muertos" las soluciones directas y los consejos seguros, para sus intereses particulares.

Todavía quedan aquellos que participan de las sesiones de efectos físicos después de una acalorada discusión en el hogar, de comportamiento hostil en los comercios, en el transporte y en la calle, cargando hacia el ambiente los fluidos de irascibilidad y violencia, mientras que olvidan, que el éter desempeña una función de extrema importancia en la transmisión de los fenómenos hacia el plano físico. Tales actitudes y vicios determinan una fuerte influencia, de carácter nocivo en la manifestación de los fenómenos mediúmnicos, y no sólo debilitan el nivel fluídico del ambiente, sino que reducen la calidad del ectoplasma mediúmnico. La esfera mental del médium en trance es el centro de convergencia de todas las operaciones en lo tocante a los fenómenos físicos, por eso, los rayos mentales nocivos y las explosiones emotivas de los asistentes lo hieren de tal modo, que imprime una dirección contraria a la deseada por los espíritus comunicantes.

Pregunta: *En algunos trabajos de efectos físicos, hemos notado que los médium, después del trabajo efectuado, ingieren mucha agua. ¿A qué se debe esto?*

Ramatís: Los médium de fenómenos físicos se deshidratan unos más que otros durante el tiempo que donan su ectoplasma para que los espíritus trabajen en la materia; *eso* también puede suceder al demorarse demasiado los trabajos, en las noches de atmósfera sobrecargada de electricidad o demasiado húmedas. Respecto de la producción de ectoplasma, también se produce en los médiums una acentuada volatización de los fluidos orgánicos, que rápidamente son manejados y pasan a ser fluidos de ayuda para la fenomenología mediúmnica. A veces, una parte suele perderse en el mismo ambiente; cierto porcentaje es deliberadamente rechazado por el organismo cuando retorna al físico, pues sucede que trae adherido consigo los gérmenes psíquicos o bacilos astrales indeseables, cosa que pasa, debido a la insuficiente protección del médium por parte de los espíritus, o bien por interferencias imprevistas.

Algunas veces, los propios técnicos y protectores del médium resuelven disolver en el medio ambiente la porción fluídica que podría enfermarlo en su reabsorción orgánica. Se reduce entonces la cuota de líquidos orgánicos volatizados, volviéndose nocivos para su reaprovechamiento, haciendo que el médium al volver en vigilia, sienta intensa sed y tome una cantidad de agua para compensar la que es desperdiciada, y que se hace necesaria para el equilibrio del cuerpo físico.

***Pregunta:** ¿Por qué, cuando los espíritus se materializan, ya sea en formas visibles, luminosas o apenas tangibles, a veces nos parece que están "vacíos"? Al tomarles las manos fláccidas, reconocemos perfectamente las formas anatómicas, pero, súbitamente, no les notarnos los brazos, por ejemplo. Otras veces les tocamos los pies o la cabeza, pero faltan las manos. En una oportunidad tuvimos contacto con el espíritu de un joven que, además de materializarse satisfactoriamente, ejecutó algunas danzas folklóricas de su tierra natal; pero, en determinados momentos, desaparecía parte de su cuerpo y solamente alcanzábamos a ver sus pies. ¿Cómo se explica esto?*

***Ramatís**:* La nitidez, el éxito y la comprobación de los fenómenos mediúmnicos siempre dependen del tipo del médium en trance, y también, de la mayor o menor afinidad, cooperación e intenciones de los asistentes. Conforme dijimos hace muy poco, muchos fracasos de la fenomenología mediúmnica física se debe a la frecuente asistencia de individuos ignorantes y que tienen exigencias por los trabajos a realizar.

A pesar del empobrecimiento de la masa ectoplásmica y la incomprensión de los asistentes irresponsables, algunos espíritus de buena voluntad consiguen la materialización parcial de su periespíritu, mueven algunos objetos e intentan la "voz directa". En el esforzado recurso de satisfacer a los presentes, mueven todos los recursos disponibles para darles el toque físico a las manos o a los pies, para no decepcionar por completo.

Por eso, cuando tocáis las manos de algún espíritu materializado, comprobáis con sorpresa, que no tiene brazos, pero eso tampoco os prueba la presencia de un excéntrico fantasma, como se acostumbra a decir indebidamente. En realidad el espíritu trata de condensar sólo en las manos periespirituales todo el fluido que desvía de la materialización de los brazos y demás partes del cuerpo haciéndolas palpables para los presentes.

Es una cuestión de economía fluídica, como sucede con los técnicos siderales cuando preparan el fenómeno de voz directa, donde utilizan todo el ectoplasma disponible para confeccionar la laringe provisoria, mientras que cesan los otros fenómenos, como levitación, ruidos o materializaciones.

En los trabajos de efectos físicos, los fenómenos suceden simultáneamente cuando los espíritus manifestantes disponen de bastante ectoplasma. Es lo que a veces sucede en las operaciones mediúmnicas directas, cuando los presentes identifican las voces y los movimientos del médico cirujano, de los enfermeros y auxiliares desencarnados, dado a la gran afluencia de ectoplasma. Cuando la masa ectoplásmica es deficiente, el espíritu operador sólo materializa las manos, para poder manejar los instrumentos quirúrgicos sobre el cuerpo del paciente, aunque se encuentre presente y actúe por la acción integral de su periespíritu. Y, lo hace así, porque en la operación mediúmnica sin la intervención física del médium, las manos son las piezas más importantes.

EL FENÓMENO DE LA "VOZ DIRECTA"

***Pregunta:** ¿Cómo se produce el fenómeno de la "voz directa" en los trabajos mediúmnicos?*

Ramatís: Vosotros no ignoráis que la mente funciona en planos cuyas oscilaciones están por encima del campo vibratorio de la atmósfera física; la mente, pues, vibra en el éter, mientras que la voz vibra en el aire. Cuando los espíritus quieren hablar con los encarnados, necesitan un elemento intermediario que les baje el tono vibratorio de la "voz etérica", y la haga repercutir de modo audible en el ambiente del mundo material. Ese elemento mediador, que conocéis es el que fue explicado anteriormente, el ectoplasma, sustancia fluídica de origen psíquico, exudada por el médium a través de los centros de fuerzas de su periespíritu, en conjugación con el sistema nervioso del cuerpo físico. En conexión con las fuerzas vitales de los asistentes, el ectoplasma se transforma en un punto de apoyo para la repercusión de la voz de los espíritus y demás fenómenos comprobados por los sentidos físicos de los encarnados.

La "voz directa", en general, se produce de la siguiente manera: los espíritus agregan alrededor de los órganos vocales de su periespíritu, el ectoplasma mediúmnico y que por una fuerte emisión mental, consiguen hacerlo vibrar hacia el mundo físico; otras veces, los químicos desencarnados mezclan sustancias específicas (del plano astral) a la energía ectoplásmica obtenida del médium y de los fluidos de los asistentes; después modelan la máscara anatómica artificial, pero que tiene boca, lengua y garganta y que tiene la misma función de la voz de los encarnados.

Entonces, los espíritus que desean hablar con el mundo material se ejercitan con la referida máscara; su pronto o demorado éxito depende del entrenamiento y de la habilidad con que la utilizan para vibrar y transmitir sus palabras a los terrenos. Debido a la presencia del ectoplasma humano, que reduce bastante la frecuencia vibratoria del provisorio órgano de fonación, su buen resultado entre los dos planos, el físico y el etéreo astral, exige mucho esfuerzo por parte de los desencarnados. No todos los espíritus se someten a los entrenamientos agotadores con la máscara ectoplásmica, alegando algunos, que no siempre se compensan los esfuerzos realizados, para poder conversar con sus familiares o amigos encarnados.

En algunos casos, el espíritu comunicante puede utilizar directamente la laringe del médium en trance, haciéndola vibrar bajo su voluntad y dándole la entonación deseada, cuyos sonidos articulados en sus cuerdas vocales se amplían por la trompeta o megáfono que fluctúa en el aire, a través de un tubo de sustancia astral ligado directamente a los órganos vocales del médium. Los espíritus operadores controlan al médium, condicionándole la voz para la trompeta, ajustándole el diapasón o tono de voz que el comunicante poseía cuando estaba encarnado.

El sonido producido por la laringe del médium y bajo el control del espíritu comunicante, no es la repercusión del aire sobre sus cuerdas vocales. Esa operación se ejecuta de "este lado" exclusivamente en el éter, después que la voz se amplía por el megáfono y es escuchada por los terrícolas. El fenómeno se produce primero en la laringe etéreo-astral del periespíritu del médium, repercutiendo inmediatamente en el mundo físico a través del ectoplasma catalizado por las ondas sonoras de la palabra hablada, de la música o de los cánticos de los presentes.

Pregunta: ¿Cómo logran los espíritus dar a la entonación su voz que tenía cuando estaban encarnados, si en ese momento están hablando directamente por la laringe del médium?

Ramatís: Aunque os parezca imposible, ellos hacen exactamente aquello que los más notables ventrílocuos realizan en el mundo material, cuando imitan la voz humana y hasta el canto de las aves. Cuando hay afluencia de buen ectoplasma, optan por confeccionar una laringe ectoplásmica, en la máscara etéreo-astral o actúan en el interior de los megáfonos sin luminosidad, pasando a manifestar las palabras en conexión con las ondas sonoras emitidas, como si actuaran por la misma garganta del médium.

Pregunta: Por vuestra explicación, se deduce: que es muy dificultoso para los desencarnados, emitir su voz hacia la tierra. ¿No es verdad?

Ramatís: Conforme dijéramos, en los trabajos de voz directa los técnicos desencarnados pueden moldear la máscara con el aparato completo de fonación, estructurándola en la sustancia etéreo-astral conjugada al ectoplasma del médium, o plasmar la laringe en el centro del megáfono, haciendo vibrar las cuerdas vocales artificiales y controlando el tono de la voz, hasta conseguir las características tonales que poseían cuando eran encarnados. Accionan de "este lado" la máscara etéreo astral, encajando su lengua periespiritual en el interior del molde ectoplásmico o lengua artificial, la que es hueca y flexible. Cuando dominan totalmente el fenómeno, de mover la lengua con facilidad en el interior de la máscara, ajustada al rostro y logran hacer vibrar en el éter, las palabras fuertemente mentalizadas, entonces los técnicos intervienen y los sonidos etéricos repercuten en el ambiente, haciéndolo oír entre los encarnados.

Ante esas dificultades que requieren mucha disciplina y perseverancia, no todos los espíritus se someten a los cursos y ejercicios cansadores, que la técnica sideral exige para que se produzca la voz directa, pues el entrenamiento puede llevar días, meses y hasta años. Así como el hombre terreno, a veces precisa agotadores esfuerzos para alcanzar éxito en ciertas experimentaciones físicas, químicas o investigaciones médicas, los espíritus desencarnados, en el caso que tratamos, para alcanzar efectividad integral, están obligados a realizar esfuerzos equivalentes.

Pregunta: Durante mucho tiempo hemos frecuentado excelentes trabajos de efectos físicos, pero nunca fuimos agracia-

dos con la materialización o la voz directa de algún amigo o pariente, de los muchos que teníamos en el mundo, y cuya palabra nos resultaría sumamente alentadora. No tenemos dudas respecto de la veracidad de los fenómenos que presenciamos, ni subestimamos a nuestros amigos desencarnados que allí trabajan. Pero, insistimos, que por más que evocábamos a algunos espíritus que deseábamos oír, jamás se hicieron presentes.

Ramatís: Comúnmente los encarnados se quejan de comparecer asiduamente a los trabajos de efectos físicos, y no ser agraciados por la presencia materializada o por la voz directa de algún familiar, que bien podría haberle fortificado la convicción sobre la vida inmortal del espíritu.

Ese es un motivo del por qué, no son satisfechos los asiduos participantes de los trabajos citados, y para peor todavía, están los que suman las dudas capciosas sobre la procedencia de las voces y materializaciones que observan, puesto que no se manifiestan aquellos que le movían tantas ansias de verlos. Las sesiones de fenómenos físicos son convincentes y maravillosas para los asistentes que tienen la suerte de ver e intercambiar ideas con el familiar desencarnado y que a su vez, se preste dócil a todas las sutiles indagatorias.

Pero, como la impaciencia todavía es uno de los atributos más comunes de los hombres, están aquellos asistentes que desisten de frecuentar determinados trabajos de efectos físicos, justamente, a las vísperas de alcanzar su sueño, ya que el espíritu hacía mucho tiempo estaba entrenándose con la máscara ectoplásmica, afinando la laringe para poder comunicarse con el interesado.

Tales casos y decepciones resultan por motivos justificables. Además de todo lo referido sobre el orden específico y técnico de los dos planos, el físico y el astral, se debe considerar, que a veces, el espíritu del familiar o del amigo solicitado para materializarse u oírle su voz directa, puede estar imposibilitado, dado que podría encontrarse en los "límites" purgatoriales y de donde no puede salir. Además, si su desencarnación fue reciente, puede darse el caso de estar pasando por el "sueño psíquico" de reposo, que sucede después de la muerte. Otras veces, el espíritu solicitado se encuentra distante, cumpliendo tareas ineludibles, en regiones astrales inferiores o superiores. También están aquellos, ¡me debido a los traumatismos, desgastes y amarguras producidas en la existencia terrena, deciden no tener más contacto con el "valle de lágrimas" que mucho los "hizo sufrir, por lo cual se desinteresan de cualquier tipo de trabajo que los haga retornar a la tierra.

Pregunta: También hemos observado que algunas agrupaciones espiritas de fenómenos físicos alcanzan efectividad, casi de inmediato, mientras que otras invierten algunos años antes de lograr los primeros efectos satisfactorios. ¿Qué nos podéis decir sobre este aspecto?

Ramatís: Hay grupos de personas interesadas en los trabajos de fenómenos físicos, que al poco tiempo de haber comenzado, establecen tal grado de simpatía, confianza y propósitos nobles, que consiguen acelerar la dinámica psíquica y necesaria para efectivizar los hechos. La confianza, el optimismo y la disposición espiritual afectuosa de todos, se transforma en un elemento catalizador de los fenómenos. Rápidamente ultrapasan la fase de la inseguridad y fracasos, propios de los primeros días, alcanzando el clima etérico sensible para la acción positiva de los desencarnados.

Todo lo contrario sucede cuando los trabajos se efectúan durante mucho tiempo y apenas se alcanzan algunos "reflejos" o fugaces centelleos de luces, porque la tela etérica de proyección de los fenómenos, se halla totalmente endurecida por la gran densidad, pesimismo u osadía de los compañeros, demasiado preocupados con el fenómeno inmediato que deslumbra los ojos, pero que olvidan la renovación íntima que atiende a los sentidos del alma.

LA MÚSICA EN LOS TRABAJOS MEDIÜMNICOS DE EFECTOS FÍSICOS

***Pregunta:** ¿Ejerce la música algún influjo especial en los trabajos de fenómenos físicos?*

Ramatís: En esos trabajos, la música contribuye a sintonizar las vibraciones mentales de los asistentes y del ambiente donde se realizan dichos fenómenos. Aunque los sonidos de la música repercutan en la atmósfera en vez del éter, igualmente influyen a los asistentes, integrándolos en una sola frecuencia vibratoria, y, además, favorece a los espíritus, puesto que ellos conjugan el ectoplasma del médium a las energías psíquicas que se movilizan de "este lado".

La música ayuda vibratoriamente a ese género de trabajo mediúmnico, pudiendo ser canciones regionales, himnos, trechos de óperas, "overturas", piezas clásicas o populares, inclusive algunas composiciones de fondo religioso. Las ondas sonoras estimulan y se combinan con las vibraciones periespirituales de los desencarnados y encarnados, propiciando una mayor exudación de ectoplasma del médium y de energías vitales de los presentes. Pero, como la música ejerce mucha influencia en el alma de los seres, siempre es conveniente preferir las canciones, piezas o fragmentos musicales exceptuados de melodramas, tragedias, situaciones lúgubres, burlescas o de profunda tristeza, para evitar la degradación emotiva de los asistentes durante la fenomenología. El papel de la música es estimular el optimismo de los que componen la sesión, evitando que se conturbe la cohesión de la armonía mental y psíquica esencial para el éxito de tales trabajos, que además, son bastante complejos y de mucha responsabilidad.

Pregunta: ¿Qué podéis decirnos sobre el uso de la música popular o folklórica, en los trabajos de efectos físicos?

Ramatís: No hay inconveniente alguno; mas no se aconseja la música de baja calidad, estridente y de carácter burlesco o sensual.

Pregunta: ¿Qué nos decís respecto de la música clásica?

Ramatís: En lo que respecta a ese género de música, deben evitarse las composiciones tempestuosas, los fragmentos melodramáticos de ciertas óperas y las composiciones lúgubres que excitan los nervios, despiertan el temor o mortifican el alma de los asistentes, pues no se afinan a ese trabajo las piezas de la "Noche en el Monte Calvario", de Mussorgsky, la "Danza Macabra" de Saint Sens, la "Marcha al Suplicio" de la "Sinfonía Fantástica" de Berlioz, los fragmentos de "El Amor Brujo" de Falla o las composiciones wagnerianas de índole salvaje, aterradora y legendaria.

En general, el nivel de sensibilidad y comprensión de la mayoría de los asistentes resulta muy pobre, razón por la cual, las piezas complejas, de temas bizarros y enigmáticos no los e-mociona, para alcanzar el nivel psíquico vibratorio indispensable para el ambiente.

Cuando se prefiere la música clásica, conviene optar por las melodías o piezas suaves, alegres y optimistas, como la "Danza China", la "Danza Árabe", "El Vals de las Flores", etc., que pueden animar y elevar el ambiente; pero la "Patética" de Beethoven, por ejemplo, es una pieza musical inapropiada para el trabajo mediúmnico, dado que transmite un estado poco propicio, para la necesidad vibratoria del medio.

Como sería también desfavorable exigir jovialidad y desahogo de los asistentes, imponiéndoles músicas "cerebrales" como "Petruchka" o "El Pájaro de Fuego" o la "Consagración de la Primavera" de Stravinsky, u obligarlos a serias preocupaciones mentales al tener que descifrar la babel sonora de la "Primera Sinfonía", de Dimitri Schostakovich. Además, algunas composiciones prolongadas de Bach o Haendel, que a pesar de ser composiciones geniales, causan fatiga auditiva y cansan la mente de aquellos que sólo están habituados a la sencillez de las melodías populares y trechos de música pegadiza, pero de tenor elevado.

De la misma forma, tampoco se puede aprovechar la totalidad de la obra sonora de Beethoven, ni la exigente"matemática" de los sonidos tan al gusto de Brahms.

Aunque se admita la extrema sensibilidad de Chopin en sus composiciones, sus "Nocturnos" y "Baladas" son prolongadas quejas, que poco se afinan a la exigencia jovial psíquica de tales trabajos.

***Pregunta:** Si os fuese solicitada vuestra apreciación sobre la música en los trabajos mediúmnicos, ¿qué piezas indicaríais?*

Ramatís: Evidentemente, nuestra indicación apenas sería una indicación puramente personal, dado que las preferencias son tantas como los gustos de las personas. Repetimos, que aun siendo las piezas .escogidas de muy buenos compositores y considerando el ambiente de trabajo mediúmnico, donde deben ser oídas, deben preferirse las de tonos alegres, inspirativos y de expresiones optimistas.

A pesar de la fama de cada uno de los compositores clásicos y ya consagrados en vuestro mundo, ellos también divergen bastante en su producción sonora, porque no era igual el estado de sus almas cuando componían cada una de sus piezas musicales. Existe notoria diferencia entre el estado de alma de Tchaikovsky cuando compuso el doloroso mensaje introspectivo de su "Patética", comparado a la marcialidad de la "Obertura 1812" evocando la epopeya napoleónica en Rusia; o entre la dulzura infantil con que demarcó la suite "Cascanueces", la belleza estática de "La Bella Durmiente del Bosque" y el casi angélico esoterismo del "Lago de los Cisnes".

En Beethoven también se manifiesta fuertemente ese cambio de temperamento y emotividad en la creación de cada uno de sus portentos sonoros, los que revelan varias facetas de su alma, ya envejecida por la trayectoria sideral. En "Fidelio", su música es dramática; en la "Sonata Apasionata" es trágica; heroica en la "Tercera Sinfonía", tranquilísima y amorosa en la

"Cuarta Sinfonía" e inconforme en la "Quinta Sinfonía", cuando describe a la criatura en la lucha forzada contra su propio destino. En la "Pastoral", aunque Beethoven deseaba expresar el sentimiento venturoso de aquellos que se aman y se extasían ante la naturaleza agreste, sin embargo, revela un estado de gracia y encanto por la vida en un "intermezzo" de bonanza, que después se sublima exponiendo su cántico esplendoroso en la "Novena Sinfonía", la célebre "Coral".

En consecuencia, esas variaciones emotivas de los compositores, demarcando su estado de alma, no permite que todas sus composiciones se ajusten al ambiente de los trabajos mediúmnicos de efectos físicos. Entre centenares de piezas de merecido valor, cuyos nombres citaremos más adelante, pueden contribuir para el éxito de la creación ambiental de esos trabajos, porque para ser sentidas o asimiladas, no exigen demasiada introspección crítica, ni tampoco predisponen a la tristeza. Citamos las siguientes: "Ave María" de Bach-Gounod y "Ave María" de Schubert; "Meditación de Thais", de Massenet; "Danzas Húngaras", de Brahms; "Sylvia", de Delibes; innumerables partes de las sinfonías de Haydn, principalmente de la "Sinfonía Sorpresa", partes de la "Rapsodia N° 2" de Liszt; "Capricho Español", de Rimsky Korsakov; las oberturas alegres de Rossini, principalmente "La Garza Ladra" y la "Scala de Seda"; los "Valses" de Strauss, algunas fantasías y movimientos de conciertos y sinfonías de Mozart; "Overtures" y gran parte de la "Pastoral" y de la "Séptima" de Beethoven; el "Cascanueces", el "Lago de los Cines", "La Bella Durmiente del Bosque", "Aurora" y el primer movimiento del "Concierto N° 1" de Tehaikovsky; las "Danzas", la "Serenata", de Schubert; "Sílfides", "Preludios", "Fantasías"; los Valses Ligeros de Chopin; los trozos de "Alborada" y la "Danza de Anitra"; la "Danza Árabe", de las suites números 1 y 2, de "Peer Gynt", de Gricg; varios trechos de danzas de "La Amapola Roja", de Gliére, etcétera.

***Pregunta:** ¿Por qué motivo los espiritas manifiestan simpatía por la composición "Meditación de Thais", pues es muy raro encontrar un trabajo de efectos físicos, donde no se ejecute la mencionada pieza?*

Ramatís: Thais es la ópera que traduce intensa espiritualidad en algunas partes, dado que hace referencia a la dedicación heroica de un monje, intentando atraer hacia el culto de Dios, a una cortesana que se devota al culto de Venus. Es una lucha entre el sensualismo pagano y el ascetismo cristiano; simbólicamente es el esfuerzo del Bien intentando superar el Mal. El trozo de "Meditación" tan preferido en los trabajos espiritas, en que el delicado sólo del violín es acompañado suavemente por la orquesta, refleja, justamente, los pensamientos, los anhelos de integración espiritual y el deseo de paz venturosa que domina el alma de Thais, y que más tarde, la cortesana, termina convirtiéndose al Cristianismo.

Pregunta: Además, los trabajos mediúmnicos de efectos físicos, todavía son bastante raros, aun en Brasil, donde el Espiritismo y todos sus fenómenos están más divulgados que en otros países. En tales condiciones, el campo de la música aplicada a los trabajos citados, todavía es muy restringido. ¿No es verdad?

Ramatís: Efectivamente, si consideráis solamente el presente "hoy" donde la música conjugada a la fenomenología espirita aun está circunscripta a un campo bastante limitado. Pero, nosotros, de "este lado", disponemos de una visión mucho más amplia, que no se restringe a las contingencias del ***presente***. En algunos casos conseguimos ver los horizontes luminosos del ***mañana***. Por eso, en varias de las materias que abordamos en las obras que transmitimos hacia la Tierra, algunas de nuestras "divagaciones" constituyen esclarecimientos fundamentales para el ***futuro***. Afirmamos, una vez más que, antes de terminar este segundo milenio, la música de elevado sentimiento espiritual será elemento integrante y hasta obligatorio en todos los ambientes donde se efectúen los fenómenos de psiquismo mediúmnico. Y, no ha de ser para esas sesiones de elevada vibración, sino, para todas las reuniones doctrinarias. Ha de ser así, porque en el mundo vuestro, de vibraciones groseras, la música es el único arte que participa y refleja expresiones sublimes de aquella espiritualidad, en donde el alma, aunque se halle prisionera a un cuerpo carnal, va consiguiendo sumergirse en el éxtasis que le hace aspirar el perfume suave de las alegrías espirituales.

Entre vosotros, la música es el único arte que, para ser "producida" dispensa de cualquier accesorio material, pues las otras, como la escultura y la pintura, para manifestarlas, deben usarse elementos "brutos", como la piedra, el mármol, el cincel, las tintas, los pinceles y las telas.

Es tal la resonancia espiritual de sus armonías vibradas en el seno del Cosmos, por los Ángeles o Genios de la Música, que el taciturno Beethoven, aunque quedó totalmente sordo, tuvo el singular privilegio de escuchar, escribir y transmitir al mundo, algunas sinfonías simplemente maravillosas e inmortales.

Por consiguiente, sin presumir de profetas, la exposición que hicimos respecto de la música como vehículo de espiritualidad, es una especie de derrotero que, en el futuro, cuando el Espiritismo sea una trompeta sonora que se oiga en todos los cuadrantes de la Tierra, servirá como orientación técnica en cuanto a su función espiritual en los trabajos y reuniones, realizadas bajo la égida de la Doctrina espirita.

LOS FENÓMENOS DE EFECTOS FÍSICOS Y LAS CASAS ENCANTADAS

***Pregunta:** ¿Pueden los fenómenos de efectos físicos manifestarse sin que haya en el ambiente la energía denominada ectoplasma?*

***Ramatís**:* La manifestación de tales fenómenos sólo es posible cuando hay un médium que posee la facultad de emitir ectoplasma. Por consiguiente, sólo un equipo de espíritus desencarnados y técnicamente habilitados, pueden coordinar y controlar una sesión de efectos físicos para obtener seguridad y efectividad en los fenómenos. Pero, existen casos, en los que los fenómenos se presentan imprevistamente en cualquier lugar o ambiente, en forma de risas, voces, gemidos, traslado de objetos de un sitio a otro, puertas o ventanas que se abren o cierran y otros efectos extraños. Estos casos se denominan de "encantamiento" a causa de la ignorancia casi general, puesto que son pocas las personas, que viendo esos fenómenos, conozcan verdaderamente el móvil de los mismos. Mejor expresado, debiera decirse: "casos de asombro", dado lo inaudito de la manifestación.

Cuando suceden y contrarían las disciplinas y controles impuestos, indica que en ese lugar, hay personas que desconociendo su mediumnidad, exudan ectoplasma. Entonces, sucede que algunos individuos animosos deciden ir hasta el lugar de los fenómenos y éstos no se repiten, porque los curiosos que fueron a comprobar el caso, no tienen dicha facultad mediúmnica.

***Pregunta:** Esas sesiones, que son previamente determina-*

das, ¿tienen algún objetivo o motivo especial, o solamente satisfacen la curiosidad de aquellos que la organizan?

Ramatís: Los trabajos mediúmnicos de efectos físicos, bajo la dirección de los espíritus que actúan en el Más Allá, obedecen únicamente a designios útiles y de esclarecimiento moral y espiritual. Pero, cuando esos acontecimientos se producen en forma imprevista, son manifestaciones accidentales, resultantes, conforme dijéramos, de la presencia de personas que poseen la facultad de exudar ectoplasma. La espontaneidad del fenómeno, algunas veces, llega a asustar a los espíritus desencarnados al percibir, que a su llegada, suceden esas manifestaciones físicas.

En la propia Biblia se relatan varios casos en los que el fenómeno de audición, de "voz directa", fue testimoniada sin megáfono u otro recurso en el género a la luz del día. El libro de Job dice lo siguiente: "Paróseme delante uno, cuyo rostro no conocía, una imagen delante de mis ojos, y oí una voz como de airecillo apacible, que me decía ¿Por ventura el hombre en comparación de Dios será justificado, o el varón será más puro que su Hacedor? (Cáp. 4-vs. 16/17) Samuel aparece delante de Saúl y le dice (por la voz directa), "¿Por qué me has inquietado haciéndome aparecer? (Libro 1° de los Reyes-Cáp. 28-v. 15). Los apóstoles reunidos en el día de Pentecostés, oyeron "voces directas" (Los hechos-2) Saulo camino de Damasco, oye la voz del Señor, (Los hechos-9, vs. 4 y 5). Los profetas Pablo y Bernabé son guiados por la "voz directa" (Los hechos 13-v. 2). Aun Pablo de Tarso recibe la visita de un macedonio por la noche, que le habla directamente (Los hechos de los Apóstoles-Cáp. 16-v. 9).

Tales casos suceden cuando lo Alto necesita comunicarse con las criaturas para alcanzar cualquier providencia o hechos de orden social o espiritual. Y, cuando esto sucede, es porque aquellos que se hallan presentes exudan el ectoplasma que utilizan los espíritus desencarnados.

Al igual como relata la Biblia, donde el Ángel "habló" a Isabel anunciándole la encarnación de Juan el Bautista; también a María le predijeron el nacimiento de Jesús. Más tarde, otros fenómenos de "voz directa" se produjeron, cuando Juana de Arco afirmaba, que en todos sus actos intervenían las "Voces del Cielo" orientándola respecto de su misión como salvadora de

Francia. Es evidente, que la intervención de tales voces atienden a planes preparados por lo Alto.

***Pregunta:** ¿Podéis explicarnos las causas de los fenómenos imprevistos, que suceden en los lugares solitarios o en las llamadas "casas encantadas", en las que, según se afirma, se produjeron tragedias, homicidios y muertes misteriosas?*

Ramatís: Vosotros no desconocéis que el magnetismo difiere en su tenor o tónica conforme se manifiesta, ya sea en el reino mineral, vegetal, animal o humano; y aunque sea un electo de la causa "vida", se revela como una cualidad superior en el hombre, que es el ser más evolucionado de la Creación en la Tierra. El ectoplasma, en forma de magnetismo, también es una energía diseminada y presente en toda la Naturaleza, pero, por ley de evolución, es más aventajado en el hombre que en el mineral y el vegetal.

El "tonus-vital" que los espíritus obsesores y malhechores vampirizan y extraen de los encarnados (a la altura del cerebelo), también está compuesto con cierta parte de ectoplasma, que le sirve de punto de apoyo para actuar con éxito sobre el cuerpo humano. En los lugares solitarios, donde sucedieron muertes tenebrosas y tragedias brutales, donde la vida fue cortada súbitamente en los "cordones vítales", el doble etérico que liga al periespíritu con la materia, se rompe violentamente. Por sus fragmentos todavía palpitantes, se expele el tonus-vital de las víctimas, quedando impregnado el suelo, y a su vez, se adhiere a la "savia" etérica de los arbustos o vegetales de los alrededores. Los espasmos de las víctimas, en su lucha por no morir, proyectan, igualmente, una fuerte saturación en el éter circunvecino, y solamente, cuando haya transcurrido cierto tiempo, su doble etérico, al desligarse del periespíritu y del cuerpo físico, logra desintegrar el tóxico mórbido que satura el ambiente.

En los lugares inhóspitos y de poco tránsito humano, el fluido telúrico sustancioso y virgen, es inmune a las vibraciones extrañas; por eso, el éter se vuelve más accesible a la captación vibratoria de los fluidos emitidos por los sentidos. Conforme os hemos explicado, el tonus-vital que fluye de las "puntas" del cordón vital, cuando éste se ha seccionado con la desencarnación, queda bastante impregnado de ectoplasma, transformando el lugar donde ocurren esas tragedias horripilantes, en un ambiente "ectoplasmizado".

En los lugares denominados "encantados" por la visión de los aparecidos o fantasmas, existe una especie de cortina etéreo-astral de fluidos ectoplásmicos muy densa, posibilitando a los espíritus sufrientes, vengativos, juguetones o traumatizados, del astral inferior, hacer oír sus voces y amenazas, gritos y gemidos, causando pavor a los "vivos" que pasan por esos lugares.

Esos fenómenos que asustan, se manifiestan en forma perceptible a los sentidos de los encarnados, si el que atraviesa o permanece cerca de la zona, tuviera mediumnidad.

***Pregunta:** ¿Podríais explicarnos por qué esos gritos, voces, ruidos, gemidos lúgubres o apariciones fantasmales, suceden con más frecuencia en los lugares aislados, oscuros y con preferencia por la noche? ¿Por qué esos mismos fenómenos no se manifiestan a la luz del día o en medio de las calles de una gran ciudad? Siempre que se escucha el relato de esos casos, suceden de noche, en pueblos alejados, produciendo efectos nocivos en sus alrededores, dado que el pánico es la simiente que mejor prolifera. ¿Qué nos podéis decir?*

Ramatís: El ectoplasma es muy sensible a la luz solar y también a la luz blanca y artificial, aunque, a través de graduaciones lentas de la luz roja hacia la amarilla, con el tiempo llega a resistir la acción de la luz del día. Por eso, únicamente a la noche, esos lugares ectoplasmizados presentan condiciones favorables para repercutir hacia la materia los movimientos, gritos, gemidos y demás fenómenos producidos por los espíritus sufrientes, que ambulan por el lugar. Algunas veces, esas apariciones hieren la retina de los animales, obligando a sus dueños a emplear grandes esfuerzos para dominarlos.

Debido a la condensación del éter por la superabundancia de ectoplasma exudado por aquellos que fueron sacrificados brutalmente en esos lugares, el ambiente astralino sensibiliza los sentidos de los encarnados, especialmente a los que tienen mediumnidad. Pero, a medida que la civilización se aproxima a esas zonas "encantadas", la constante afluencia de personas con sus pensamientos renovadores, van ejerciendo una verdadera función profiláctica; entonces, poco a poco, se va disolviendo la "cortina ectoplásmica" saturada de pasiones o emociones deprimentes, hasta que el ambiente astralino queda totalmente purificado.

El fenómeno ha quedado explicado, resultando entonces, que los crímenes cometidos en los ambientes de las grandes ciudades, bien iluminadas, no permiten que el lugar quede impregnado de "ectoplasma", debido, justamente, a las centenas o millares de personas que por allí transitan, las que, debido a sus pensamientos equilibrados, disuelven rápidamente los fluidos tóxicos que fueron esparcidos en el lugar.

NOCIONES SOBRE EL PRANA[35]

Pregunta: ***En varias obras espiritualistas de procedencia oriental, hemos encontrado habitualmente la palabra Prana, y que algunas veces, el hermano, menciona en los mensajes. ¿Podéis decirnos algo más, sobre esa fuerza o energía y su función en el intercambio entre el espíritu y la materia?***

Ramatís: Entre las innumerables fuerzas que emanan del Sol, dando vida e interpenetrando las propias energías de los planetas físicos, que forman su sistema planetario, la pedagogía espiritual de Oriente destaca tres, que son las más importantes y útiles para el conocimiento de la humanidad actual. Ellas son: "Fohat", conocido en Occidente por *electricidad*, que puede transformarse en calor, magnetismo, luz, fuerza o movimiento; "Kundalini", o fuego serpentino, energía solar muy vigorosa, que se concentra en el centro de la Tierra y después fluye violentamente hacia la periferia, activando las cosas y los seres en un impulso dinámico de alto poder transformador y creativo; finalmente, la tercera fuerza o elemento es el "Prana", cuya energía o vitalidad en potencia es responsable de todas las manifestaciones de la vida en el Universo.

El Prana se halla en todos los fenómenos del mundo exterior de la materia, y también sustenta la vida en el mundo oculto espiritual, mental, astral y etéreo. Esas tres manifestaciones de energías emanadas del Sol, que es el centro principal de la Vida en la Tierra, conocidas en Oriente por "Fohat", "Kundalini"

[35] Nota del Revisor: Prana, del sánscrito, de "pra", hacia afuera, y de "an", respirar, vivir, significa la energía cósmica, fuerza total y dinámica que vitaliza todas las cosas y planos de actividad del Espíritu inmortal; donde se manifiesta la Vida, ahí existe Prana.

y "Prana" y que jamás se transforman en otras formas de energías, pues tales elementos, son tipos específicos individuales, que atienden exclusivamente a las necesidades y funciones que mencionamos.

Además, Prana es palabra de origen sánscrito y traducida textualmente quiere decir, "soplo de vida", o energía vital. Para los orientales y principalmente entre los hindúes, tiene un significado más amplio, siendo considerada la manifestación centrífuga de uno de los dos poderes cósmicos de Dios. Para la escolástica hindú sólo hay una Vida, o ***Prana***, tenida como la propia Vida del Logos.

Prana es la vida manifestada en cada plano de actividad del Espíritu eterno; es el soplo vital de cada cosa y de cada ser. En la materia es la energía que construye y coordina las moléculas físicas, ajustándolas en forma tal, que les da origen en todos los reinos, como el mineral, el vegetal, el animal y el hominal. Sin Prana, soplo indispensable, no habría cohesión molecular ni la consecuente formación de un todo definido, puesto que se congregan todas las células independientes y las interliga en íntima relación, sustentando las formas. La cohesión celular formada por el Prana, asegura la existencia de una conciencia vital instintiva, garantizando la unidad sensible y dominante, que actúa en todos los planos internos de la Vida.

El Espíritu al "bajar" de su mundo espiritual para formar su individualidad consciente en el mundo material, se somete a un proceso graduativo o inherente a cada plano de vida, siendo un fenómeno uniforme en todo el Universo. En el mineral, esa "conciencia" en formación permanece estática y adormecida, pero más tarde evoluciona hacia la irritabilidad de "conciencia" del vegetal aun en "sueño", después vive nuevas etapas de adaptaciones y se realiza al estado de conciencia instintiva animal; y finalmente, alcanza el raciocinio glorioso del hombre. En todo ese modela-miento progresivo y demorado, el Prana, energía vital, es el hilo bondadoso que une las cuentas del inmenso collar de moléculas, para plasmar las múltiples formas de la Vida.

Recurriendo a un ejemplo muy material, diríamos, que así como el cemento une los ladrillos que sustentan el peso de todo un edificio; el Prana es la liga, o eslabón vital, o elemento oculto, que asocia los átomos, las moléculas y las células para componer el Universo.

Pregunta: ¿Podemos decir, pues, que el Prana es una consecuencia de la Vida?

Ramatís: El Prana no es un efecto de la Vida, como suponen algunos espiritualistas de Occidente, pues el mineral, el vegetal, el animal y el hombre, son realmente sus productos o elementos resultantes, puesto que absorben en su intimidad el "quantum" de esa energía vital indispensable para manifestarse en el mundo. El Pruna está presente y actúa en todas las expresiones de Vida en el Universo, porque es la esencia vital que provee desde el "combustible" mental necesario para que el hombre componga sus pensamientos c ideas, como también vivifica la sustancia astralina que impresiona y manifiesta los sentimientos de las emociones del Espíritu.

Es "sangre vital" de increíble poder y amplitud cósmica, que se manifiesta en todos los planos de Vida, pues su ausencia implicaría la desintegración y desaparición total del Universo exterior, que es visible y sentido por la conciencia humana.

Pregunta: Algunos ocultistas explican que los hombres ricos en Prana, son los que "venden salud". ¿Qué opináis?

Ramatís: Los organismos vivos, cuando están en equilibrio y armonía, absorben la cantidad exacta de Prana indispensable para mantener su cuerpo sano y eufórico. Cuando hay exceso de Prana en el Hombre, les afecta la salud, pues el sistema nervioso se excita y es irregular su funcionamiento. Es un estado mórbido, y un campo favorable para la enfermedad física, y en ciertos casos, hasta puede causar la muerte bajo el paradójico diagnóstico de "apoplejía vital". Ese hecho es muy semejante a lo sucedido con la electricidad, cuando hay voltaje muy elevado, daña y "quema" los equipos eléctricos de capacidad reducida, adecuados para un menor consumo de fluido. Es un caso idéntico al de la sangre, que en exceso es dañino para el organismo humano, pudiendo resultar un ataque de apoplejía.

En sentido opuesto, cuando hay insuficiencia de Prana[36]

[36] Nota del Revisor: Aunque no sea un tratado específico sobre el Prana, recomendamos al lector, ávido de armonizar su salud, los libros ***La Ciencia Hindú-Yogui de la Respiración***, ***Ciencia de la Cura Psíquica*** y la ***Cura Práctica*** por el agua

para atender a las necesidades vitales comunes, el hombre se vuelve anémico y muere por agotamiento. Desgraciadamente, el terrícola todavía subestima las enseñanzas tradicionales esotéricas, pues si realmente estuvieran dispuestas a investigar y conocer la naturaleza, el potencial y la función del Prana, podrían activarlo en las entrañas de su organismo, y conseguirían eliminar ciertas molestias rutinarias de su existencia. A través de la purificación de su respiración y por la graduación consciente y proporcional de esa maravillosa energía vital para su cuerpo, el hombre viviría a semejanza de un seguro aparato de precisión, como excelente transformador de estabilidad que regularía el voltaje apropiado y seguro para su tipo biológico. Gozaría de un equilibrio vital, que a semejanza de una usina viva, ofrecería energía vigorosa y creadora para vitalizar a sus familiares y además, proporcionaría salud a los enfermos. Dominando el metabolismo y la función de los "chakras" del doble etérico, sería capaz de reponer inmediatamente, la carga vital que le falta y que es consumida en las relaciones con las personas desvitalizadas. En sentido opuesto, podría reducir el exceso pránico, resultante de la tensión nerviosa, que excita los movimientos e induce al hombre hacia los actos violentos, como expansión equilibrante de su vitalismo.[37]

Bastaría que el hombre tuviera un conocimiento simple de la fisiología y dinámica del "chakra" esplénico, que absorbe el Prana, a la altura del bazo físico, para poder mejorar su cuota y calidad de sangre, logrando una purificación sanguínea que sería capaz de eliminar de su piel y su cuerpo las excrecencias, verrugas, manchas e impurezas.

Las mujeres que usan exceso de "maquillaje", envejecen antes que las recatadas en usar las pinturas en sus caras, pues

del Yogui Ramacharaka, donde hallarán excelentes directrices para la mente.

[37] Nota del Médium: Cuando joven fui campeón de ciclismo de Paraná durante tres años consecutivos y volvía de las pruebas más fuertes y prolongadas, rehecho en mi vitalidad. Mientras tanto, por gozar de exceso de "Prana" percibí bastante tarde, que era obligado a ejercicios y caminatas sin objetivos deliberados, a fin de mantenerme equilibrado y sano. Felizmente, una vez ingresado en el Espiritismo, comprobé que alcanzaba la misma armonía, donando mis excesos de fluidos pránicos a través de los pases magnéticos o mediúmnicos. Además, conozco a cierto hermano que no logra dormir, ni bien transcurre un día sin que haya ejercitado o transfundido su exceso de prana por medio de pases, o en caso contrario, debe realizar ejercicios suficientes a fin de alcanzar un notable desgaste, para encauzar su desarmonía pránica.

el Prana físico que se renueva por la piel, se rarifica y refluye hacia la intimidad del cuerpo ante la obstrucción de los poros. Los antiguos iniciados se remozaban y tenían cierta belleza porque conocían los secretos del Prana, pues lo distribuían armoniosamente en su constitución psico-física. Muchos yogas, casi al finalizar su existencia física concentran una buena dosis de Prana en su cuerpo carnal, cuyo cadáver resiste varios días sin descomponerse, manteniendo un aspecto lozano.[38]

Pregunta: ¿Puede el Prana captarse por los sentidos del espíritu desencarnado y por la visión de los clarividentes encarnados, o es una energía sensible, que sólo pueden percibir los espíritus superiores? ¿Posee el Prana forma, color y estabilidad?

Ramatís: El Prana físico es de color blanco y su manifestación es unitaria. Ese color es la síntesis o la asociación de otros siete colores, algo semejante al espectro solar o al disco en colores de Newton. En realidad, no se puede valorar los colores o matices que sintetizan al Prana por la nomenclatura o convencionalismo de los colores conocidos en el mundo físico, debido a la vibración ocular del ser humano. Entre los mismos hombres difiere la recepción vibratoria ocular, pues algunos distinguen con absoluta nitidez, el azul y el verde, mientras que otros describen con otras tonalidades los mismos colores. Los chinos, antes que sus ojos tuvieran la realidad cromosófica actual, veían al cielo de un tono amarillo claro y transparente, como todavía se puede comprobar por las pinturas realizadas algunos siglos atrás. Aun hoy, en la China, cuando la mayoría percibe el matiz azul del cielo, todavía hay personas que se sienten atraídas por los colores amarillos, rojizos y negros, conforme lo caracterizan algunas manifestaciones artísticas y gustos chinos.

Esos matices del Prana que sintetizan el color blanco, son el amarillo, el azul, el rojo, el verde, el anaranjado y dos tipos más del rojo; uno de éstos, es más cargado y otro tira al rosado,

[38] Nota del Revisor: Es el caso del Yoga Paramhansa Yogananda, sepultado en Florida, en los Estados Unidos, el cual, después de veinte días, al abrir el cajón, todavía estaba en perfectas condiciones, sin señal alguna de descomposición o mal olor. El rostro estaba lúcido y tenía un ligero rubor, conforme lo declaró la Administración del Cementerio y la empresa funeraria de Los Ángeles. Leer este hecho en la obra ***Autobiografía de un Yogi Contemporáneo***. Ed. Kier, S. A.

que en ciertos momentos, emite reflejos liláceos. Por eso, el Prana o energía vital, en su color blanco, se subdivide en diferentes matices, y fluye por los "chakras" del doble etérico, que es el cuerpo intermediario entre el periespíritu y el cuerpo físico.

Esos centros de fuerzas etéricas funcionan como verdaderos prismas de energía que varían en su diámetro, velocidades y colores, conforme a la región que están situados, es decir, perpendicularmente al cuerpo carnal, mientras que la actividad o función que desempeñan está en relación con el periespíritu. Los "chakras" situados en las regiones instintivas del hombre, como ser el centro umbilical, el genésico y Kundalini, se manifiestan en colores más densos, robustos o "materiales", demarcando las actividades afines con el mundo físico. En ese caso, se les ve matices bastante pobres, con menor número de rayos, divisiones o "pétalos".

Los "chakras" situados en las zonas elevadas del hombre, como son el centro cardíaco, a la altura del corazón, el laríngeo de frente a la garganta, el frontal entre los supercilios, el coronario en lo alto de la cabeza, se manifiestan en las personas de buena índole espiritual, con aspectos cromosóficos hermosos, transparentes y con gran número de rayos o pétalos. El Prana físico al filtrarse por los chakras de las regiones instintivas del hombre, se vuelve grosero y decae en su frecuencia vibratoria habitual, cuando las actividades animales predominan. Ni bien esos colores que fluyen de los chakras inferiores, alcanzan las regiones elevadas del ser, se modifican, aclaran y sutilizan, aumentando la belleza y colorido, dado que reciben la contribución de las energías sublimes, que descienden de las regiones angélicas, a través del canal espiritual situado en lo alto de la cabeza —es el augusto chakra coronario de la "unión divina" constantemente abierto hacia la región superior de la vida del Espíritu Inmortal.

Los vegetales, los animales y los hombres asimilan e irrigan su ser de Prana, como elemento fundamental de su vida, pero poseen un color en sintonía perfecta con su tipo biológico o actividades psíquicas. Francisco de Asís desenvolvió su chakra cardíaco, destacándosele el color rosáceo, peculiar del matiz pránico del Amor; Nerón, por ejemplo, nutríase de un Prana rojizo, sucio y con determinadas variantes, que señalaba la vitalidad extremadamente sensual, vivificadora de las prácticas sexuales. Cada uno de los siete matices del Prana, posee una función distinta en la vida del hombre, pues mientras el tono amarillo claro, hermoso y transparente alimenta las actividades superiores del intelecto, el amarillo sucio y opaco, de aspecto aceitoso, es propio del hombre animalizado, cuyas lucubraciones cerebrales, sólo actúan en las regiones del mundo instintivo.

En casos muy raros, el hombre sería capaz de absorber en sí mismo todo el contenido septenario del Prana, pues en ese caso, adquiere la plenitud de conciencia desde el mundo mental, astral, etéreo hasta el físico. El mismo Buda, cuyo intelecto era de un nivel superhumano, revelaba un tono dorado y despedía centelleos en la transfusión pránica a través del chakra coronario, pero no manifestaba el blanco absoluto de la síntesis total del Prana. En sentido opuesto, Rasputín, el mago de las tinieblas, re alimentaba de un Prana físico color oscuro, siendo la síntesis negativa de los siete matices inferiores, llegando a fortalecerlo, hasta el punto de resistir físicamente todas las tentativas de asesinato en la corte de Nicolás II, y neutralizaba las reacciones tóxicas de las fuertes dosis de arsénico.

***Pregunta:** ¿Conocéis alguna criatura que haya asimilado los siete colores del Prana?*

***Ramatís**:* No tenemos conocimiento de que hombre alguno haya conseguido desenvolver la capacidad de asimilación del Prana en su totalidad, es decir, en su manifestación septenaria, ni aun por medio de ejercicios iniciáticos. Conforme a las tradiciones del Espacio, solamente Jesús, hasta el día de hoy, y en algunos instantes de su vida terrena (bastante raros), cuando alcanzaba el éxtasis, conseguía revelar el aspecto blanco e inmaculado del Prana, en su integridad lirial absoluta.

En el reino animal, tenéis el gato, que es capaz de absorber el Prana físico de baja calidad y en todos los matices interiores. Hace algunos siglos, cuando temamos un cuerpo físico, allá por el Egipto, sabíamos que el gato poseía "siete vidas" y era capaz de manifestar en sí, la síntesis de los siete colores físicos, animalizados. El sacerdocio egipcio lo consideraba un animal sagrado, y los magos negros lo utilizaban con frecuencia como un condensador vivo en sus trabajos de magia, así como hoy los "creadores de males" se sirven del sapo para tener éxito en sus actos ii dignos. La vida del gato todavía está envuelta de cierto misterio y i. venda del pasado, como ha servido de base para narraciones excéntricas y mórbidas.[39]

***Pregunta**: ¿Corresponden todos esos matices y colores del Prana, a diferencias de vibración de su esencia?*

Ramatís: Realmente, el color es vibración y también corresponde simultáneamente a otros fenómenos, que depende de nuestra capacidad de auscultación psico-física. En nuestra vida espiritual podemos sentir al mismo tiempo, el olor, la temperatura, el peso, la densidad y el sonido correspondiente a cada matiz de color.[40]

En suma, el Prana actúa con equilibrio en cada plano de Vida y se manifiesta en perfecta correspondencia vibratoria con el color y su naturaleza. En el plano físico construye los minerales, las plantas, los animales y los hombres, pero también se halla presente como energía vital en la sensibilidad nerviosa, en la oxigenación, en la excitabilidad muscular, en la vibración sanguínea y en la presión del empuje cardíaco; en la contracción y dilatación de los bronquios, en el diástole y sístole del corazón; en los cinco sentidos, en las modificaciones atómicas o fisiológicas y en los estímulos endocrinos, que dan origen a las hormonas.

Sin el Prana el periespíritu tampoco podría aglutinar los átomos y las moléculas del mundo físico, para materializar la forma fetal en el útero materno, ni el doble etérico conseguiría modelarse alrededor de la figura humana en gestación. En fin, el Prana es la red de energía vital que interpenetra y compone la estructura de las cosas y de los seres en cualquier latitud o longitud cósmica. Pero, no es el éter, el oxígeno o el ázoe, tenidos como fuente creadora de vida en la intimidad de los seres vivos, pues en realidad, *estos viven del Prana*; el cual, en síntesis, no *es efecto; es causa*.

[39] Ver el *Gato Negro* de Edgar Allan Poe.
[40] Ver *La Vida en el Planeta Marte* de Ramatís, Cáp. XII, "La Música", Pág. 202, Primera edición argentina, Ed. Kier, S.A.

Pregunta:** **¿Puede considerarse al Prana como un magnetismo que fluye por doquier y principalmente por el hombre?

Ramatís: El Prana que estructura y alimenta los nervios, es totalmente independiente y distinto del conocido magnetismo del hombre, o llamado fluido nervioso, porque éstos se originan del éter físico y es exudado por el cuerpo, o sea, es una energía radiactivada. El Prana, es una energía distinta, fluye por los nervios del hombre, pero no es su magnetismo, ni el fluido nervioso.

Pregunta:** **¿Qué podéis decirnos acerca de esa sustancia o fluido nervioso que, a través del cerebro humano, nos asegura el intercambio entre lo que pensamos y lo que sentimos? ¿Cuál es la función o importancia del Prana en este caso?

Ramatís: Volvemos a repetir; el Prana es la Vitalidad en todos los planos de manifestación de los seres y de las cosas. Por eso, hay Prana espiritual virgen que mantiene la figura iniciática del Espíritu en su primer plano, para la individualización; hay Prana mental, responsable por la vida del pensamiento, el Prana astral que vivifica el deseo, el sentimiento y la emoción, el Prana etérico que sustenta el doble etérico y los chakras, como también está el Prana físico que produce la acción concreta de la conciencia "física" o humana. El Prana se manifiesta, se subdivide o incorpora, conforme a la necesidad y naturaleza vibratoria de cada plano en donde actúa el espíritu del hombre. La materia nerviosa es la que faculta al hombre para sentir el placer como el dolor, gozar o sufrir; si tal materia fuera compuesta únicamente de Prana físico, entonces sería insensible en el hombre, tal como sucede con el mineral. Los seres y las cosas que poseen sensibilidad extra material, ya sea el vegetal, el animal o el hombre, es porque, además del Prana de vitalidad física, también poseen el Prana o sustancia astralina, que es el fundamento vivo de la emoción, del deseo y del sentimiento, aunque la manifestación sea primaria y bastante rudimentaria.

En consecuencia, la materia nerviosa es el fruto de la combinación armoniosa del Prana astral y del Prana físico y que, al dar vida a la célula nerviosa le concede la sensibilidad propia de las emociones y de los sentimientos humanos del plano astral. Cuando el hombre piensa, practica una acción íntima que lo hace "sentir" o "emocionarse", pone en juego las células nerviosas del cerebro, que además de estar asociadas al Prana astral de la emoción, se encuentran impregnadas del Prana mental, o soplo vital sustentador del mundo del pensamiento. Gracias al Prana, dice la tradición oriental, el "Verbo se hizo hombre", porque la Vitalidad del Universo y de los seres, en realidad, es él mismo Prana. Ante la manifestación incondicional e ilimitada del Prana, dicen los sabios orientales, el "espíritu, aunque no tuviera palabras para expresarse, lo mismo es un Ser que habla". El Sol, sublime condensador y gran reservorio de Prana, lo distribuye para sus "hijos planetarios" en forma de energías y fluidos, que alimenta a todos los seres vivos y asegura la estabilidad del Cosmos.

En la contextura del mineral predomina el Prana físico, y su vida no va más allá de un adormecimiento profundo, cuya actividad sólo es perceptible por el desgaste; en los vegetales, principalmente los de fuerte olor, y los carnívoros, el Prana astral se equilibra con el Prana físico; por esa causa reaccionan por la irritabilidad, a través de las nervaduras o especie de sistema nervioso rudimentario. En los animales, la mayor proporción pránica astralina les faculta una conciencia astral instintiva, tan desenvuelta o avanzada conforme sea la especie, dándoles a veces, una capacidad de sentir, casi humana, como es el perro, el caballo, el elefante, el gato, el mono y hasta el mismo buey.

Finalmente, el hombre, que además de tener "sentimientos" también es un "pensador", abarca una asociación o síntesis trifásica, es decir, el Prana físico, el astral y el mental, razón por la cual tiene las facultades de pensar, sentir y actuar simultáneamente en tres planos diferentes. Durante su "descenso" a través de los planos vibratorios densos del mundo interno, el Espíritu va incorporando el Prana correspondiente a cada plano en que se manifiesta, hasta poder actuar en la materia por medio del cuerpo físico.

Los elementos inorgánicos, como la piedra y el mineral; los vegetales, animales y el mismo hombre que manifiestan vida, nacen, crecen, se desgastan y mueren. Pero gracias al Prana sucede todo eso; porque está presente en todas las metamorfosis de la Vida, sustituyendo las fuerzas estáticas o cansadas, vivificando el mecanismo de la procreación, seleccionando las especies y dando forma al programa del Pensamiento Increado de Dios. Por lo tanto, el Prana es el elemento que permite al Espíritu bajar de su reino sutil hasta la vida física y despertarle la conciencia individual del "Ser" y del "Existir" en el seno del Cosmos. En realidad, es el sublime revelador de la Vida Espiritual a la periferia de los mundos materiales.

EL DOBLE ETÉRICO Y SUS FUNCIONES

Pregunta: ***¿Qué podéis decirnos acerca del doble etérico, como vehículo intermediario entre el cuerpo carnal y el periespíritu del hombre?***

Ramatís: El doble etérico es un cuerpo o vehículo provisorio, una especie de mediador plástico o elemento de ligazón entre el periespíritu y el cuerpo físico del hombre. Está constituido del éter físico emanado de la tierra;[41] y conforme dijéramos, se disuelve en la tumba después de la muerte física. Recibe los impulsos del periespíritu y los transfiere hacia la carne, y también se comporta en sentido inverso. En grotesca analogía, citamos la función valiosa del cable eléctrico, que recibe la carga de electricidad enviada por la usina, o fuente productora, que después ilumina la lámpara o mueve el motor. Sin ese modesto hilo, aparentemente sin importancia, el mundo oculto de la electricidad no podría actuar sobre el mundo visible de la materia. El doble etérico, por lo tanto, a semejanza del hilo eléctrico, cumple con la función de ser un mensajero sumiso, que transmite al cuerpo lo que siente el espíritu en su mundo oculto, es decir, las emociones que el alma plasma en su mente espiritual imponderable.

---

[41] Nota del Revisor: De acuerdo con la concepción oriental, el Éter Cósmico es la esencia virgen que interpenetra y sustenta el Universo; es la sustancia "Virgen" de la escolástica hindú. El Éter Físico es una especie de exudación cuyo éter o radiación del citado Éter Cósmico, fluye a través de los poros de la tierra, la que funciona a manera de condensador del Éter. Bajo tal aspecto, el Éter Cósmico pierde su característica de esencia "virgen" o "pura" para volverse una sustancia impregnada de impurezas del planeta. Si' consideramos al Éter Cósmico semejante al agua pura, en su estado natural, el éter físico entonces ha de ser el agua, con Tas impurezas adheridas después que la utiliza el hombre.

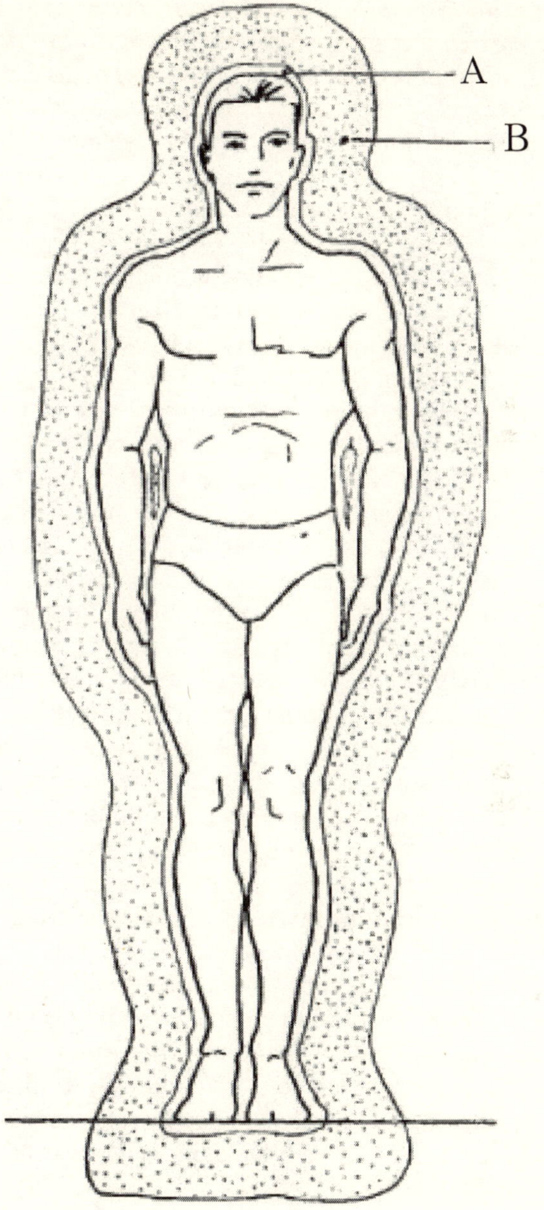

A: El doble etérico envuelve al hombre como una cobertura de gas vaporoso.
B: El aura de la salud, que se expande del doble etérico.

***Pregunta:** Nos habéis dicho en otras oportunidades, que el doble etérico era muy conocido y estudiado hace muchos siglos por otras doctrinas espiritualistas. ¿Podéis extenderos al respecto?*

Ramatís: El doble etérico con su sistema de "chakras" o centros de fuerzas etéricas está situado en la periferia[42] del cuerpo humano, y es conocido hace muchos siglos por los viejos ocultistas e iniciados hindúes, egipcios, Esenios, caldeos, asirios y chinos; aunque por disposición de los Mentores Espirituales, recién es el momento para hacerlo popular entre los espiritualistas de Occidente. A los espiritistas, les cabe conocer y divulgar la anatomía y fisiología del periespíritu, dado que es el principal vehículo de relación entre el Espíritu y la materia; y también necesitan estudiar el doble etérico, conocidísimo por los Rosacruces, Teosofistas, esoteristas y yogas. Ese mandato no contraría ni perturba los objetivos de los postulados espiritas, pues conociendo bien el doble etérico, los médiums podrán mejorar su tarea mediúmnica y dinamizar las fuerzas magnéticas; y los espiritas adoctrinadores esclarecerán innumerables incógnitas y las ventajas que reportan los trabajos de materialización, voz directa, levitaciones, transportes y operaciones fluídicas. En todos esos fenómenos, el doble etérico es el principal responsable por la elaboración del ectoplasma y de la coordinación de los fluidos nerviosos de los médiums de efectos físicos.

Por eso, insistimos tanto en este asunto para los estudiosos y responsables espiritas, puesto que es una materia de suma importancia para los adeptos. El Espiritismo es una doctrina evolutiva y de constantes investigaciones en el campo de la espiritualidad. Ya es tiempo de abandonar la vieja fórmula del médium "analfabeto", de muy "buena intención" y que por eso, compensa las tonterías y ridículos, por el solo hecho de ser humilde! La humildad es una virtud muy discutida entre los hombres, pues casi siempre se confunde con el servilismo, que es el fruto de las circunstancias, que obliga a la persona hacia un comportamiento mejor, accidental, sin llegar a ser la resultante de la evolución

***Pregunta:** El doble etérico, es una materia bastante desco-*

[42] Ver el capítulo de esta obra, "Los Chakras".

nocida para nosotros, estudiosos del Espiritismo, dado que no hemos sido orientados hacia esa enseñanza.[43]

Ramatís: La estructura, el mecanismo, la fisiología del doble etérico y su funcionamiento, todavía es materia desconocida para la mayoría de los médiums, por eso, casi todos se aventuran en realizaciones imprudentes, sin el mínimo conocimiento de las funciones primarias de los diversos vehículos que conforman el periespíritu, y que sirven al Espíritu inmortal, para acondicionar la fenomenología mediúmnica en la tierra. Ignoran su verdadera composición fisiológica cuando actúa en un campo vibratorio superior, al de la vida material.

El doble etérico, en base a la pronunciada influencia que el Espíritu irá ejerciendo de ahora en adelante en la humanidad, debe ser investigado y divulgado en todos sus aspectos.

Ciertos mentores invisibles están transmitiendo conocimientos superiores respecto al periespíritu y al doble etérico.[44] También es verdad, que en este asunto todavía falta mucha receptividad a los espiritas ortodoxos, adheridos dogmáticamente a aquello que Kardec "dijo o dejó de decir"! En base a las exigencias impuestas por el progreso actual, los movimientos espiritualistas tienden a desenvolverse continuamente, en medio., de la masa común.

Cualquier doctrina que se obstine en una ortodoxia sectarista, de postulados sectaristas o exclusivos, tenidos como superiores, respecto a los demás sectores espiritualistas, serán como piezas de un museo, incapaz para poder explicar los múltiples aspectos o realidades de la Vida Inmortal.

Pregunta: ¿Cuál es la naturaleza intrínseca del doble etérico?

[43] Nota del Revisor: La Federación Espirita de San Pablo, desde hace mucho tiempo estudia asiduamente ese tema, gracias a la óptima escuela de médiums y a la orientación progresista de Edgar Armond. Leer ***Puntos de la Escuela de Médiums***, y ***Mediumnidad, Pases e Irradiaciones***, en donde la materia del doble etérico, chakras y demás conocimientos de los viejos ocultistas, son tratados con eficiente sistema didáctico.

[44] Nota del Revisor: Esa materia está siendo tratada con cierto afecto en el ambiente espirítico codificado por A. Kardec. Ver las obras en portugués-brasileño ***Entre la Tierra y el Cielo***, Págs.126 y 127, Cáp. "Conflictos del Alma"; ***Evolución en dos Mundos***, Págs. 26 y 27, ambas obras de André Luiz; la obra ***Roteiro*** de Emmanuel, Cáp.- VI, "O Perispirito", todas psicografiadas por Chico C. Xavier. Ver ***Mediumnidad***, y ***Pases y Radiaciones***, capítulo "Los Chakras", de Edgar Armond, edición Lake.

Ramatís: El doble etérico es un vehículo invisible para la vista del hombre común, y desconocido para la medicina terrena, pues los anatomistas y fisiólogos sólo se preocupan del cuerpo físico, en donde efectúan sus exámenes "positivos", alejados de cualquier conjetura metafísica. Se trata de un cuerpo etéreo, cuya contextura, repetimos, es un producto específico del éter físico, es decir, del éter impuro, exhalado a través del orbe terráqueo. De esa forma, el doble etérico puede funcionar eficientemente entre los dos mundos, el astralino y el físico. Su composición exterior es del éter físico del orbe terreno, y su base íntima, oculta, es la del Éter Cósmico.

A pesar de ser el doble etérico un cuerpo invisible para los ojos carnales, se nos presenta a nuestra vista espiritual como una capa densa, algo física, sensible al perfume, al frío, al calor, al magnetismo y también se afecta por los condimentos, ácidos, sustancias hipnóticas, sedativos, entorpecedores y por el contacto humano en los momentos de mayor condensación. Los médiums deberían tener el máximo cuidado de evitar los alimentos que puedan ofender a su doble etérico, dado que de él dependen los fenómenos medianímicos de naturaleza algo física.

Pregunta: Cuando el doble etérico se aparta del cuerpo físico, ¿puede ocurrir algún accidente?

Ramatís: El doble etérico, al separarse del cuerpo físico, ya sea durante el tiempo que dura el efecto anestésico, el trance mediúmnico, o cuando el espíritu de noche vaga fuera del cuerpo carnal, provoca en el hombre una considerable reducción de vitalidad física, y la caída o bajante de temperatura. Por eso, también adquiere más libertad de acción, aumenta sus energías y se vuelve hipersensible, porque al estar el cuerpo dormido o en trance, se mantiene con una reducida cuota de Prana para sustentarse. No es difícil, que el cuerpo físico, luego manifieste en su contextura material los efectos de cualquier acontecimiento ofensivo, que haya ocurrido durante la separación de su vehículo etérico.

Pregunta: Si pudiéramos observar el doble etérico a través de nuestra visión física, ¿cómo lo veríamos en su realidad imponderable?

Ramatís: Los clarividentes capacitados ven al doble etérico como un vehículo vaporoso, que cubre al cuerpo en todos los sentidos y le interpenetra los poros físicos y periespirituales. Su configuración es transparente y su emanación etéreo física ultrapasa el cuerpo del hombre en un ¼ de pulgada en todos los sentidos. Además de su configuración, se forma un aura radiactiva semejante a un inmenso huevo, que despide, a veces, unas chispas argénteas. Es el"aura de la salud" muy conocida por los ocultistas y magos, la que alcanza de cinco a diez centímetros más allá del cuerpo físico. También lo vemos de un color rosa blanquecino, bastante luminoso, impregnado de tonos azules y que a veces, emite fulguraciones violáceas. Hay casos, donde su color se inclina hacia los matices del aluminio transparente o al vidrio opaco, debido a la salud del hombre o a la menor o mayor capacidad de absorción del Prana. La contextura del doble etérico varía conforme al tipo biológico humano, siendo más sutil y delicado en los seres superiores y más denso en las personas primitivas.

El éter físico que nutre al doble etérico, se irradia en todas las direcciones por su intermedio. Cuando el médium o el magnetizador extienden las manos para dar pases a los enfermos, el éter físico converge febrilmente hacia las extremidades de las mismas, fluyendo en forma intensa y pródiga para el enfermo, conforme sea la capacidad pránica vital del pasista.

***Pregunta**: ¿Cuál es la función principal del doble etérico?*

Ramatís: La función más importante es transmitir hacia el cerebro del hombre, las vibraciones que emiten las emociones e impulsos que el periespíritu recibe del Espíritu o Alma Inmortal. Por lo tanto, también absorbe el Prana o vitalidad del mundo oculto, emanado del Sol, conjugándolo a las fuerzas exhaladas del medio físico; enseguida las distribuye por el sistema nervioso y demás partes del organismo carnal. Aunque sea un intermediario entre los centros sensoriales de la conciencia periespiritual y los centros de la conciencia cerebral física, el doble etérico es el resultado de las emanaciones radiactivas del cuerpo físico de la tierra. No es un vehículo consciente, dado que es incapaz de actuar por sí o en forma inteligente, cuando está desligado del hombre. Aunque realice ajustes y tome providencias defensivas, esto sucede por el automatismo instintivo y biológico del propió organismo carnal, pues éste, cuando se mueve en forma independiente de la dirección del espíritu, revela un sentido fisiológico rector y disciplinado, nutriendo y reparando las células gastadas o enfermas, sustituyéndolas por otras sanas, a fin de recuperar las pérdidas materiales.

El doble etérico, además de sus importantes funciones de intercambiar las reacciones del periespíritu y del cuerpo carnal, es una gran reserva de vitalidad indispensable.

***Pregunta:** ¿Qué diferencia existe entre un hombre común y un médium, respecto de la naturaleza y función de su doble etérico?*

Ramatís: Los médiums de "prueba", es decir, aquellos que encarnan en la tierra con la obligación de cumplir con el servicio mediúmnico, y especialmente los de fenómenos físicos, que elaboran y consumen ectoplasma, renacen con cierto desvío en la línea magnética vertical de los polos positivo y negativo de su periespíritu. Debido a la intervención deliberada que los técnicos siderales, realizan en su periespíritu antes de reencarnar en su línea magnética perpendicular, que desciende de lo alto de la cabeza, pasa por el ombligo y cruza entre los dos pies del hombre, dividiéndolo hipotéticamente en dos mitades iguales, la desvía hacia la izquierda, en diagonal, atravesando la zona del bazo.

El periespíritu, con ese desvío magnético inclinado a su izquierda termina por modelar en el útero femenino un doble etérico con el mismo desvío, es decir, a la izquierda del cuerpo físico. En obediencia a las líneas de fuerza que le pronuncia el desvío, el doble etérico se transforma en una ventana viva, constantemente abierta hacia el mundo oculto, poniendo al hombre en contacto íntimo con los fenómenos extraterrenos. Por consecuencia, ese hombre, es un médium, un individuo que presiente y ausculta la vida invisible mediante fenómenos incomunes.

Repetimos; el doble etérico durante el nacimiento y crecimiento del hombre con la prueba de la mediumnidad, se modela obedeciendo a la inclinación de la línea magnética del pe-

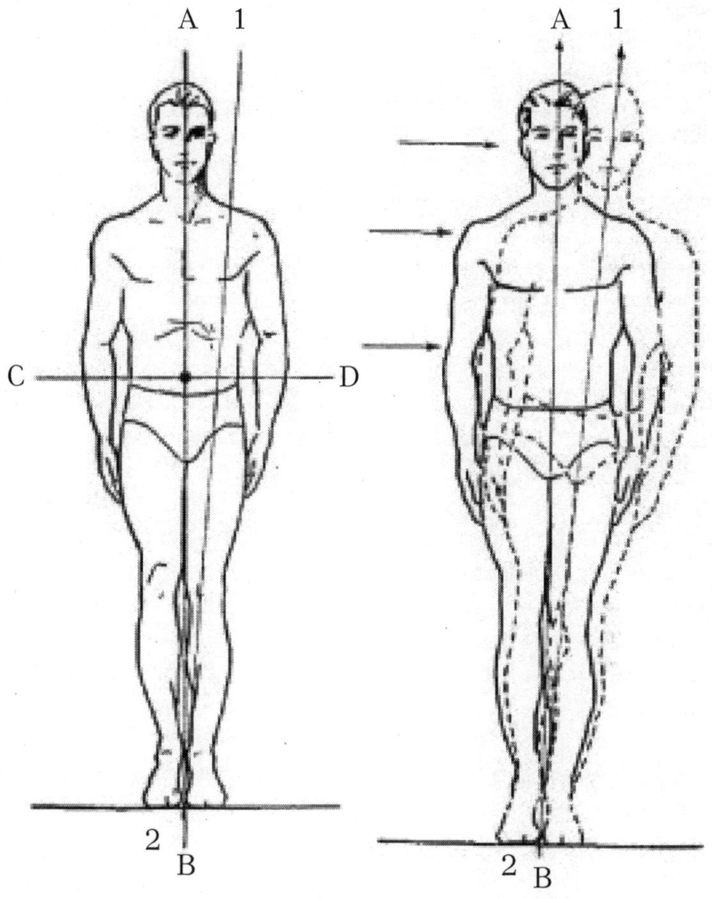

Líneas A y B, a perpendicular que pasa entre los supercilios del hombre y lo divide en dos mitades, pasando entre los pies.
Líneas 1 y 2 (punteadas) la misma perpendicular desviada a la izquierda, sobre la altura del bazo, que "abre" la mediumnidad prematura, pues el periespíritu y el doble etérico quedan algo desviados a la izquierda del cuerpo físico, como verdaderas ventanas vivas, abiertas hacia el Más Allá.

riespíritu, quedando algo apartado a la altura del bazo físico y del chakra esplénico, facilitando el trance mediúmnico con más frecuencia. El epiléptico es una criatura cuyo doble etérico también se aparta con cierta frecuencia de su cuerpo físico, pero no es un fenómeno disciplinado por la intervención de la Técnica Sideral antes de reencarnarse, sino, que sucede por la violencia y absoluta imprevisión de su portador.

El trance del médium de fenómenos físicos y el ataque del epiléptico, tienen cierta semejanza entre sí. La diferencia está, en que el médium entra en trance en forma espontánea y en el momento oportuno para cumplir con su trabajo, y el epiléptico cae al suelo ni bien su doble etérico se satura de los venenos expurgados por el periespíritu, apartándolo violentamente, cuyas emanaciones quedan en el medio ambiente. En ciertos casos, se comprueba que el epiléptico también es un médium de fenómenos físicos en potencia, pues la constante salida de su doble etérico del cuerpo físico, termina por abrirle una senda mediúmnica, que lo sensibiliza para la fenomenología citada.

La doble inclinación del periespíritu y del doble etérico, que faculta la mediumnidad de efectos físicos, la psicografía mecánica o la incorporación completa, nada tiene que ver con las facultades espirituales innatas del hombre superior, como el poder de la Intuición Pura o de la Clarividencia Espiritual, cuyas cualidades sublimes dependen de la formación moral y del grado sideral del alma, antes que ser intervenido técnicamente en su periespíritu.

A través de esa "abertura" que lo introduce en el más allá, el médium es el hombre hipersensible en contactos demorados con los fenómenos del mundo oculto. Eso, también le resulta un cuchillo de doble filo, pues ni bien falsee sus costumbres y se dedique a las pasiones violentas y cultive los vicios degradantes, se arriesga el fracaso espiritual durante la vida física, como ha sucedido con innumerables médiums imprudentes.

Pregunta: ¿Podríais darnos un ejemplo más concreto de ese desvío magnético del periespíritu y del doble etérico?

Ramatís: Tratándose de un asunto trascendental, que no podemos ejemplificar en forma sustanciosa por falta de vocablos adecuados, o ejemplos técnicos familiares, podemos compararlo al fenómeno, todavía inexplicable para la Ciencia del Mundo; nos referimos a la diferencia que existe entre los polos geográficos y los polos magnéticos de la tierra. Es evidente, que la tierra también posee su doble etérico, el que se compone de la suma del éter físico de todos los cuerpos etéricos y seres existentes en su superficie. Considerando, que el doble etérico de la tierra se halla interpenetrado en todos los poros e intersticios físicos, alcanza a formar un aura gigantesca y radiactiva que se irradia algunos kilómetros fuera de la superficie, y lo cierto es, que esto tampoco coincide, es decir, la línea vertical magnética con la línea geográfica del polo norte y del sur.

Se comprueba así, que existe una diferencia entre la línea perpendicular de los polos geográficos con la perpendicular de los polos magnéticos, cosa que fácilmente se puede comprobar por el desvío de la aguja magnética de la brújula, que apunta el polo norte magnético, más a la izquierda de lo que está el polo geográfico.

Aunque esto sea un hecho común y explicable para los iniciados y quede en el terreno de las conjeturas, para los científicos terrenos, lo cierto es, que el desvío del doble etérico de la tierra, también es una hipersensibilidad natural del orbe en su progreso hacia decisiones superiores.

Mientras tanto, si la mayor abertura etérica del orbe terráqueo para el mundo oculto sólo trae beneficios para su humanidad, en el caso de los médiums, necesitan constante vigilancia en sus actos en el mundo físico, pues las entidades malhechoras de "este lado" los acechan en todos los momentos a través de esa puerta psíquica vulnerable.

Son raros los médiums de fenómenos físicos que pudieron alcanzar el final de su existencia terrena en forma agradable, pues, en general, los maquiavélicos de las sombras consiguen perturbarles el mandato sideral a cumplir, dado que les incentivan el orgullo, la cupidez y les despiertan los intereses mercenarios en la especulación censurable de su mediumnidad.

***Pregunta:** Hace algún tiempo, nos explicaron que los médiums son individuos vulnerables a los efectos tóxicos secun-*

darios de las medicinas sedativas, drogas hipnóticas y anestesias, porque son más sensibles que el hombre común. ¿Es verdad?

Ramatís: Los médiums, en general, son nerviosos y enfermizos, fácilmente afectados por los fenómenos materiales del medio donde viven, de las reacciones morales, emotivas y mentales de los demás seres que los rodean en el mundo. Viven super excitados por las preocupaciones comunes, mientras que las cosas más simples se les hacen voluminosas, afligiéndolos debido a la mente hipersensible y al contacto frecuente de su doble etérico con el mundo oculto. El desvío parcial del doble etérico y del periespíritu, que es bastante acentuado en los médiums de efectos físicos, mucho más que en los de otras facultades, los mantiene en sintonía frecuente con la humanidad desencarnada, haciéndole sufrir la influencia de los sentimientos y las emociones buenas o malas, proyectadas de "este lado" por los seres desencarnados.

Debemos sumar todavía, las consecuencias que arrojan las sustancias alopáticas, tóxicas y agresivas, que dejan residuos en el éter físico que fluye por el sistema nervioso de los médiums, como también presiona al periespíritu y al doble etérico, aumentando la "abertura" o "ventana viva" que se entreabre hacia "este lado".

Todo eso, exige al médium vigilancia constante sobre sus emociones, pensamientos y" actos, aconsejándoles huir de las pasiones y de los vicios lesivos, antes que resistir a la voluntad subvertida y a las desmedidas ambiciones, como a los proyectos siniestros de los espíritus malévolos y mistificadores.

Pero, la verdad, es que los mentores siderales sólo conceden la facultad mediúmnica a los espíritus que seriamente desean cumplir, leal y correctamente en la tierra, los preceptos y las normas necesarias para un aprovechamiento espiritual a su favor y de la humanidad. Mientras tanto, no pueden prever la falsedad, la vanidad, la subversión o deshonestidad de sus pupilos, cuando están encarnados, dado que se dejan fascinar por las tentaciones, vicios y convites pecaminosos que los hacen fracasar en la prueba de la mediumnidad.

Los espíritus endeudados ruegan a los técnicos siderales

por la hipersensibilización periespiritual, para desempeñarse en los servicios mediúmnicos que les permita resarcirse de sus débitos del pasado: En general, después de encarnados, se dejan influir por las voces maléficas de los habitantes de las tinieblas, pasando a comerciar su mediumnidad, como si fuera mercadería de orden espiritual y de fácil colocación. Cuando perciben su situación caótica, les falta la condición moral y el potencial de voluntad para rehacerse ante la desdicha infranqueable.

Pregunta: ¿De qué modo las drogas hipnóticas y anestesias son perjudiciales a los médiums de fenómenos físicos, mecánicos, psicógrafos o de incorporación total?

Ramatís: Las anestesias utilizadas en las operaciones, los antiespasmódicos, los gases volátiles, los sedativos hipnóticos, los barbitúricos, el óxido de carbono, el fumar y ciertos alcaloides, como la mescalina, el ácido lisérgico y otros más, son sustancias que actúan violentamente en los intersticios del doble etérico, pues la catalepsia, el trance mediúmnico, la anestesia total, la hipnosis y el ataque epiléptico, son el resultado de la retirada súbita de ese cuerpo delicado y responsable por la absorción vital del medio. Aunque la necesidad obligue al médium a utilizar las citadas sustancias, en momentos imprescindibles, resulta imprudente abusar de las mismas, bajo cualquier pretexto o motivo.

Las drogas y los gases anestesiantes, en general, apartan al doble etérico por el lado izquierdo, a la altura del bazo físico y sobre el cual funciona el "chakra" esplénico; eso provoca trances, hipersensibilizaciones e inconvenientes, bajando la temperatura del cuerpo y reduciendo la vitalidad orgánica.

Durante la materialización, la hipnosis, la anestesia y el sueño, se reduce la cuota del Prana o Vitalidad que es absorbida comúnmente a través del medio ambiente, por el "chakra" o centro esplénico. El doble etérico, en esa ocasión, tiende a proyectarse hacia el mundo oculto, en donde se siente a voluntad y se vuelve muy sensible y eufórico, a su vez se revigoriza de Prana, sin necesidad de sustentar al cuerpo físico adormecido.[45]

[45] Nota del Médium: El doble etérico a veces se proyecta en la hora de la muerte hasta los parientes o amigos del agonizante, haciéndose sentir por repercusión vibratoria de los golpes o ruidos, que tienen parecido, a la arena arrojada sobre el techo de la casa o a la lija, cuando se frota sobre el piso.

Pregunta: Hace algunos instantes, habéis dicho que las drogas hipnóticas, los barbitúricos, el humo y ciertos gases, causan graves perjuicios a los médiums, porque tienen su doble etérico algo apartado del cuerpo físico. ¿Nos podéis ejemplificar ese asunto?

Ramatís: Hace poco tiempo, ocurrió en vuestro mundo un acontecimiento que dio lugar a los más diversos comentarios, y despertó enconadas censuras en las esferas médicas y científicas. Nos referimos al uso inmoderado de la "talidomida", o "droga maldita", por parte de las mujeres en gestación. La "talidomida", conforme asegura la ciencia terrena, provoca el nacimiento teratológico de las criaturas, cuyas manos nacen directamente en los hombros, pendiendo como hojas atrofiadas. Indudablemente que esa droga puede actuar en los genes formadores del niño y alterarle las líneas de fuerzas que dirigen el proceso normal de los cromosomas, generando criaturas deformadas. Los científicos, anatomistas y fisiólogos ignoran que el impacto tóxico y deformante de dicha droga, se ejerce a través del doble etérico en formación en el feto. En su acción anestesiante o aislativa, la droga se interpone entre la contextura del doble etérico del que se está formando y la matriz periespiritual, principalmente en la región "mater" de los miembros superiores. Bajo el mismo proceso, los tóxicos perniciosos, como los barbitúricos y anestésicos también actúan y producen alteraciones en forma nociva en la estructura vital etérea del médium, llevándolo a deformaciones de orden psíquico.

El médium que abusa de las drogas, desconoce la causa, actúa frecuentemente sobre su doble etérico y en su sistema nervioso, pudiendo volverse un atrofiado psíquico, dado que se transforma en un blanco accesible al asedio del mundo inferior. Así como la "talidomida" actúa en la contextura del feto en crecimiento en el vientre materno, deformándolo, ciertas drogas, cuando se usan con exceso por parte de los médiums, puede hasta perturbarles los hábitos comunes y debilitarles sus defensas psíquicas, dejándolos desamparados en sus relaciones con el mundo físico y el oculto.

Pregunta: ¿Qué función desempeña el doble etérico du-

rante los trabajos de materializaciones?

Ramatís: En general, en los trabajos de efectos físicos, el doble etérico al apartarse por la izquierda del médium, a la altura del bazo, se vuelve un punto de apoyo para los espíritus desencarnados, que actúan con más eficiencia entre los dos mundos. Es el responsable por la exudación del ectoplasma del médium y por el intercambio de los fluidos nerviosos, que sirve para la materialización, voz directa, levitaciones o transportes. Es el mediador plástico y el catalizador de las energías mediúmnicas, aglutinándose de tal forma, que sirve al mismo tiempo, entre el plano espiritual y el mundo físico.

Los espíritus desencarnados no pueden materializarse, si pretenden utilizar únicamente su periespíritu. Para lograrlo deben revestirlo e interpenetrarlo con la sustancia plástica ectoplásmica, que se exuda del doble etérico proyectado por el médium o de las personas presentes. Algunas veces se producen materializaciones algo deformadas, una especie de nubes blanquecinas y vaporosas, recordándonos a la figura humana, como si estuviera recortada sobre el fondo de una cerrazón lechosa y pastosa.

Eso sucede, porque los espíritus sólo pueden impresionar a los sentidos de los "vivos" por el empleo y uso de esa masa lechosa, etéreo física, movediza e inestable, formada por el ectoplasma del médium y ofrecida a través de su doble etérico. Por eso, muchas veces los encarnados se extrañan de las figuras deformadas, que a veces se manifiestan en los trabajos de fenómenos físicos, o de lo contrario se decepcionan, creyendo que los espíritus son criaturas lúgubres, deformes y fantasmagóricas.[46]

Cuando se trata de espíritus buenos, los llamados muertos, tienen mejor apariencia, que los vivos más bellos de la tierra, pues su periespíritu es un organismo de contextura anátomo-fisiológica muy superior a la configuración letárgica del cuerpo físico, que está sujeto a las trasmutaciones celulares y al envejecimiento precoz. Pero sucede, que en las materializaciones, los espíritus al servirse del doble etérico de los médiums, tienen que adaptarlos a su plástica periespiritual, como si se inflara

[46] Nota del Médium: Leer las obras ***Trabajos de los Muertos*** y ***Materializaciones del Padre Zabeu***, donde se comprueba ese aspecto de las deformaciones en algunas materializaciones.

un globo de gas, donde la menor deficiencia del aire o presión exterior, lo deforma.

En virtud de la indocilidad del éter físico, que es difícil de someterse completamente al dominio de los entendidos de "este lado", a veces, se ven obligados a mostrarse a los encarnados en forma grotesca; unas veces, recortando nítidamente su cabeza, pero deformando el resto de su figura periespiritual; otras completando perfectamente las manos, más sacrificando la delicadeza de la fisonomía. A pesar de su deformación ectoplásmica a la vista de los encarnados, los espíritus, cuando son evolucionados, se presentan como focos de irradiaciones, de donde emanan luces y colores muy bellos. Pero, cuando se trata de seres primitivos o diabólicos, surge una espesa niebla o aura sombría.

Los santos, tan consagrados en la tierra en los lugares donde acostumbran a aparecer a los campesinos o a los niños, como el caso de N. S. de Fátima aparecida en Lourdes, no dejan de ser espíritus de intensa luminosidad y belleza angélica. En ese caso, el ectoplasma exudado por los niños y personas humildes, simples y buenas, se combina con la sustancia existente en el doble etérico de la misma tierra, que aun siendo rudimentario, pero muy sobrecargado de magnetismo virgen, se presta magníficamente para dar forma y proyección a los espíritus hermosos, dan do amplia repercusión a las tradicionales santas de la Iglesia Católica.

Esos fenómenos de apariciones hermosas, se dan con frecuencia en las proximidades de los arroyuelos, bosques encantadores, zonas balsámicas de fluidos, como las grutas o praderas de intenso verdor.

Pregunta: Puesto que el médium sufre la separación congénita de su doble etérico, quedando expuesto a las enfermedades y a los ataques de los espíritus inferiores, ¿no os parece todo eso, un sacrificio exagerado e incompatible con el sentido de la Justicia de lo Alto?

Ramatís: Ningún espíritu se encarna en la tierra con la tarea obligatoria de ser médium, sino que cada uno lo hace por su libre y espontánea voluntad, dado que solicitó a lo Alto la oportunidad para redimirse espiritualmente, en un servicio de beneficio al prójimo, pues en el pasado también usó y abusó de sus poderes intelectuales o aptitudes psíquicas en detrimento ajeno. Aun en la tierra, las tareas más peligrosas deben aceptarse en forma espontánea, para que el responsable no huya posteriormente. Es lógico, que el escoger el servicio peligroso, siempre recae sobre el hombre más apto y capacitado, a fin de alcanzar buen éxito. La mediumnidad de fenómenos físicos, es un servicio poco común, difícil *y* peligroso, cuyos resultados y sorpresas exigen el máximo de prudencia, humildad, heroísmo y seguridad moral.

El médium, antes de encarnar, sabe todo perfectamente; si después comercia con los bienes espirituales y fracasa en el desempeño de su función elevada, no debe culparse a los mentores, puesto que sólo le ofrecieron la oportunidad tan reclamada. La culpa, no cabe dudas, le cabe al fracasado ante la imprudencia de aceptar tareas mediúmnicas que están más allá de su capacidad normal de resistencia espiritual. Las oportunidades mediúmnicas redentoras, se conceden a los espíritus que deben rescatar deudas, pero la responsabilidad del éxito o fracaso, sólo a ellos les debe ser atribuida. Conforme dijéramos, el médium es quien produce las condiciones gravosas o favorables en el desempeño de su tarea asignada.

Respecto al uso indiscriminado de anestésicos, el fumar, el beber alcoholes y comer carne, sustancias tóxicas, que expulsan violentamente al doble etérico del cuerpo físico y si se entregan a las pasiones violentas, a los vicios y placeres condenables, se aíslan imprudentemente de los guías responsables de su seguridad mediúmnica. La verdad es que, un Jesús, Buda, Francisco de Asís, Ramakrishna, Teresa de Jesús, Antonio de Padua, Vicente de Paul y otras almas de elevada estructura espiritual, fueron médiums poderosos y se colocaban en contacto frecuentemente con las entidades desencarnadas, durante su existencia terrena, sin correr riesgos de ser víctimas del poder y la fascinación de las tinieblas.

Desgraciadamente, los médiums de prueba son personas que viven su existencia humana, gravadas por grandes responsabilidades o deudas del pasado; por eso, en base a cualquier descuido o invigilancia espiritual, se vuelven vulnerables a las embestidas perniciosas del mundo invisible, pues los médiums de efectos físicos, salvo raras excepciones, entran en trance a semejanza de los ataques de epilepsia o los viciados con drogas. Mientras tanto, los médiums de vida regular, serviciales y magnánimos, alcanzan su trance mediúmnico bajo la asistencia de los espíritus técnicos, que de "este lado" los protegen y liberan de las interferencias nocivas y consecuencias perjudiciales.

Bajo ese control espiritual y amigo, el médium se aparta o retoma su doble etérico sin desperdicios inútiles de energías, puesto que está amparado contra el acecho del astral inferior. De esa forma se protege de la infiltración de los microorganismos peligrosísimos para su contextura etéreo física, y de una desvitalización que le desequilibre la salud corporal.

Pregunta: ¿También se aparta del hombre el doble etéreo, en casos de accidente o desmayo?

Ramatís: El accidente, la práctica mesmérica, el pase magnético, el pase espirita, la hipnosis y el trance mediúmnico, apartan parcialmente al doble etérico, mientras que la muerte, lo separa definitivamente.

Pregunta: Considerando que el doble etérico es un vehículo intermediario entre el cuerpo físico y el periespíritu, y que se disuelve después de la descomposición cadavérica, entonces preguntamos: el cuerpo astral citado por los ocultistas, ¿es el mismo doble etérico a que os referís, o es el periespíritu, que Kardec menciona en su codificación?

Ramatís: El cuerpo astral, muy familiar para los esoteristas, teosofístas, rosacruces y yogas, es el mismo vehículo que Allan Kardec generalizó bajo el nombre de ***periespíritu***, especificando que es "aquello que envuelve al Espíritu y lo acompaña en el Más Allá después de la desencarnación".

El doble etérico, a veces es confundido con el cuerpo astral, por algunas escuelas ocultistas del pasado; es la reproducción exacta del cuerpo del hombre; se distancia de la epidermis casi a un centímetro, formando un doble vital y de contornos iguales. Aun cuando se aparta del organismo físico, conserva su forma humana, pareciendo que el hombre resaltara en medio de una masa nebulosa, un tanto brillante y movediza. Del doble etéreo se irradia un aura radiactiva resultante de la exudación del Prana, que una vez absorbido por el organismo etéreo físico, nuevamente es expelido hacia el exterior. Es la conocida "aura de la salud" desde los Vedas, la que ultrapasa en su forma ovoide, varias pulgadas de la periferia del cuerpo humano.

Durante la gestación del feto en el vientre materno, se produce una retención y cúmulo del éter físico del medio en donde el espíritu se encarna, cuyo éter va penetrando electrón por electrón, átomo por átomo y molécula por molécula en la intimidad de la carne en formación, modelando, poco a poco, la figura física y etérica del hombre; surgiendo el doble etérico indispensable para que el periespíritu actúe en la materia. Ese éter físico es tan grosero o transparente, conforme sea la naturaleza biológica del ser humano, que entonces es obvio, que el doble etérico de los jupiterianos o de los marcianos, por ejemplo, ha de ser un cuerpo más perfecto que el de los terrícolas, por el sólo hecho, que son espíritus más evolucionados. En los planetas inferiores, sus habitantes son portadores de un doble etérico más grosero y compacto, de acuerdo con el ambiente físico donde viven.

Los clarividentes capacitados podrán verificar la gran diferencia que existe entre el doble etérico de un troglodita y el de un iniciado, o espíritu superior. En el primero, el doble etéreo es de aspecto sucio y aceitoso; en el segundo es traslúcido, luminoso y rosáceo. De igual forma, el "aura de la salud" exudada por el doble etérico de un antropófago es de forma ovoide de tipo graso, denso por donde se escurre una viscosidad, que alcanza algunos centímetros más allá del cuerpo físico. En el Maestro Jesús, esa aura era como una rica vestimenta, fluídica y cristalina, de vitalidad muy poderosa que curaba instantáneamente a los enfermos de molestias extrañas y dolorosas.

Por eso, los lugares donde se sepultan personas de elevada estirpe espiritual, quedan impregnados de un aura vitalizante o energía terapéutica, que es capaz de curar algunos enfermos muy sensibles. Esos lugares, con el correr del tiempo se vuelven inocuos y poco a poco, pierden su fama, como ya está sucediendo con las aguas de Lourdes, cuyo éter físico "milagroso" se agotó debido a la Ley centrífuga de expansión de los gases.

Pregunta: El doble etérico, después de la muerte del cuerpo físico, ¿puede ser útil para el espíritu, antes de disolverse?

Ramatís: El doble etérico al estar compuesto del éter físico, sustancia emanada de la superficie terrestre, ejerce su acción, exactamente entre los dos mundos, el material y el espiritual, es decir, donde termina el primero y comienza el segundo. Durante la desencarnación funciona como una especie de "amortiguador" o "colchón etérico", pues una vez que se aparta del cuerpo físico cadaverizado, suaviza el pasaje del periespíritu hacia el Más Allá. En esas circunstancias, el doble etérico se desliga del periespíritu, como si fuera una entrega suave y graduativa hacia el verdadero "hábitat", sin provocar conmoción o choque al abandonar el sustento de la vida material.

Mientras el cuerpo del fallecido reposa en el ataúd, los espíritus técnicos todavía pueden utilizar el doble etérico e intercambiar energías de amparo hacia el periespíritu del desencarnado, en concomitancia, para eliminar hacia el cadáver, los residuos psico-físicos que hallan quedado ligados al periespíritu.

Sirviéndonos de una explicación algo rudimentaria, diríamos que el periespíritu antes de desligarse bruscamente del cuerpo carnal, para iniciar su retorno a su verdadero ambiente astralino, podríamos decir, que se desliza suavemente a través del doble etérico, posibilitándole una salida más agradable. En el caso de muerte por accidente, suicidio o síncope cardíaco, se produce en forma distinta, debido a la expulsión violenta del doble etérico y del periespíritu por la rotura brusca de los cordones fluídicos, que se desligan instantáneamente por la desintegración de los giros armoniosos de los "chakras", o centros de fuerzas etéricas.

Cuando eso sucede, el doble etérico y el periespíritu, en vez de desligarse lentamente del cuerpo, sin choques e interrupciones inesperadas, se proyectan con violencia en el ambiente astral que les corresponde.

Pregunta: Las emociones y los pensamientos malsanos que perturban a nuestro periespíritu, y que más tarde causan algunos aspectos enfermizos en el cuerpo carnal, ¿también se reflejan y perjudican al doble etérico? Si este cuerpo etérico es insensible y falto de inteligencia —como habéis dicho anteriormente— y es un intermediario pasivo entre el periespíritu y el organismo, preguntamos ¿sufre alguna otra influencia, que nosotros desconocemos?

Ramatís: Si consideramos, que los pensamientos desagradables provocan emociones indisciplinadas y generan ondas, rayos o dardos violentos que fluyen de la mente incontrolada hacia el cerebro físico, a través del doble etérico, por lógica, el sistema nervioso del hombre se desarmoniza bajo ese mar revuelto de vibraciones antagónicas. Rápidamente se perturba la delicada función del sistema endocrino, linfático y sanguíneo, pudiendo manifestarse la apoplejía por el derrame de sangre, vertida por exceso de cólera, o bien aparecer una terrible eczema. El síncope cardíaco sobreviene por el freno súbito impuesto a la corriente sanguínea, la que se altera por los certeros impactos del odio. Todas las emociones violentas y fuertes, afectan al doble etérico en su tarea de mediador entre el periespíritu y el cuerpo carnal. Pero, cuando está sometido a los impactos agresivos del periespíritu perturbado, el doble etérico baja su tono vibratorio impidiendo que los rayos emocionales, que descienden de la conciencia periespiritual, afecten al cuerpo físico. Es una especie de fuga vibratoria, como sucede con la sensitiva, cuando es molestada en su epidermis vegetal.

Pregunta: ¿Nos podéis citar algunos detalles, respecto de los recursos que el doble etérico moviliza para su autoprotección, en los momentos de excesiva turbulencia, y que es proyectada en el periespíritu por el Espíritu Inmortal?

Ramatís: A pesar de que el doble etérico es un cuerpo desprovisto del atributo mental del raciocinio, se mueve por un seguro automatismo de instinto o sensibilidad directora, propia del éter físico, exhalado por la tierra y que le posibilita, hasta cierto punto, detener la carga deletérea de los aturdimientos mentales, que bajan del periespíritu hacia el cuerpo físico. De lo contrario, bastaría el primer impacto de cólera para desintegrar el organismo carnal y romper su ligazón con el periespíritu.

En los momentos de perturbaciones agudas, el doble etérico se adensa e incorpora a este fenómeno, aumentando su carga de éter físico, permitiendo la inmunización contra la frecuencia vibratoria violenta del periespíritu. Se contrae y aisla, pero figuradamente, como decís vosotros, el doble etérico deja que el periespíritu "hable sólo". Pero, ante los impactos súbitos y violentos del periespíritu, el "chakra" cardíaco es el centro de fuerzas etéricas que más sufre los efectos de las descargas, dado que es el responsable por el equilibrio vital y fisiológico del corazón.

Pregunta: En caso de que el doble etérico no consiguiera reaccionar con los recursos de su instinto, ¿qué le sucedería?

Ramatís: Cuando sucede tal cosa, el doble etérico recibe un impulso de separación compulsoria, y en esta ocasión, cae instantáneamente la vitalidad orgánica del hombre, el cual se desmaya y corre el riesgo de un infarto cardíaco, de consecuencias fatales. Mientras tanto, el doble etérico por su instinto de defensa, moviliza todos los recursos para evitar que los centros de fuerzas etéricos se desintegren por completo. Pero, debido a la reacción defensiva del doble etérico, la descarga violenta del periespíritu no consigue alcanzar al cuerpo físico; entonces, esa carga de toxinas emocionales sufre el choque de retorno, volviéndose a fijar en el periespíritu, quedando "instalada" hasta que sea expurgada en la presente o futura encarnación, pues la única válvula de escape por donde se pueden expeler esos venenos psíquicos, es el cuerpo físico. Además, para efectuar esa limpieza, sufre el traumatismo de las molestias específicas, inherentes a la causa que le dan origen.[47]

Además, el ambiente actual del mundo, agravado por las frecuentes agitaciones sociales, como producto de los desajustes morales de sus habitantes, es una fuente de disturbios psíquicos, que desgraciadamente tiende a aumentar en proporciones, que alcanza el grado de calamidad, degenerando cada vez, en un mayor número de personas neuróticas, esquizofrénicas y desesperos que terminan en suicidios. Todo eso, es el resultado de la

[47] Nota del Revisor: El cuerpo físico del hombre se condiciona habitualmente a sus estados mentales y emotivos. Durante la hipnosis el cuerpo del "sujeto" manifiesta las más variadas reacciones, pues bajo la sugestión del hipnotizador, baja la temperatura, acelera los latidos cardíacos, eleva o baja la presión arterial, acusa dolores inexistentes, y se alivia de los sufrimientos indeseables. Si la mente del hipnotizador (que es extraña al cuerpo del sujeto), puede manifestar estados agradables o no, ¿qué se podrá decir respecto al paciente, que en estado de vigilia se deja hipnotizar por las pasiones, violencias psíquicas, vicios o emociones desagradables?

intensa y alucinantes explosiones emotivas que destrozan el sistema nervioso, resultando día a día, un aumento en el índice de víctimas de síncopes e infartos del miocardio, pues el "chakra" cardíaco del doble etérico, se vuelve impotente para resistir el bombardeo constante de las emociones tóxicas, vertidas por el alma y alojadas en el periespíritu, hasta que se haga el "drenaje" por el doble etérico hacia el cuerpo carnal.

En otra obra de nuestra responsabilidad[48] hemos dicho, que esas descargas de los tóxicos periespirituales producen eczemas, urticarias, neurosis, mala circulación, disturbios coronarios, congestiones renales y hepáticas, hemorroides y otras anormalidades en órganos delicados. Si esa carga deletérea acumulada en vidas anteriores fuera aumentada por los desatinos de la presente encarnación, entonces, esa saturación degenera en afecciones mórbidas y cruciales, como son la lepra, el pénfigo, la leucemia, la tuberculosis, el cáncer y otras enfermedades insuperables.

Pregunta: ¿Dadnos un ejemplo material sobre la protección que el doble etérico ejerce, en su tarea de proteger al cuerpo físico contra los impactos violentos del periespíritu?

Ramatís: El doble etérico cuando contrae su densidad para evitar el flujo de las toxinas mortíferas, oriundas del periespíritu, nos recuerda al frasco de vidrio de color oscuro, que protege a los líquidos para que no se descompongan fácilmente por la incidencia de la luz. Por eso, un impacto psíquico de odio, de cólera o celos se encuentra imposibilitado de fluir libremente y alcanzar el sistema fisiológico del cuerpo físico.

Pregunta: Hay otro problema: ¿Cómo se comporta el doble etérico en el caso de la hipnosis, cuando el cuerpo del "sujeto" sufre y manifiesta los efectos dolorosos de ciertas emociones?

Ramatís: El hipnotizador actúa por la sugestión en la mente del "sujeto" y lo induce en trance hipnótico; de todo eso, resulta el retiro parcial del doble etérico, quedando a la "deriva", permitiendo la inmersión en el subconsciente, causa que permite al hipnotizador, imponerle la exteriorización de la sensibilidad correspondiente a cada una de las emociones o sentimientos

[48] Ver, ***Mediumnidad de Cura***, de Ramatís, ed. Kier S. A.

que le fijara. Es algo parecido a una "abertura" que se prolonga hacia "este lado", a través de la cual, es posible que el sujeto manifieste y dé vida a los diferentes estados de su infancia y juventud, como también a los acontecimientos y hechos de sus vidas pasadas, vividas por el paciente.

Durante la separación del doble etérico se eleva su frecuencia vibratoria, porque se libera de la función pasiva de obedecer a la dirección impuesta por el periespíritu. De esa forma, el "sujeto" corresponde y obedece a las intimaciones del hipnotizador, viviendo e integrándose en los estados psicológicos que le son sugeridos. Pero, únicamente los pacientes muy sensibles, que entren fácilmente en sueño profundo, conseguirán traer a la superficie de su mente, las secuencias de sus vidas pasadas.

Pregunta: ***¿Podéis darnos más detalles de ese fenómeno?***

Ramatís: Como el doble etérico está formado por el éter físico del mundo terráqueo, presenta el aspecto de una emanación radiactiva, y cuando se distancia del periespíritu y del cuerpo carnal, se vuelve un vehículo "catalizador" que acelera las vibraciones alrededor del "sujeto" hipnotizado, por eso, favorece el despertar del subconsciente y aporta o exterioriza, los acontecimientos que se encuentran archivados en las profundidades del ser.

Pregunta: ***¿Podéis citarnos algunos fenómenos de la sensibilidad o función del doble etérico, como intermediario entre el cuerpo y el periespíritu?***

Ramatís: Podemos citar los casos de algunas personas, que habiendo sufrido la mutilación de un miembro de su cuerpo, se quejan de dolores en esos órganos que le fueron extraídos. La razón de tal sensibilidad, se debe, a que la operación quirúrgica no fue ejecutada sobre el doble etérico, dado que éste es inaccesible a las herramientas del mundo material. Por eso, es muy común observar en los hospitales especializados en operaciones quirúrgicas, cuando los amputados de piernas o brazos conservan, por cierto tiempo, la sensibilidad reflejada, que es transmitida a su conciencia física por los miembros etéricos, que subsisten después de la operación realizada en el cuerpo carnal. Los clarividentes desarrollados, consiguen ver los brazos o las piernas en sus moldes etéricos, invisibles, pero que producen las debidas reacciones en su medio.

***Pregunta:** ¿Tienen los animales, doble etérico; disponen de un periespíritu?*

Ramatís: Todas las cosas y seres tienen su doble etérico, estructurado del éter físico, exhalado por la tierra, que los relaciona con el mundo invisible y con las fuerzas del atavismo animal. Pero, no todos los animales son portadores de un periespíritu, dado que es un vehículo evolucionado, porque incorpora en sí el cuerpo astral de los "deseos" y el cuerpo mental del "pensamiento rudimentario". El doble etérico por ser el vehículo responsable de todos los fenómenos del mundo invisible manifiestos en la materia, abarca diversas categorías de "materia etérica", como son la electricidad, el sonido, el olor, la luz, la temperatura, la densidad, la presión y otras más, propias de la vida en el orbe.

Los animales primitivos, sin capacidad cerebral para distinguir las reacciones emocionales, cuando mueren, les sobrevive el doble etérico compacto, pues su "actuación" está subordinada al instinto o acción del espíritu *grupo*, sin tener posibilidades de una conciencia individualizada. En ese caso se encuentra el *pescado*, cuya vida se circunscribe a los movimientos instintivos del cardúmen, pues un pez cuando siente es semejante, exactamente igual a la reacción que posee otro pez. Las especies más evolucionadas, como el perro, el gato, el mono, el elefante y el mismo buey, tienen un periespíritu rudimentario, algo de la "Psí" porque además del doble etérico poseen un cuerpo astral, aunque tosco, pero en condiciones que les permite manifestar ciertos deseos y emociones, que demuestran vislumbres de sentimientos.[49]

El perro, por ejemplo, revela algunas nociones de sentimiento humano, ya sea amando a su dueño hasta el sacrificio, u odiando a su verdugo, sin olvidarlo jamás. Ya denuncia un periespíritu en estado de "embrión", y con el correr del tiempo, incorporará el atributo mental, que se irá formando, lo que le permitirá una mayor y perfecta comprensión, aunque inherente a su espacie animal.

[49] Ver ***Mensaje del Astral*** de Ramatís, capítulo XVII, "Los Ingenieros Siderales y el Plano de la Creación".

Los animales poseen cierta sensibilidad mental de discernimiento, y después de su muerte, su "espíritu" embrionario será encaminado hacia otros planetas donde existen otros ambientes de vida, que es compatible con su conciencia en formación. Así, poco a poco, irá adquiriendo su independencia individual, para desprenderse definitivamente del espíritu grupo de su especie.

Las especies de animales que citamos, son las que en la actualidad, más se apartan de la dirección del espíritu *grupo*, dado que manifiestan las emociones y reacciones diferentes al ambiente de su raza. Es muy común, en la actualidad, observar en una cría de perros (canes) distintas emociones en cada uno, pues si uno es cobarde, otro es fiel y valiente, como también se encuentran los muy afables y los más egoístas.

Todo eso prueba que existe una individualización en la especie del perro (can); es decir, que a medida que se desenvuelve la sensibilidad emotiva, va ampliando la facultad del raciocinio, puesto que el alma-can ha de ir encarnando en cuerpos donde el sistema cerebral o fisiológico, es más evolucionado. En la continua evolución de los centros sensoriales físicos y los centros astralinos de los animales, también se perfecciona y sensibiliza el intercambio de las células nerviosas, para constituir un sistema somático y parasimpático más adecuado y sensible. Esa sensibilidad pasa a activar el cerebro animal y abre el camino por "vía interna", para el desenvolvimiento del cuerpo mental, que es el responsable por el encadenamiento de los raciocinios, comenzando así su marcha "individual" y el ascenso, cada vez más consciente, rumbo a la perfección.

***Pregunta:** ¿A través del doble etérico, se puede acusar en nuestros sentidos físicos, los ataques de los espíritus inferiores?*

Ramatís: Tratándose de un vehículo etérico de acentuada sensibilidad "extraterrena", y al mismo tiempo interpenetrado por el periespíritu y por el organismo de la carne, sufre y acusa accidentes, traumatismos, choques y agresiones, que sucedan en ambos cuerpos, del cual es fiel intermediario. Cualquier hostilidad al cuerpo físico y al periespíritu, el doble etérico la acusa de inmediato por medio de los centros sensoriales correspondientes a la conciencia periespiritual y a la física. El periespíritu a su vez, como un equipo de actuación en los planos sutilísimos del Espíritu inmortal, al manifestar su pensamiento por su cuerpo mental y sus sentimientos o deseos por el cuerpo astral, en dirección a la conciencia física, también obliga al doble etérico a sufrir los impulsos buenos o malos, tal cual lo hacen los espíritus malhechores o benefactores cuando actúan en su mundo oculto.

***Pregunta:** ¿Podéis darnos algún ejemplo de ofensa o agresión sufrida por el doble etérico, y que después haya afectado al cuerpo físico del hombre?*

***Ramatís**:* Eso se puede comprobar fácilmente en los conocidos trabajos mediúmnicos de fenómenos físicos, especialmente en las materializaciones de los espíritus.

Si alguien tocara al espíritu materializado, el médium, que *se* halla a distancia, sufre ese contacto, puesto que su doble etérico es el que reviste el fenómeno de la materialización.

Por eso, en los trabajos mediúmnicos de buena asistencia espiritual, las entidades materializadas advierten a los presentes, que no les aprieten las manos con violencia, pues el médium, en trance cataléptico, es muy hipersensible y vulnerable a cualquier presión que le fuera hecha en su doble etérico, proyectado a distancia. Conforme explicamos anteriormente, los espíritus desencarnados sólo tienen el periespíritu, por eso, fuera de su plano quedan incapacitados de adensarse y hacerse visibles a los "vivos". Por eso, es el médium quien entrega el material o sustancia ectoplásmica necesaria para que los desencarnados se hagan perceptibles al tacto y a la vista carnal de los humanos. Todo es posible porque el médium consciente que le utilicen el doble etérico durante la manifestación de los fenómenos de materializaciones. Si alguien castiga al espíritu materializado, el médium acusa la ofensa porque lo hieren en su doble etérico, exteriorizado e impregnado de sus fluidos nerviosos. En ciertos casos, al volver a la vigilia física, llega a exhibir en su epidermis como si fueran machucones o manchas, algo parecidas a la sangre negruzca, correspondiendo en el cuerpo físico, exactamente a la zona ofendida etéricamente.

Pellizcando o hiriendo al médium, durante el trance cataléptico, indefectiblemente acusará la ofensa a través de un fuerte choque vibratorio, que ha de llegar a su conciencia, como si estuviera en vigilia.

Pregunta: ¿Puede suceder que el médium, sin entrar en trance cataléptico, igual ofrezca su ectoplasma para las materializaciones o voz directa?

Ramatís: Sin dudas; puesto que se trataría de un médium sumamente experimentado, no sólo en esta existencia, sino en las anteriores, o también puede haber efectuado cursos especiales en el Espacio para dominar el fenómeno activamente, después de encarnado. En vez de tomar los espíritus el doble etérico para elaborarlo a gusto, según sea el fenómeno a presentar, el médium lo entrega en las cuotas necesarias y listo para su uso inmediato. De esa forma, él puede hablar con las entidades que trabajan a su derredor y atender a las solicitudes de los presentes, sin presentar anomalías o cesación del fenómeno que se procesa.

Otras veces, cuando los espíritus disponen de ectoplasma suficiente y preparado en la fórmula química prevista, acostumbran despertar al médium del trance cataléptico, para conversar con él y también darle instrucciones o hacerle advertencias sobre su conducta moral.

Pregunta: ¿Qué otras circunstancias pueden darse, para que el doble etérico pueda acusar las ofensas que le hicieran durante el trance del médium?

Ramatís: Existen casos, donde los espíritus, a la noche, dejan su cuerpo físico en el lecho y durante el sueño de reposo, penetran imprudentemente en las regiones inhóspitas del astral inferior, terminando por sufrir agresiones de los espíritus malhechores y vengativos que se aprovechan de todas las circunstancias y ocasiones propicias, para vengarse de los encarnados.

Esos perjuicios son muy graves, porque las personas que viven censurablemente, se muestran indiferentes a las enseñanzas de Jesús o a las de otros instructores espirituales. La mala conducta practicada en el día, deja al espíritu desamparado en sus salidas hacia el astral por la noche, pues cuando se desprende del cuerpo carnal queda aislado de sus protectores, dado a la masa de fluidos adversos que se les adhiere en los momentos de prácticas antievangélicas. Por eso, sus guías nada pueden hacer en los momentos de peligro, ni siquiera librarlos de ciertos traumas psíquicos, que al día siguiente se toman como una pesadilla. Ciertos sueños tenebrosos, no dejan de ser escenas reales, vividas por la noche, fuera del cuerpo y bajo el dominio de sus perseguidores del astral. En tal condición, el espíritu del "vivo" retorna veloz y afligido del lugar donde se encuentra en peligro, para sumergirse aceleradamente en su escafandra de carne y protegerse contra los peligros del más allá.

Muchas personas dedícanse durante el día a las pasiones de-tractoras, a los vicios deprimentes, a la maledicencia y a llevar las estadísticas de los pecados del prójimo; después se arrojan a Ja cama para reposar, sin recurrir a los beneficios saludables de la oración, que traza una frontera fluídica protectora alrededor del espíritu encarnado.

Pregunta: Fuera de todas las experiencias que ya conocemos en los médiums, sobre la posibilidad de transferir al cuerpo físico, las impresiones gratas o no, por medio del doble etérico; ¿existe alguna otra?

Ramatís: Los buenos hipnotizadores pueden probar hasta dónde llega la sensibilidad del doble etérico, en su conexión íntima con el periespíritu y el cuerpo físico. Si el hipnotizador recortara un muñeco de papel o lo modelara *en* cera, con sus manos, brazos, cabeza, tronco, etc., y se lo pusiera en las manos del "sujeto", al anexarle magnetismo y sensibilidad nerviosa a dicho muñeco, ha de sentir físicamente todo aquello que el hipnotizador ordene, mientras dure el trance. Puede herir el muñeco en cualquier lugar, que enseguida el "sujeto" hipnotizado acusará el dolor en su cuerpo y en el lugar correspondiente. Sin embargo, son raros los hipnotizadores que saben, que el doble etérico se aparta del cuerpo físico por el lado izquierdo, quedando más sensible al contacto material y tan hipersensible como es el sueño hipnótico. En ese caso, el doble etérico del "sujeto" hipnotizado se vuelve una prolongación vital y sensibilísima entre el periespíritu, el muñeco y el cuerpo físico, pudiendo registrar cualquier acción que el hipnotizador ejerza sobre él, aunque sea a distancia.

Pregunta: Esa explicación vuestra, donde se transfiere la sensibilidad del doble etérico del hombre hacia el muñeco, justifica en parte, la práctica del hechizo, ¿no es verdad?

Ramatís: La experiencia del muñeco, además de ser bastante convincente, sirve para comprobar la veracidad sobre la antigua magia y del hechizo, cuyas prácticas malhechoras se realizan a través de fragmentos de cabellos, líquidos orgánicos, prendas, fotografías o restos de alimentos de las víctimas.

Pero, si las personas a quien es dirigido el hechizo, cultivan sentimientos elevados, están resguardadas de ser víctimas de esos fluidos magnéticos de mal tenor, por no haber afinidad que permita establecer el circuito.

Si las prácticas tenebrosas del hechizo maligno todavía infestan a vuestro mundo, la culpa la tiene la misma humanidad terrena, que vive indiferente a su evangelización. Mientras tanto, los espíritus benefactores se esfuerzan en realizar las limpiezas fluídicas de las casas de sus pupilos o tutelados.

Los impactos de la magia negra o las cargas de los hechizos que se envían por medio de los desencarnados, contra ciertas víctimas previamente escogidas, se ajustan fácilmente a las personas de condición maledicientes y desvitalizadas de Prana, que son incapaces de reaccionar contra tales ofensivas fluídicas. Los hechizos son frecuentes en la tierra, porque los terrícolas no saben respetar la vida privada de su hermano, pues son raros los que saben guardar el pecado del prójimo sin hacerlo trascender en forma maliciosa. Los buenos pensamientos y sentimientos, justos y elevados, son los que actúan sobre el Prana, por eso conservan al hombre saludable y fuerte, desbordante de vitalidad y lo inmunizan contra las embestidas del astral inferior.

El Prana que se irradia del bueno, recto y evangelizado es de tono rosado, transparente y de olor agradable para nosotros; por su luminosidad es capaz de deshacer o fundir inmediatamente las manchas y los impactos de las cargas venenosas, que se proyectan contra su dueño. Durante las relaciones entre el cuerpo físico, el doble etérico y el periespíritu, el Prana, bajo la acción de la luz, es un combustible sublime que aumenta o disminuye las defensas morales y vitales del ser, contra todo lo que es abyecto, ofensivo o enfermizo. Por eso los hindúes, siguiendo las enseñanzas de Buda, saben que el primer paso hacia el "Nirvana" o alcanzar la Angelitud, es tener salud perfecta, es decir, salud moral y física.

Si los buenos sentimientos y pensamientos mejoran la calidad del Prana astral, etéreo y físico, revitalizando y fortaleciendo al hombre contra la ofensiva del mundo exterior, es natural, que sólo han de ser hechizadas las personas de mal vivir, mal pensar y mal habladas, porque cimentan en sí mismas las bases del hechizo, físico, mental y verbal. Ninguna fuerza tenebrosa del mundo oculto o material conseguirá perturbar la contextura angélica de Jesús, Francisco de Asís, Buda y otros espíritus de elevada estirpe espiritual.

Pregunta: ¿Nos podéis explicar por qué las personas "desvitalizadas" de Prana en su doble etérico y en el cuerpo físico, son más vulnerables a los impactos del hechizo?

Ramatís: Durante el día, cuando brilla el Sol, aumenta la vitalidad de las cosas y de los hombres; pero con tiempo sombrío, cargado de nubes o en los días tristes, disminuye mucho la formación de los llamados "glóbulos vitales", que son los fundamentos del Prana, que es la Vida, la Vitalidad en todos los seres y cosas, así como también en los Planos de la Creación. A la noche, decae casi totalmente la producción del Prana, pues el hombre pasa a vivir de las reservas pránicas acumuladas durante el día. Aquellos que se descontrolan en su hablar, pensar y actuar, o que desperdician la carga pránica en las prácticas viciosas, por la noche, se encuentran agotados y con su vitalidad rarificada.

Después de medianoche el Prana o vitalidad se reduce en el orbe, justificándose el dicho que dice: "una hora de sueño antes de la medianoche, vale por dos de la hora del día". Las desencarnaciones son frecuentes después de la medianoche, porque los espíritus desencarnados prefieren liberar al agonizante cuando tiene menos Prana, pues su vitalidad más baja, le facilita para cortar los cordones fluídicos que ligan al periespíritu con el cuerpo físico.

Pregunta: Dijisteis hace poco, que el doble etérico, tanto se aparta por el sueño reparador, como por el trance mediúmnico. ¿Qué diferencia existe entre esos dos estados?

Ramatís: Durante el sueño natural del cuerpo físico,[50] éste reposa en todas sus funciones orgánicas, mientras el corazón continúa pulsando normalmente. Durante el sueño natural, no siempre el espíritu se aparta de su cuerpo carnal, quedando junto con el doble etérico y el periespíritu y que ante la mente sensibilizada, recuerda los hechos transcurridos durante el día.

Algunas veces, ante la liberación parcial del espíritu, la asociación de ideas cotidianas le ayuda a evocar lugares, acontecimientos y personas que le produjeron mayor impresión en las vidas pasadas. El hombre, entonces, se acuerda que soñó como si fuera un hombre riquísimo, un sacerdote o un príncipe, otras veces se ve como un mendigo, un malhechor, un lisiado o un líder conductor de pueblos. Como él siempre recoge los efectos de las causas del pasado, ignora que en vez de un sueño, puede ser la realidad de lo que ha vivido en condiciones mejores o peores. Cuántas veces el militar intolerante pierde sus galones en la próxima existencia terrena, ¿pasando a vivir la vida como un mendigo, maltratado y humillado, obligándolo a adquirir virtudes en situaciones serviles?

He ahí la diferencia entre el sueño y el trance mediúmnico, pues en este último, el doble etérico se aparta bastante del organismo y del periespíritu, para facilitar la mayor extracción posible de ectoplasma. En ese momento disminuyen las relaciones entre el periespíritu y el cuerpo físico, resultando la inconsciencia parcial o total del espíritu encarnado en la materia.

En esa circunstancia, el doble etérico deja de atender con preferencia las relaciones del Espíritu con la carne, no correspondiendo a las solicitaciones comunes de la conciencia periespiritual y física. De esa forma, el médium entra en sueño quedando inconsciente, asemejándose al trance hipnótico, pero necesario para que las entidades desencarnadas tengan buen éxito en los trabajos de voz directa, materializaciones y transportes, dado que exige el mayor alejamiento de su espíritu y la menor interferencia anímica en los fenómenos.

En estado de sueño natural, el conjunto "psico-físico" del hombre se mantiene unísono, mientras que el Espíritu piensa y vive en sí mismo las cosas que le fluyen del subconsciente,

[50] Ver la obra *La Sobrevivencia del Espíritu*, en el capítulo "Sueños y Recordaciones del Pasado", de Atanagildo y Ramatís, Ed. Kier S. A.

contundiéndolas con los sueños. Mientras tanto, en el trance mediúmnico, su Espíritu es apartado del conjunto por el gran desligamiento del doble etérico; y en ese caso, queda sumergido en el reino espiritual y en estado de total inconsciencia, sin participar de los fenómenos de la materia.

LOS CHAKRAS

Pregunta: Aunque tenemos algún conocimiento sobre la materia de los "chakras" o centros de fuerzas del doble etérico, ya sea por vuestras lecturas espirituales y de otros autores que tratan el asunto, nos agradaría que nos explicaseis las cosas más importantes del tema que citamos, que muchos espiritistas desconocen aún.

Ramatís: Es muy posible, que para algunos neófitos espiritas el problema de los "chakras" o "centros de fuerzas etéricas" les sea un asunto contradictorio y también dudoso, pero lo cierto es, que los hindúes, egipcios, caldeos y otros más, trataron esa materia antes de la era cristiana. Las estatuas de Buda, principalmente la de Todaiju, en Nara, en Japón, erigida en el 749, presenta al iluminado instructor espiritual de Asia con el "chakra" coronario, situado en lo alto de la cabeza y envuelto por una guirnalda de llamas esculpidas en la piedra, representando la unión de las fuerzas espirituales de los mundos superiores, con las energías del mundo físico en evolución.

El conocimiento de los centros de fuerzas etéricas se remonta a lejanos siglos, pues los hierofantes, clarividentes egipcios e hindúes sabían juzgar la capacidad de sus discípulos y adeptos por la visión transparente, colorida y su extensión en diámetro de cada "chakra" del doble etérico, los que se presentan como especies de "remolinos" a consecuencia de los choques de energías etéricas del mundo superior, cuando entran en contacto precipitado con las fuerzas etéricas, agresivas y rudimentarias del plano físico. Del encuentro de las energías sutilísimas descendidas de lo Alto, y de las fuerzas primarias que suben de la tierra cargadas de impurezas, propias del mundo animal instintivo, resultan los "chakras" o "centros vorticosos", especie de discos etéricos que giran a elevada velocidad. El fenómeno es algo semejante a lo que sucede en la atmósfera del orbe, cuando las corrientes de aire frío descienden de las nubes cargadas de agua, entrando en contacto con las corrientes de aire caliente, que suben desde la superficie terráquea, resultando los tradicionales remolinos de viento o tifones.

Los "chakras", cuando son observados de perfil en su veloz funcionamiento giratorio, se asemejan a verdaderos discos de energías con cierta característica depresión en el centro; vistos de frente, nos recuerdan al movimiento vertiginoso de las hélices de los aviones, pero despidiendo centelleos en colores, debido al Prana o Vitalidad que los irriga, descomponiéndose con características prismáticas. En las personas superiores, los "chakras" en funcionamiento giratorio, se parecen al picaflor, que permanece inmóvil en el espacio, sustentando increíble armonía vibratoria, por la dinámica veloz de sus alas, como si fueran centros activos situados en el doble etérico, entre el cuerpo físico y el periespíritu. Los "chakras" absorben o tornan las energías sutilísimas del mundo espiritual superior para encaminarlas hacia el cuerpo físico, fundiéndolas con la vitalidad o Prana astral; toman también, las fuerzas violentas, primitivas o instintivas de la tierra como sustentáculo carnal en el medio ambiente de la materia.

A medida que el espíritu va plasmando su cuerpo de carne, siguiendo el molde "pre-existente" del periespíritu, el doble etérico también se va formando por la exudación del éter físico y se consolida como fiel intermediario de las sensaciones físicas hacia el mundo oculto, y de éste, para la conciencia física. Poco a poco, los "chakras" se ajustan, progresan y desenvuelven a la altura de los principales plexos nerviosos del hombre[51] y que

[51] Los chakras se localizan en las siguientes regiones del cuerpo físico: Básico o Kundalíneo, en la base de la espina dorsal, junto al plexo sagrado; Esplénico, en la región del bazo, junto al plexo mesentérico; Umbilical o Gástrico, sobre el estómago, junto al plexo solar; Cardíaco, en la región precordial, junto al plexo cardíaco; Laríngeo, sobre la garganta, junto al plexo laríngeo; Frontal o Cerebral, situado en la frente, entre los supercilios, plexo frontal; Coronario, en lo alto de la cabeza, en forma de un cono, plexo coronario.

son clasificados conforme a la región del organismo donde se sitúan, como ser, el cardíaco a la altura del corazón, el laríngeo sobre la garganta y el esplénico por encima del bazo físico. Ellos giran como las agujas de los relojes, de izquierda a derecha, situándose a seis o siete milímetros de la superficie del doble etérico.

Son los centros humanos responsable, por la irrigación de la vitalidad, todavía desconocida por la ciencia académica, captando el Prana, que es el combustible esencial de la Vida.

Sin esos Centros del espíritu no podría ejercer su control y actividad sobre el cuerpo físico, ni tomar conocimiento de las sensaciones vividas por el mismo, pues ellos transfieren a la región anatómica correspondiente, cada decisión asumida por el Espíritu en su mundo oculto.

***Pregunta:** Esas energías etéricas que los "chakras" absorben y fluyen hacia el cuerpo físico, ¿podrían ser comparadas con algún aparato de precisión de nuestro mundo?*

Ramatís: En base al creciente perfeccionamiento de vuestros equipos de laboratorio, creemos, que muy pronto identificaréis la contextura del doble etérico y los centros de fuerzas, pues el éter físico, conforme dijéramos, aunque sea invisible, todavía es materia rarificada que posee color, peso, temperatura y olor. Los clarividentes consiguen verlo en forma de ondas, vibraciones o emanaciones coloreadas, vibrando en correspondencia con los siete colores fundamentales y matices del arco iris o del espectro solar.

***Pregunta:** ¿Son los "chakras" idénticos en su forma y función, en todos los hombres?*

Ramatís: En los individuos espiritualmente desenvueltos, los "chakras", ruedas, discos giratorios o centros vorticosos, son amplios, esplendorosos y sumamente brillantes, prismados por colores traslúcidos y fascinantes, dado que llegan a alcanzar hasta 20 centímetros de diámetro en su giro veloz.[52] Algunas veces, se presentan en colores oscuros y aceitosos, de diámetro reducido, como de unos cinco centímetros, con giro irregular,

[52] Ver la obra *La Supervivencia del Espíritu* de Atanagildo y Ramatís, en el capítulo "La Academia de Esperanto y su Organización Modelo", Ed. Kier S. A.

propio de un individuo primitivo, como el aldeano, el salvaje, el colono, o el mujik ruso. Cuando son bastante expansivos, dinámicos y potentes, canalizan mejor las energías vitales y psíquicas de buena calidad, facilitando el desenvolvimiento de las facultades superiores.

Pregunta: Hemos encontrado en algunas obras espiritas, la mención de los "chakras" como centros de fuerza del periespíritu, y no del doble etérico. ¿Qué nos decís?

Ramatís: En realidad, tanto existen centros de fuerzas en el doble etérico, como en el periespíritu; la diferencia es que en el primero, son propiamente los "chakras", "discos giratorios", etc., que se disuelven con la muerte del cuerpo físico. Mientras que en el periespíritu son centros estables y definitivos, que no se descomponen con la desintegración del cuerpo físico, pues son órganos preexistentes por ser un cuerpo inmortal. Los "chakras" del doble etérico son verdaderos remolinos en miniatura, de energías etéricas prismando colores, conforme a la descomposición del Prana que los irriga en todos los sentidos, y los centros de fuerza del periespíritu son "núcleos" de fuerza astral y mental acumulada, y se sitúan sobre los plexos nerviosos del hombre, casi al nivel de los mismos "chakras" etéricos; pero hay que distinguir que los "chakras" son centros etéricos del doble etérico, es decir, del cuerpo provisorio entre el organismo físico y el periespíritu, mientras que los "centros de fuerzas" periespirituales son preexistentes e impregnados de sustancia astralina y mental.

El centro coronario del periespíritu es un fabuloso equipo, sin analogía en lenguaje humano; es la sede de las más avanzadas decisiones del Espíritu inmortal. El mismo "chakra" coronario, pero del doble etérico, es un eslabón que cumple la función de conectar, interligar, es un puente vivo sensibilísimo, pero sin autonomía, que une el mundo divino periespiritual con el mundo humano de la criatura en perfeccionamiento. Resumiendo: los "chakras" son transitorios, fruto del choque de las corrientes etéricas' superiores descendiendo de lo Alto y del éter físico que asciende de la tierra; los cuales se desintegran con la muerte física. Sirven de conexión entre el mundo astral y el material, pero no tienen conciencia propia, ni funcionan independientemente, pues obedecen a la dirección del periespíritu. Mientras tanto, los centros de fuerzas del periespíritu, funcionan como subestaciones del periespíritu, efectuando innumerables providencias bajo un automatismo inteligente, fruto de milenios de perfeccionamiento, tal como sucede con el plexo solar o abdominal del hombre, que dirige y disciplina innumerables fenómenos del cuerpo humano sin que haya intervención directa del espíritu. Se podría considerar como una "segunda estación cerebral", que promueve los movimientos de traslación de la criatura y demás acontecimientos comunes.

A nosotros, mientras tanto, ahora nos interesa el estudio del doble etérico y sus "chakras" dentro del área espirita, cosa que otros autores y espíritus guías ya vienen realizando a gusto. Algunas enseñanzas o citaciones que confunden la posición del vehículo etérico o periespiritual, respecto a la realidad de esos centros de fuerzas, no implica perjuicios, pues tanto los "chakras" del doble etérico como los centros de fuerzas periespirituales, funcionan ligados íntimamente y en la misma zona de los plexos nerviosos. Los detalles minuciosos, que distingue a unos de los otros, los dejamos para las obras futuras, cuando los adeptos espiritistas ya estuvieran familiarizados con la complejidad de la materia tratada.

***Pregunta:** En vuestras obras anteriores habéis mencionado siete "chakras" en el doble etérico, mas en obras espiritas y también espiritualistas, se citan ocho "chakras". ¿Qué nos podéis decir al respecto?*

Ramatís: Los "chakras" más importantes del doble etérico son siete, pero existen tres centros menores en desenvolvimiento, que no tienen importancia para nuestro estudio actual. La pedagogía espiritual investiga o indaga más a fondo en los siete "chakras" principales, que tienen la responsabilidad de las relaciones entre el mundo oculto y el plano físico. Ellos pueden ser acelerados, desenvueltos o "despiertos" por medio de cierta disciplina de "positivación de la voluntad" o "técnica respiratoria", como el Krya Yoga, pero se aconseja hacerlo en concomitancia con el perfeccionamiento moral y el control mental del ser.

De todos los "chakras", el más peligroso en "despertar" prematuramente es el básico, sede de Kundalini o llamado, fuego serpentino, pues sin la garantía de una buena graduación espiritual, al abrirlo, se pierde el dominio ante el primer descontrol emotivo o mental en contra ajena, pues la ira, deseos de venganza o malos pensamientos, son casi inmediatamente objetivados sobre las víctimas en mentalización.

Es una energía violenta y agresiva, que aun siendo creadora, una vez puesta en fuga o escape, alcanza maléficamente al peri-espíritu, alucinándole las células periespirituales; descontrola los nervios y después de desencarnado, lo arroja a los charcos del astral inferior, como un animal herido por mil aguijones. Mientras tanto, bien disciplinado y bajo la rectoría de una moral superior en las criaturas evangelizadas, activa los centros de fuerzas del periespíritu y facilita el desenvolvimiento rápido de la mediumnidad. Es una fuerza primaria, sumamente agresiva, como la sangre del caballo salvaje; proviene del centro de la tierra y en su ondulación rectilínea, se asemeja de hecho a una serpiente de fuego, por eso, su característica denominación de "fuego serpentino".

Pregunta: ¿Podéis citarnos a algunas personas que hayan despertado prematuramente ese centro de fuerza?

Ramatís: Rasputín desenvolvió el "chakra" básico y dio amplitud de hecho al fuego serpentino, también le permitió poseer un acentuado poder sobre las mujeres, pero en base a su graduación espiritual inferior, sólo aprovechó esas fuerzas para fines egocéntricos y de absoluto usufructo personal. Hitler también hipnotizaba a las multitudes e impresionó a hombres de talento, a pesar de su exagerado narcisismo, alucinación mental y paranoia peligrosa, bajo el más frío egolatrismo. En vidas anteriores despertó prematuramente el centro kundalíneo, ampliando su poder sobre los hombres. Pero, no tenía la capacidad moral y la ética evangélica para sobrevivir a las fuerzas desencadenadas, aunque fuese vegetariano, abstemio y de poca aventura sexual, pues por encima de todo, era profundamente cruel y vengativo.

En sentido contrario, tenéis a las almas lúcidas, tiernas y angélicas, que alcanzaron un desenvolvimiento natural en la evolución de los centros de fuerzas en concomitancia con su propio crecimiento espiritual, como Jesús, Buda, Krishna, Teresa de Jesús, Francisco de Asís, Antonio de Padua, Gandhi, Ramakrishna, Don Bosco, San Jerónimo y otros más, cuyo potencial asombroso lo utilizaron en favor de la felicidad ajena.

Aunque nuestra referencia sobre la función del chakra kundalíneo en nada afecte la conciencia del lector, la prudencia nos dice que debemos guardar silencio respecto a los métodos disciplinados para alcanzar su desenvolvimiento, pues sería impropio revelar el uso de las energías poderosas, capaces de afectar al portador inmaduro y también al prójimo. No se confía un barril de pólvora al fumador empedernido.[53]

***Pregunta:** ¿Consideráis de utilidad volver a mencionar el aspecto de los "chakras", teniendo en cuenta que lo elucidáis en obras anteriores?*

Ramatís: La materia se encuadra perfectamente en el actual estudio de estos mensajes, pues en las obras anteriores, citamos en forma superficial el asunto. Ya es tiempo que los espiritistas conozcan el mecanismo y la contextura de los centros de fuerzas del doble etérico, pues de otra forma quedará estacionado en el umbral de la puerta del Templo e incapacitado para servir al prójimo, en lo tocante a elucidar a los "sedientos de la Verdad". Es un estudio útil para los médiums pasistas, terapeutas y de efectos físicos, como también para los magnetizadores y adeptos a todas las instituciones espiritualistas.

A pesar de que ciertos sectores espiritas claman por la defensa de sus opiniones particulares, y con cierto exceso de verborragia para defender postulados, que de por sí, merecen nuestros mejores elogios y respetos, nos referimos a la codificación de Allan Kardec, pues fueron consagrados y continúan en su obra constructiva y necesaria, pero en nada debe afectar la marcha que desenvuelven otras instituciones, también prestigiosas, consagradas a través del tiempo, como los Rosacruces, la

[53] "No provoquéis el desenvolvimiento prematuro de vuestras facultades psíquicas. Ver sin comprender y oír sin discernir puede ocasionar desastres terribles al corazón. Buscad, por encima de todo, progresar en virtud y en sentimientos. Acentuad el propio equilibrio y el Señor os abrirá la puerta de los nuevos conocimientos". Fragmento extraído de la obra ***Misioneros de la Luz***, capítulo "Mediumnidad y Fenómenos, Pág. 105, dictado por André Luiz a Chico C. Xavier, ed. F. E. B.

Teosofía, el Yoga, el movimiento Krishnamurtiano y el Esoterismo, inclusive la propia Umbanda, que avanzan valerosamente en medio del mundo oculto e investigan el origen de las fuerzas creadoras de la Vida.

El espíritu peculiar de la negativa *a priori*, muy propio de los espíritus "ex católicos" y "ex materialistas", recién incorporados en la siembra kardecista, retarda el estudio del conocimiento sobre la vida oculta, cuando se hace necesario penetrar en la fuente iniciática del Espíritu y entender a fondo el mecanismo de la entidad inmortal.

Pregunta: Entonces, ¿podéis describirnos en detalle, los siete "chakras" que consideráis de utilidad para nuestros conocimientos?

Ramatís: Ya hemos dicho que la palabra "chakra", de origen sánscrito, quiere decir "rueda" o "disco" y que en sus movimientos vertiginosos forman una depresión en el centro, recordando el movimiento acelerado de una hélice de avión, en alta velocidad. Por eso, en esencia la palabra *chakra* quiere decir: *disco giratorio*. Está situado en la superficie del doble etérico, a 5 ó 6 milímetros de la periferia del cuerpo físico, formando torbellinos que resaltan en movimientos continuos y acelerados.

Son centros que distribuyen las energías necesarias para la vida del doble etérico y que facilitan el crecimiento de las facultades psíquicas del hombre, porque están en relación con el periespíritu, que transmite hacia el cuerpo físico las deliberaciones del Espíritu. En las personas rudimentarias, donde el "chakra" sólo atiende a las necesidades vitales del doble etérico y del cuerpo físico, sus movimientos son bastante lentos; pero en las personas bien desenvueltas, son brillantes y hermosos, despidiendo los más variados tonos de colores, teniendo un parecido, cuando se observan las burbujas hechas con el jabón, o semejantes a pequeñitos soles de 15 a 20 centímetros de diámetro.

1° Chakra básico o fundamental: Está situado en la base de la espina dorsal; es el conductor del famoso "fuego serpentino" o más conocido por los hindúes, como el "chakra kundalíneo", centro etérico responsable por el flujo de las energías poderosas que emanan del Sol y de la intimidad de la tierra, la energía "madre del mundo", pues en realidad, es el fundamento de la vida material. Los clarividentes observan que ese flujo de energías proveniente de los íntimos de la tierra, en simbiosis con las fuerzas que descienden del Sol, se asemeja a un torrente de fuego líquido que sube por la columna vertebral, la que después activa las energías instintivas o inferiores, propias del mundo animal. Según cierta enseñanza hindú, el Kundalini o "fuego serpentino" proporciona la libertad del ser, cuando es hábilmente controlado el "chakra" básico, por el espíritu equilibrado y ajeno a los poderes y vanidades del mundo material.

Por eso, los yogas se vuelven los "señores de Kundalini", pero los tontos, los ambiciosos y los inmorales, cuando toman posesión de esa energía, son esclavos y juguetes de una fuerza que los masacra.

El discípulo que abre el "chakra" kundalíneo prematuramente, da entrada a una corriente poderosa de energía, que le sustentará todas las pasiones y desmanes. Sus deseos serán satisfechos inmediatamente y también tendrá poder sobre las personas, pero el orgullo lo aniquilará y los goces sensuales lo dominarán de tal forma, que efectuará los peores caprichos y acciones sobre el prójimo.[54]

El fuego "serpentino o kundalíneo" fue muy utilizado en las viejas escuelas de la magia negra de Caldea, Sumeria, Asiría y Egipto, cuyos sacerdotes se les conocía bajo el nombre de la "serpiente roja", o los "hijos del dragón", pues mantenían escuelas secretas e instituciones satánicas, cuyo fin era dominar materialmente a la tierra y la intención de asumir la dirección sensual de la humanidad encarnada, en detrimento de las fuerzas espirituales internas, que trabajan manteniendo la intimidad del orbe ligada a la administración angélica. Actuaban agresivamente contra cualquier emisario de lo Alto o de las llamadas "fuerzas del Cordero" e intentaban anular las providencias, que sabían se estaban organizando para proteger el descenso del excelso espíritu que debería encarnar en la tierra, como era Jesús, el Salvador, el Enviado magnánimo del Padre.

[54] Rasputín, Simón el Mago, Hitler y otros más, son la prueba, debido a que desarrollaron en vidas anteriores el chakra kundalíneo, mucho antes que lograr su equilibrio moral y fijar objetivos espirituales superiores, dado que se volvieron instrumentos de perturbación ajena y terminaron sus vidas, víctimas del vórtice de las fuerzas desencadenadas prematuramente.

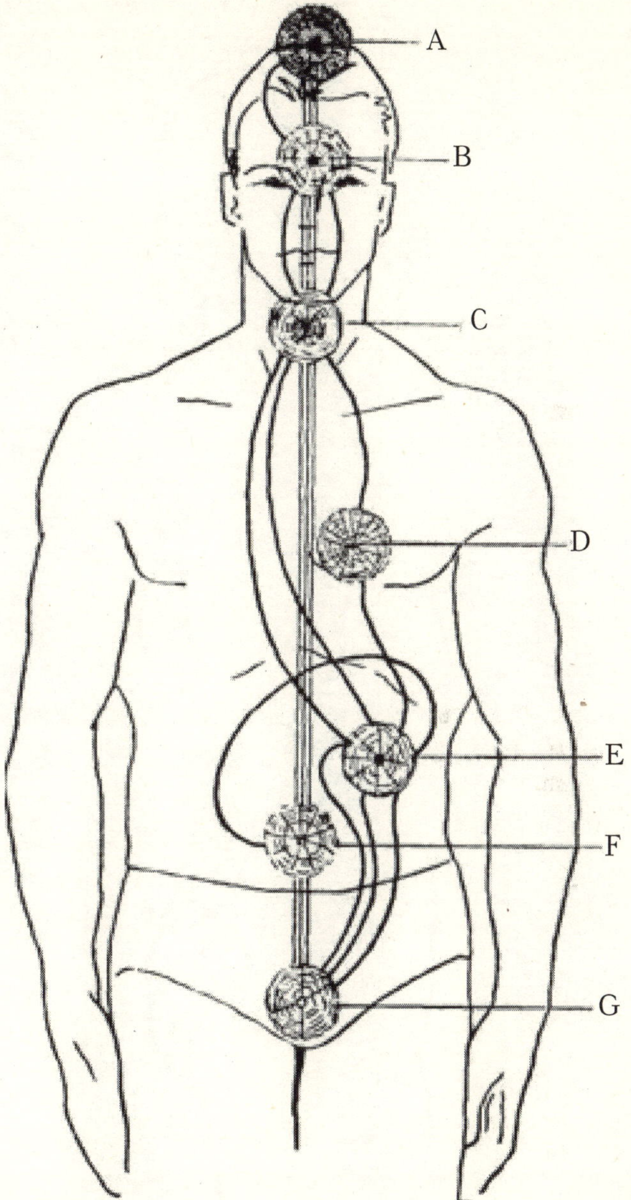

A - Chakra Coronario; B - Chakia Frontal; C - Chakra Laríngeo; D - Chakra Cardíaco; E - Chakra Esplenico; F - Chakra Umbilical; G - Chakra Básico o Kundalíneo.

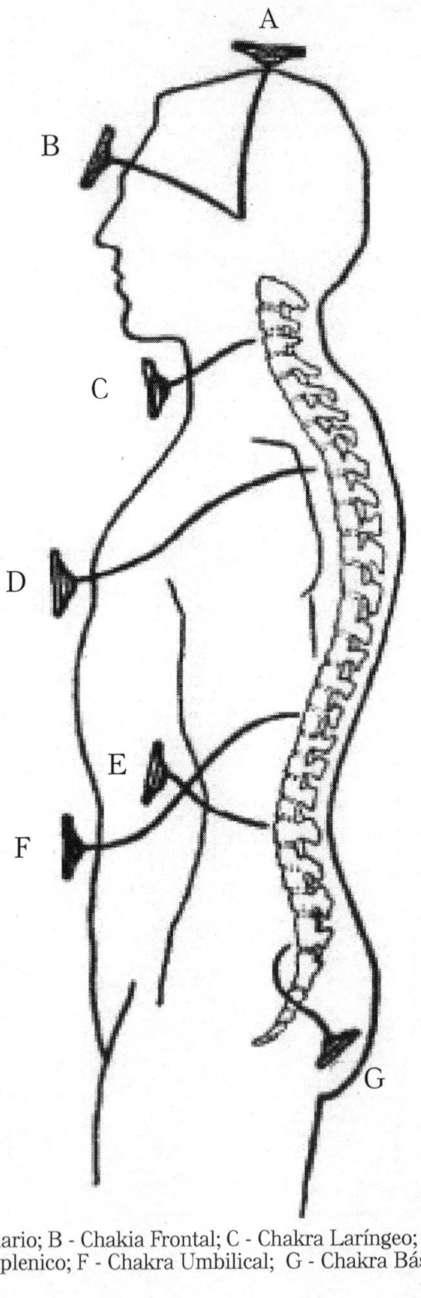

A - Chakra Coronario; B - Chakia Frontal; C - Chakra Laríngeo; D - Chakra Cardíaco; E - Chakra Esplenico; F - Chakra Umbilical; G - Chakra Básico o Kundalíneo.

Pregunta: ¿Cómo actúa el fuego serpentino del "chakra" kundalíneo, situado en la base de la columna vertebral?

Ramatís: Cuando esa energía sube e irriga el centro frontal del hombre inferior, le acentúa el orgullo de la personalidad terrena, cuyo símbolo es la figura de la serpiente, tan material, que se arrastra por la tierra y tan pérfidamente, que termina hipnotizando al tonto y descuidado. Si en vez de actuar de frente le alcanza el corazón sin el debido control espiritual emotivo, le aviva los malos sentimientos, le da fuerza y estímulos para la dureza cordial.

El kundalíneo es un combustible poderoso, que fluye de la intimidad terráquea o de las zonas de ebullición primaria, donde las energías creadoras del planeta se confunden en un abrazo selvático y agresivo, aunque sean el sustentáculo de la vida primaria y ruda del orbe. Son fuerzas que sustentan con mucho vigor, constituyendo el éter físico en ondas, que alimentan la naturaleza animal, si el dueño no fuera un espíritu superior.

Por eso, los maestros espirituales de Oriente, evitan enseñar el método para desenvolver o desarrollar las cualidades del "chakra" kundalíneo, para que los hombres de pasiones inferiores no sean sus víctimas, por falta de fuerza moral superior. De otra forma, serían víctimas de su propia imprudencia, como sucedió con diversos magos del pasado, que subestimaban el poder de las fuerzas planetarias, desatadas a través de su cuerpo etérico, pues terminaron destruyéndose en el vórtice de las mismas, sin poder controlarlas, como si fuera un caballo salvaje, que arremete y arroja a su cabalgadura puesto que su fuerza salvaje parecería que fuera inagotable.

Sin embargo, Kundalini también es un "chakra" utilísimo, pues en función normal y disciplina biológica, propia del hombre superior, reactiva los demás "chakras" por medio del flujo serpentino, que se acumula y distribuye a la altura del plexo sagrado.

Bajo la dirección de un espíritu superior, como Buda, Jesús o Francisco de Asís, cuyas vidas fue de absoluta función sacrificial en favor de la humanidad, la energía primaria de Kundalini se sublima por la continua aplicación en las cosas elevadas, permitiendo que los residuos deletéreos bajen hacia el subsuelo del mismo planeta, de donde provienen.

***Pregunta**: ¿Podéis describirnos la conformación y la función del chakra kundalíneo, para poder conocerlo en experiencias futuras?*

Ramatís: Como se ha dicho, se localiza junto al plexo sagrado y durante su giro se presenta a la visión astral, con cuatro rayos, formando la sugestiva figura de una cruz en su centro etérico, de color rojizo tirando al anaranjado, con algunas fulguraciones escarlatas, con tonos fugitivos incandescentes; otras veces tiene un tono sanguíneo suave, semejante a la linfa de la vida física, que es la misma sangre humana. El chakra kundalíneo, básico o fundamental, como es más conocido, es el más primitivo de todos y muy simple en su manifestación algo "física", siendo uno de los principales modeladores de las formas y estímulos de la vida orgánica. Cuando está muy desenvuelto, pero insuficiente de control, puede llevar al hombre hacía la locura, porque su acción fortísima acicatea el deseo sexual, sembrando la satisfacción aberrativa.

Si el fuego serpentino es controlado y desviado de su acción agresiva y activadora de la acción sexual inferior, manteniéndose el hombre bajo la castidad y elevado discernimiento espiritual, se sublima el flujo vitalizante, subiendo en proporción útil por la columna vertebral hasta el cerebro, irrigándolo de energías, que le hace redoblar las actividades mentales del mundo superior. Permite que el hombre sea más lúcido, dinámico y portentoso al nivel de las vibraciones crísticas, permitiendo que Kundalini se ejerza por la intimidad espiritual, atrayendo a la mujer por la ternura, bondad y deseo de servirla desinteresadamente, sin ningún deseo de orden sensual.

2° Chakra Umbilical: Situado a la altura del ombligo, en el doble etérico, en perfecta correspondencia con el plexo solar, alcanzando al hígado, los intestinos, los riñones y demás órganos del abdomen, a excepción del bazo, que se halla bajo el control del chakra esplénico. Ese centro de fuerzas etéricas, de naturaleza primaria, es el responsable por la asimilación y metabolismo de los alimentos ingeridos por el hombre. Algunos espiritualistas prefieren llamarlo "centro gástrico"[55] y se presenta en forma de un torbellino etérico, con diez ondulaciones, rayos o pétalos,

[55] Nota del Revisor: Ver la página N° 128, de ***Entre la Tierra y el Cielo*** de André Luiz, y la obra ***Pases e Irradiaciones***, capítulo "Chakras", de Edgar Armond.

variando entre los colores rojizos y verdosos, cuyos matices son el resultado de la descomposición del Prana absorbido en el medio ambiente, allí prismado.

Cuando el chakra umbilical es muy desenvuelto, el hombre aumenta su percepción de las sensaciones ajenas, dado que adquiere una especie de tacto instintivo o sensibilidad, poco común, que le permite percibir las manifestaciones hostiles halladas en el ambiente, como las vibraciones afectivas que se mantienen en los alrededores.

3º Chakra Esplénico: Se sitúa a la altura del bazo físico, es de color radiante y de excesivo magnetismo, siendo el principal de los centros de energías vitalizadoras del cuerpo humano, y funciona como auxiliar del metabolismo de purificación sanguínea. Se sabe que la extirpación del bazo, hace que la médula ósea redoble sus actividades hematológicas, a fin de compensar la deficiencia de esa función. En ese caso, el chakra esplénico entra con mayor intimidad con el doble etérico y pasa a dirigir el metabolismo vitalizador sanguíneo, casi a la altura del esternón, base del pulmón, centralizándose directamente en la columna vertebral y en el sistema nervioso central. Dicho chakra posee siete rayos o pétalos, siendo su función magnética muy intensa, volviéndose un pequeño sol giratorio que emite centelleantes colores cuando absorbe el Prana, impregnado de las fuerzas activas solarianas. Innumerables casos de leucemia se deben a la insuficiencia del chakra mencionado, pues reduce la absorción de los glóbulos de vitalidad naturales, de la atmósfera común, necesarios para la revitalización sanguínea. Hemos observado algunas curas de enfermos de leucemia, gracias a la mayor actividad del chakra esplénico, que favorece el aumento de los glóbulos rojos. Eso sucede por la penetración de los glóbulos vitalizantes del Sol y demás fuerzas magnéticas del orbe planetario.

Después que el centro esplénico atrae e incorpora las energías del medio ambiente, como la electricidad, el magnetismo, los rayos cósmicos, las emanaciones telúricas y energías proyectadas por el Sol, las desintegra y las distribuye en forma de átomos saturados de *Prana*, incorporándolas a las diversas partes del cuerpo físico, conforme a las funciones vitales de cada órgano o sistema orgánico. En el proceso de la citada purificación sanguínea, que es la función del bazo físico, el chakra esplénico suma otras energías que fluyen a través de los chakras, frontal y coronario, situados en la cabeza. De esa forma, el contenido de la sangre se impregna del tono espiritual correspondiente a cada alma inmortal. El chakra esplénico, también regula la entrada del Prana en el doble etérico.

Este chakra, manifiesta los matices de siete colores en su absorción pránica que son, el rojo, el azul, el verde, el amarillo, el anaranjado, el bermellón, fuerte y el rosado, que son los siete tonos fundamentales de la síntesis blanca del Prana. Cada matiz o color, por separado, es una ondulación de energías que atiende determinada función orgánica vital en el cuerpo humano; al entremezclarse o fundirse con las energías sutiles descendidas de lo Alto, forman nuevos tonos, pudiendo purificarse y llegar a sublimarse bajo el toque angélico, fortaleciendo vivamente las relaciones entre el mundo divino y el plano humano.

Aunque cada chakra del doble etérico presenta variados matices de colores, al mismo tiempo, se diferencian entre sí por los colores más bellos, límpidos o más feos y sucios, pues siempre hay una tonalidad predominante sobre los demás, que manifiesta el tipo vibratorio o energía útil que activa este o aquel sistema de órganos del cuerpo físico. El Prana que penetra por el chakra esplénico tiene primordial función de irrigar y vitalizar el doble etérico en toda su contextura, porque es el cuerpo vital, intermediario y energético entre el periespíritu y la carne. El color predominante sobre los otros matices del chakra esplénico, es el bermellón casi rosado, pues es el alimento principal del sistema nervioso. Es una característica destacada del Prana, cuya finalidad es ajustar al hombre en el medio donde habita. Cuando la cuota de ese Prana rosado no es proporcional a las necesidades y exigencias del sistema nervioso del hombre, se vuelve insuficiente para su metabolismo, por eso los nervios de las personas, se irritan y excitan, dejando al hombre muy hipersensible, que se aflige o incomoda por cualquier cosa o ruido.

Si los médiums y pasistas espiritas pudiesen desenvolver con preferencia el chakra esplénico,[56] se volverían excelentes

[56] Nota del Médium: Ramatís, en comunicaciones íntimas, nos dio instrucciones para desenvolver los chakras, de modo de alcanzar un metabolismo pleno de vitali-

terapeutas, pues producirían curas milagrosas, ante la abundancia de fluidos rosado pránico, absorbido por ese centro de fuerzas, siendo uno de los más eficaces restauradores de los plexos nerviosos.

El Prana rosado, al penetrar al chakra esplénico y entremezclarse al torbellino etérico, irriga al bazo físico, mientras que algunas de sus emanaciones suaves y delicadas alcanzan al bazo del periespíritu, resultando entre ambos órganos una íntima relación de alta sensibilidad. Rápidamente, esa energía rosada se distribuye por el doble etérico, tomando toda la estructura de la columna vertebral para vitalizar el sistema nervioso. Irriga el bulbo, el cerebelo y los hemisferios del cerebro, y descendiendo por el sistema nervioso central se derrama por los plexos, situados a lo largo de la misma.

Bajo tal influencia pránica, a las personas equilibradas, se le activan los demás chakras, aumentando su brillo y diámetro, estimulados por las energías provenientes de la reserva de la naturaleza y canalizada por el centro esplénico. Después de irrigar el cuerpo físico en toda su extensión y profundidad, y activar las relaciones entre el periespíritu y el cuerpo de la carne, el Prana rosado, como principal vitalizador del sistema nervioso, pierde su tono fundamental, dado que se agota en su energía peculiar o vitalidad, que distribuye por los diversos órganos o sistemas del hombre. Cumplida su función vitalizadora, se decoloriza pasando a fluir hacia el mundo exterior, bastante debilitado, formando un aura alrededor del doble etérico, muy conocida por los ocultistas y llamada, aura vital.

Es la conocida aura de la salud, constituida por la exudación del Prana residual, anteriormente introducido por el chakra esplénico, que se presenta ante los ojos de los clarividentes de un color azulado pálido, o rosado bastante descolorido. Esa aura de la salud no debe confundirse con el "aura del periespíritu", cuyas emanaciones y colores obedecen a otro proceso

dad que nos ayudara a despertar las fuerzas ocultas en contacto con la materia. Ello permite vislumbrar, en vigilia, los movimientos giratorios del chakra frontal, de un color amarillo oro transparentó, que activa el campo periespiritual de la glándula pineal. Durante los pocos segundos en que pudimos captar el giro vertiginoso de ese chakra brillante, situado a la altura de los arcos superciliares, entre los ojos, observamos cosas muy importantes de la vida oculta y, a la vez, sentimos un extraordinario poder psíquico a nuestra disposición. Pero, no estarnos autorizados a revelar ese proceso.

de la ciencia trascendental pues ella fluye de los cuerpos mental y astral.[57]

El hombre cuyo chakra esplénico le funcione perfectamente, es alguien que"vende salud", como se dice comúnmente, pues las partículas rosadas del Prana utilizado por el cuerpo físico, se alimentan de un magnetismo muy intenso, que se asemeja a una usina vitalizadora, y todos aquellos que a esa persona se aproximan, se benefician terapéuticamente. Son personas que dejan alrededor de sí mismas, una elevada cantidad de energía que es percibida a través de sus actos y gestos, aunque esto, no sea percibido por la mayoría. Esas personas citadas, fortalecen, reaniman y vitalizan a otros, con su sola presencia. Mientras tanto, aquellos que su chakra esplénico funciona deficientemente, se vuelven vampiros de las fuerzas ajenas, parecidos a verdaderos cables de succión, pues absorben de otros, las energías que le vibran a flor de piel. Esa absorción es tan intensa, como es la capacidad del individuo para captar el prana rosado ajeno, para su nutrición personal.[58]

He ahí el por qué los médiums o pasistas deben profundizar sus conocimientos sobre el doble etérico y su sistema de chakras, pues si desean hacer el bien al prójimo donando sus energías, tendrán que conocer el proceso que los ayudará a aumentar sus cuotas de vitalidad o prana, dado que el milagro, es materia de fantasía en la tierra. Casi siempre, esos médiums ofrecen a los enfermos su vitalidad bastante debilitada y con el agravante de las toxinas que dejan las pasiones y los vicios del alcohol, fumar y comer carne. Por eso, la mayoría se muestran agotados después de los más simples trabajos de ayuda vital al prójimo. Al no saber tomar, conscientemente, del medio donde viven, las energías que sobran pródigamente como dádiva de Dios para sus hijos, sólo les resta agotarse inútilmente sobre los enfermos, en la esperanza de que haya alguna intervención misteriosa o fenoménica del mundo oculto, que sea capaz de

[57] Nota del Revisor: Ver la obra *Catorce lecciones de Filosofía Yogi* de Ramacharaka, Lección IV, "El Aura Humana", ed. Kier S. A.

[58] Nota del Médium: Jesús curaba a las personas que simplemente tocaban su túnica; innumerables taumaturgos hicieron curas milagrosas imponiendo sus manos sobre los enfermos. Cierto funcionario bancario, conocido nuestro de Curitiba, tiene tal reserva de vitalidad que, cierta vez en que estaba yo enfermo, le apreté las manos, e inmediatamente me sentí reconfortado, habiendo desaparecido toda debilidad.

transformarlos en milagrosas usinas de vitalidad creadora para los necesitados.

Debería servir de advertencia para los médiums, terapeutas indisciplinados o legos en el arte de vitalizar al prójimo, que algunas plantas o árboles, como el pino, el eucalipto, el cedro y otros más, absorben del ambiente el prana rosado, adecuado para el hombre. A su sombra, las personas que tuvieran agotadas en su sistema nervioso, pronto se encuentran saludables y eufóricas, porque son verdaderas antenas vivas captando del mundo oculto, las fuerzas beneficiosas, que después donan al hombre en un admirable servicio superior e inigualable para la mayoría de los seres vivos.

El aire de la mañana, cuando la atmósfera se halla tranquila y el Sol asoma por las cumbres de las montañas, matizando de dorado las copas de los árboles, todavía húmedas del rocío de la noche, se halla el ambiente rico en glóbulos vitales que revitalizan al hombre.[59]

Conforme os indicamos, el doble etérico, además de la absorción pránica para sustentar al cuerpo físico, tiene la función de vitalizar al periespíritu en sus relaciones con la materia, como adensarlo en su contextura imponderable, a fin de ajustarlo, lo más posible, a las necesidades del organismo carnal.

Muchos alienados que se supone tienen lesiones cerebrales o que son víctimas de terribles obsesiones, muchas veces son criaturas, cuyas pasiones o vicios le consumieron totalmente las cuotas de energía pránica, afectándole las funciones del doble etérico e interrumpiendo la dirección y acción del periespíritu en la conciencia física. Entonces sabemos, que el chakra esplénico también vitaliza al llamado cuerpo astral, que es el vehículo responsable de los deseos, emociones y sentimientos del espíritu encarnado, cuyo vehículo es el que permite las salidas del espíritu, por la noche, mientras el cuerpo carnal duerme.

4º Chakra Cardíaco: Está situado exactamente a la altura del corazón físico y es el centro de fuerzas, responsable por el equilibrio e intercambio de las emociones y sentimientos del hombre. Cuando está bien desenvuelto favorece a la concien-

---

[59] Nota del Revisor: Aconsejamos al lector, la obra en portugués ***Los Mensajeros***, Cáp. XII,"Entre los Árboles", cuyo autor espiritual habla sobre las cualidades de los árboles para la vitalidad del hombre.

cia o la percepción instantánea de las emociones e intenciones ajenas. Es un centro giratorio, color oro, que emite fulgores iridiscentes y se hipersensibiliza por la continua auscultación psíquica en el ser. En su función de centro cordial, situado a la altura de la región cardíaca, corresponde a la vieja tradición, de que el sentimiento y la emoción se originan en el corazón. Dicho chakra también recibe una eficiente contribución vital del chakra esplénico, cuyo prana rosado, al alcanzarlo asume un tono, llamado por los conocedores el "rayo amarillo". Ese rayo penetra en la sangre por la vía cordial y lo vitaliza especialmente para que atienda la función cerebral, para después elevarse y alcanzar el chakra coronario, en la parte superior del cráneo de donde emana la conciencia de los sentimientos y emociones, que acostumbra a estimular las apreciaciones filosóficas de naturaleza elevada.

El hombre que posee un cerebro fuertemente vitalizado por los fluidos pránicos del chakra esplénico, una vez combinado con los del chakra cardíaco, sus emociones y sentimientos tienen la característica de las lucubraciones metafísicas. Cuando el chakra cardíaco se halla bien desenvuelto, confiere a su portador el don de auscultar o sentir los hechos del mundo astral, es decir, el don del presentimiento, que es donde sentimos instintivamente los acontecimientos futuros. Dicho chakra en las personas sinceras, humildes y mansas, de sentimientos nobles y tiernos, se manifiesta como un sol en su plenitud, despidiendo fulgores dorados, sin que haya analogía en la escala cromosófica del mundo. Es un centro evolucionado, que hace sentir y comprender los sentimientos y ansiedades del prójimo.

5° Chakra Laríngeo: Se halla situado a la altura de la garganta física, conocido por hindúes como "Vishudda", está próximo al plexo nervioso y perpendicular al chakra frontal, del cual recibe cierta cooperación. Ayuda al desenvolvimiento del ser, la audición astral y etéreo física. Su más importante función es sustentar y controlar las actividades vocales, el funcionamiento de las glándulas timo tiroides y paratiroides, estabilizando definitivamente la voz después de la pubertad, donde la niña se transforma en mujer y el niño en adulto. Es un centro de fuerzas etéricas responsable por la salud de la garganta y de las cuerdas vocales. Es el encargado de aportar la vitalidad para el buen funcionamiento del mecanismo vocal y por el desgaste ocasionado al hablar. Es un chakra muy activo y brillante en los grandes cantantes, poetas célebres, oradores sacros y los hombres que poseen el don incomún de la palabra, el magnetismo, es decir, la voz que atrae o hipnotiza. También ayuda a la percepción de los sonidos provenientes del mundo etéreo físico, de la superficie terrena, y la auscultación de los sonidos del mundo oculto astralino.

Su color predominante es el azul claro, matizado de suave lila y tonos violeta y blanco, más su aspecto general, cuando se halla en buena disposición de función, recuerda la tonalidad que posee el maravilloso rayo de luna, sobre el mar tranquilo. Se acentúa, como se reduce en su color azul claro, como varía en tamaño y luminosidad, influyéndose conforme al potencial y cualidad verbal de las personas. Es uno de los chakras que influye mucho en los demás centros de fuerzas y en los plexos nerviosos del organismo humano, porque el acto de materializar las ideas a través de la fonación, es un fenómeno que concentra las fuerzas etéreo magnéticas del periespíritu, actuando en vigorosa sintonía con los demás centros etéricos y reguladores de las funciones orgánicas. Su función y aspecto colorido se modifica rápidamente, conforme a la sonoridad, agudeza o intensidad con que son pronunciadas las palabras por el hombre.

Cuando los espíritus desencarnadores seccionan el chakra laríngeo en el agonizante, se desarticula inmediatamente su voz, aunque se halla consciente de su permanencia en la materia. En ese momento, el moribundo se aflige desesperadamente ante la imposibilidad de transmitir en palabras, hacia el mundo exterior, los pensamientos que todavía vibran en su conciencia.

6° El Chakra Frontal: Es el sexto centro etérico situado entre los supercilios, en medios de los ojos, presentando la cantidad de 96 rayos; en él predomina el color rosado amarillo, matizado con un poco de azul violáceo, puesto que también se nutre del rayo rosa amarillo, vitalizador del chakra esplénico, que se combina con algo del rayo azul del centro laríngeo. Cuando está bien desenvuelto y dinámico, confiere al hombre el don de la facultad de la clarividencia de los objetos y de las cosas del mundo astral, de los paisajes distantes y de las masas astralinas en colores, demarcando también, los poderes mediúmnicos de la psicometría.

El chakra frontal del doble etérico se halla íntimamente ligado con el mismo centro de fuerzas astrales, situado en el periespíritu. Cuando tiene abundancia de Prana y permanece en constante actividad con los otros chakras, le confiere al hombre encarnado o desencarnado, la facultad de aumentar o disminuir el poder visual, pudiendo penetrar y observar con éxito en la vida microbiana, imposible para la vista normal.[60]

7º Chakra Coronario: Situado en la parte superior de la cabeza, muy conocida entre los hindúes, por el "loto de mil pétalos"; posee 960 rayos principales y un centro menor, que presenta 12 ondulaciones o rayos. Este chakra es el centro de fuerzas más importante del ser humano, de mayor potencial y radiación, siendo el magnífico puente o eslabón de unión entre la mente periespiritual y el cerebro físico. Es el centro responsable por la sede de la conciencia del espíritu.[61]

El chakra coronario es el más brillante de todos los centros de fuerzas etéricas situados en el doble etérico; es el regente armónico de los otros centros de fuerzas, a los cuales se liga interiormente, ajustando y afinándolos para un perfecto metabolismo. Preside las diversas funciones bajo una regencia o dirección emanada directamente de lo Alto. Él centro coronario puede manifestar los colores más raros y fascinantes; gira en su totalidad con increíble rapidez, mientras que su centro de diámetro menor, tiene un color blanco, lirial y deslumbrante que emite fulgores dorados muy bellos. A medida que el hombre desenvuelve sus principios espirituales superiores, se transfor-

[60] Nota del Revisor: Hay un relato en la obra ***Misioneros de la Luz*** páginas 231 y 232, del capítulo "Reencarnación", dictada por André Luiz a Chico C. Xavier, que comprueba perfectamente lo dicho por Ramatís, pues cuando se halla bajo la ayuda magnética del mentor Alexandre, el autor espiritual explica que sintió aumentar su poder de visión astral, dado que pudo acompañar desde ese momento, todo el fenómeno de la fecundación, cuando a través de los conductos naturales femeninos, corrían los elementos masculinos en busca del óvulo, en una prueba eliminatoria, avanzando a razón de tres milímetros por minuto.

[61] Nota del Revisor: André Luiz en la obra ***Entre la Tierra y el Cielo***, página 126, menciona el chakra coronario como participante de la fisiología del periespíritu, pero no se refiere al mismo centro del doble etérico. Creemos que el noble autor espiritual no quiso saturar la mente de los espiritas con ese conocimiento algo complejo, pues son muy pocos los que se dedican a los estudios ocultistas del ***hombre invisible***.

ma en un verdadero Sol, de belleza inigualable, irradiando matices de colores imposibles de ser definidos por la retina física. Es el eslabón de la conciencia angélica con el mundo material, mientras los otros centros de fuerzas, reciben su influjo superior, sensibilizándose en sus funciones de intercambio entre el mundo físico y el mundo oculto.

Su acción también converge hacia el cuerpo pituitario o hipófisis que es el único elemento de comunicación físico-psíquico con los planos superiores. Hay ciertas personas que tienen el chakra frontal o cerebral muy ligado a la hipófisis; entonces el centro coronario se inclina o desvía hasta coincidir con la glándula pineal, es decir, se nivela con este órgano, que la ciencia del mundo todavía ignora su función psíquica, además, importante en su relación entre el espíritu y el cuerpo mental inferior. El chakra coronario, en su relación con la glándula pineal permite la videncia astral, pero, por tratarse de un canal que sirvió en otras edades, cuando el ser era más animalizado, esa videncia se circunscribe a las regiones inferiores, siendo de poca utilidad para el hombre común. Es de tan poco valor la videncia de la zona primitiva del mundo oculto, que no tiene ningún provecho examinar aquello, que ya no nos puede prestar beneficio alguno, en base al grado evolutivo que nos encontramos, de la misma forma, que sería infructuoso repasar las primeras lecciones del alfabeto, cuando ya cursamos los grados superiores de la academia.

Gracias al extraordinario desenvolvimiento de chakra coronario, Buda, Jesús, Don Bosco, Francisco de Asís, Antonio de Padua, Maharshi, Babaji, Mahasaya, Leadbeater y otros hombres excepcionales, podían abandonar el cuerpo físico sin interrumpir las actividades habituales de la conciencia en vigilia. Podían mantenerse conscientes de sí mismos en el plano intermedio del mundo angélico y el físico, en un estado de percepción panorámica, capaz de abarcar los fenómenos de esos mundos a la vez. La Iglesia Católica Romana acostumbra pintar a sus santos o patronos, con una aureola de luz dorada alrededor de la cabeza, comprobando perfectamente la antigua tradición iniciática, dado que el chakra coronario es un potencial de belleza, que aumenta proporcionalmente conforme a la evolución del ser humano. El hábito de tonsura prescripta a los padres jesuitas, dejando un pequeño círculo raspado en la parte superior de la cabeza, se subordina al viejo conocimiento sobre la importancia que tenía el chakra coronario, y que era conocido por los hindúes como "brahmarandra" o fuente oculta, que libera la energía psíquica en el contacto del espíritu inmortal con el mundo físico.

Mientras los demás centros o chakras del doble etérico presentan una ligera depresión en el centro vorticoso, que se parece a una hélice girando vertiginosamente, el chakra coronario se parece a un poderoso foco de energías giratorias, que despide fulgores hermosos. Este aspecto, se nos figura como si estuviéramos viendo una cúpula de oro, o una corona esplendorosa, alrededor de la cabeza humana, la que esparce radiaciones y forman un halo luminoso o aura traslúcida.[62]

---

[62] En la obra brasileña ***Nosso Lar*** de André Luiz, cuyo titulo en castellano es ***La Vida en d Mundo Espiritual***, ed. Kier; en el capítulo XXXIII "Curiosas Observaciones", dice lo siguiente, refiriéndose a los espíritus con ***los chakras en buena disposición***, como los llama el autor sin definirlos a la luz del ocultismo: "Se trata de poderosos espíritus que viven en la carne en la misión redentora y pueden, como nobles iniciados en la Eterna Sabiduría, abandonar el vehículo corpóreo transitando libremente por nuestros planos. Los filamentos e hilos que presentan, son algunas de las singularidades que los diferencian de nosotros".

¿ES POSIBLE LA MUERTE DEL ESPÍRITU?[63]

Pregunta: ***¿Qué podéis decirnos de la tesis dada a publicidad, respecto a la muerte o desintegración del Espíritu por mandato de Dios, ante la contingencia o hipótesis de la rebeldía eterna?***

Ramatís: Admitir la muerte del Espíritu, o sea, del Alma,

[63] Nota del Médium: Como complemento elucidatorio de este planteo, transcribimos algunos pasajes de un artículo de José Fuzeira, publicado en la ***Revista Internacional del Espiritismo*** (Brasil) y en la Revista ***La Conciencia***, de Buenos Aires. Dice así:

"En la Revista ***Sabiduría*** (Nº 3) consta un artículo bajo el título "La Muerte del Espíritu", asignado a un ilustre pensador espiritualista, que basa la lógica de su teoría en el siguiente fundamento: 'Si el espíritu es libre debe admitirse la posibilidad de que pueda rebelarse contra Dios, no sólo una vez, sino que pueda continuar siempre con esa rebelión. Si no se admite esa posibilidad sería confesar que el Espíritu no es libre. Entonces es necesario que exista en el sistema un medio para impedir esa libertad, dado que puede hacer naufragar la obra divina. Entonces, es lógica la necesidad, de que sea paralizada esa voluntad, que quisiera ser (eternamente) rebelde y por tanto, que haya un medio que cumpla con esa finalidad. Ese medio, es justamente, la destrucción del Espíritu, ***no como sustancia***, sino como individualización particular."

"El Espíritu está formado por la sustancia ***indestructible*** que conforma a la Divinidad. Lo que tuvo comienzo en el acto de la creación fue la ***individualización*** particular de cada Espíritu." Para aclarar mejor el contenido de esa proposición la especificamos así: La sustancia que da forma al espíritu es una especie de "cuerpo". No es el Yo, el individuo, o sea, la entidad ***concienzal***. Ésta se crea, en fin, por el "soplo divino" o la luz de Dios que emerge en la intimidad de la sustancia ***indestructible***. Entonces, alega el autor de la referida teoría: —Como la rebeldía perpetua de un Espíritu, resultaría una fricción eterna, que además perturbaría el equilibrio del Universo moral, entonces, la única fórmula para solucionar la impasse o divergencia entre la criatura y su Creador, es que Dios desintegre, o sea, que mate al espíritu desobediente e incorregible. El autor de tal concepción, para atenuar la violencia del choque mental, que la misma produjo entre los espiritualistas que tuvieron conocimiento de su teoría, alega que es una "posibilidad teórica", pues esta línea oblicua no logra evitar el serio conflicto teológico creado en la mente de una gran parte de los que tomaron conocimiento de su teorema, pues no todos disponen de una percepción aguda, para poder orientarse dentro de un esquema de apreciaciones, un tanto complejas o trascendentes.

es divulgar o traer esa concepción para la tela de la publicidad, es crear un laberinto más de dudas teológicas y aumentar la controversia existente entre las creencias o religiones, dado que se encuentran en divergencias intransigentes con respecto a la interpretación de la letra de los Evangelios.

Consideremos el caso: —En base de la visión omnisciente, inmutable y absoluta de la Sabiduría de Dios, es inadmisible la "rebelión eterna" de la criatura contra su Creador y sus leyes. Semejante presunción y sus consecuencias punitivas son aquellas de la fórmula bíblica de los "ángeles caídos". Tal dogma, como tantos otros, no tiene consistencia moral de lógica y buen sentido, ni aun admitido como un raciocinio teórico, porque la muerte del Espíritu es una ***imposibilidad concreta***.

La desintegración de las ***conciencias-individuos*** generados o nacidos en el seno de Dios constituiría una enorme aberración, dado que la extinción o "muerte" de las centellas ***vivas*** que el Creador lanzó de Sí, implicaría la muerte de Él mismo, que es la Fuente de esa vida. La misma cosa sucederá el día que se extingan o mueran los rayos de luz, del "rey Sol", pues siendo fracciones vivas de sí mismo, es obvio que él ha de ***morir*** también. Abordemos, entonces, el otro ángulo del teorema: —lo que se refiere al Mal, sus causas, sus efectos y prolongación. El Mal es una reacción de deprimencias morales, pero, transitorias, sin posibilidad de que persistan por una eternidad. El hombre, en su camino de evolución, aunque tenga ignorancia de su realidad espiritual eterna, su libre albedrío desordenado lo lleva a cometer desatinos de toda especie, es decir ***—practica el Mal***.

Es que sus oídos todavía están cerrados a la voz íntima, que vibra en el receso de su conciencia, para advertirle resista a los impulsos negativos del mal, pues "***Dios no quiere la muerte del impío, sino que se salve***".

En las fases intermedias de su evolución, el hombre, activado por las fuerzas negativas, indomable del egoísmo y tantas otras, tiene como ideal supremo en su vida, adquirir recursos ilimitados que le garanticen sus necesidades comunes para disfrutar del goce de los placeres y comodidades superfluas.

Cuando tiene conocimiento de que es un espíritu inmortal y siente dentro de sí la grandeza de ese atributo, entonces es el factor *eternidad* el que terminará por vencerlo, destruyéndole todas las resistencias de su rebeldía contra el Bien; es ahí, cuando poco a poco se le ve renunciando a los placeres e intereses efímeros del mundo utilitarista que lo rodea.

En ese estacionamiento recuperativo, que se prolonga por varias reencarnaciones, llega el día en que una nueva aurora le ilumina la conciencia, entonces se realiza la transformación referida por Pablo de Tarso; "el hombre viejo, hecho de carne animal, cede lugar al hombre nuevo, de la realidad espiritual". Después, la dinámica de su egoísmo, que es naturaleza del Ego inferior, gradualmente se sublima y se vuelve un factor o elemento de energía del Ego superior, es decir, que el "hombre nuevo", ya despierto, se dispone a asumir la dirección de sí *mismo*, en su tránsito por el Cosmos. A medida que su conciencia se eleva y santifica, la firmeza de voluntad que tenía de *querer es poder*, que vence y *realiza*, en vez de estar al servicio del Ego inferior, pasa a servir al Ego superior, cuyo ideal supremo es el *amor-fraternidad* de alcance cósmico, que en la realización integral del "amor a Dios sobre todas las cosas y al prójimo como a ti mismo", perdona, se sacrifica, ayuda y renuncia, dando todo de sí, *sin pensar en sí*. Alcanzada esta plenitud moral de grado santificante, el microcosmo humano, que es el hombre, pasando a reflejar las cualidades, las virtudes sublimes del Macrocosmo Divino, que es Dios.

En esa altura, entonces, se encuentra lo citado por el Génesis, que dice: —el Hombre es hecho a imagen de Dios; y conforme dijera Jesús, —"el hijo y el Padre son uno".

Consideremos ahora la esencia moral de esa presunción, respecto a la posibilidad de que un Espíritu permanezca en el abismo del Pecado, a través del tiempo *eternidad*. Semejante contingencia es inadmisible bajo todos los aspectos, pues hay una ley cósmica de evolución dinámica, que impone un movimiento ascensional para todos los fenómenos del Universo, impulsando lo *imperfecto* hacia lo *más perfecto*, lo *peor* "*subiendo*" hacia lo *mejor*. Y hasta la misma materia bruta, en su constitución atómica y molecular, está sujeta a ese imperativo de evolución.

Más allá de las razones expuestas, la teoría de la *muer-*

te del Espíritu queda destrozada en base a las siguientes contingencias de orden moral: Dios, en virtud de sus atributos de presciencia y omnisciencia, *ve e identifica* el futuro como una realidad *presente*, entonces, es obvio que Él sabe con anticipación, cuál ha de ser el rumbo o directriz moral que seguirá cada uno de sus hijos en sus vidas planetarias. Y, como suceso de esa visión anticipada, sabemos, que entre ellos, algunos, por efecto de su libre albedrío, se inclinan hacia la condición de rebeldes incorregibles; y que Él, después, tendrá que corregirlos sabiamente por sus leyes de amor.

Resumiendo, si entre los espíritus, hijos de Dios, unos son poseedores de virtud o fuerza de voluntad que los faculta para alcanzar la jerarquía de ángeles y hacerse merecedores de la *vida eterna*, mientras que otros, se hallan condicionados a ser una especie de "demonios", y que por eso —según la teoría expuesta al comienzo de este capítulo— más tarde será necesario exterminarlos por la *muerte* espiritual, entonces, ¿cómo haremos para comprender esta parcialidad inicua del Creador, en base a sus atributos de Justicia y amor Infinito?... Aun más; si Dios tiene que enmendar o corregir *hoy* el acto que realizó *antes*, entonces ¿qué podemos decir de su perfección e infalibilidad?

ESCLARECIMIENTOS DEL MÁS ALLÁ
foi confeccionado em impressão digital, em janeiro de 2019
Conhecimento Editorial Ltda
(19) 3451-5440 — conhecimento@edconhecimento.com.br
Impresso em Super Snowbright_b 70g